vier minus drei

Barbara Pachl-Eberhart

vier minus drei

Wie ich nach dem Verlust
meiner Familie zu einem
neuen Leben fand

INTEGRAL

Verlagsgruppe Random House FSC-DEU-0100
Das für dieses Buch verwendete FSC-zertifizierte Papier *EOS* liefert
Salzer, St. Pölten.

Integral Verlag
Integral ist ein Verlag der Verlagsgruppe Random House GmbH

ISBN 978-3-7787-9217-9

Vierte Auflage 2010
Copyright © 2010 by Integral Verlag, München,
in der Verlagsgruppe Random House GmbH
Alle Rechte sind vorbehalten. Printed in Germany.
Fotografien: © privat, Ricarda Wenko, Marianne Binder, Kai Podhrasky,
Ulrich Reinthaller, Agentur face to face
Einbandgestaltung: © Guter Punkt, München,
unter Verwendung von Motiven von Shutterstock
Gesetzt aus der Sabon von EDV-Fotosatz Huber/
Verlagsservice G. Pfeifer, Germering
Druck und Bindung: GGP Media GmbH, Pößneck

*Für meine Familie. Hier und
auf der anderen Seite.*

inhalt

Vier	9
Noch einmal beginnen	31
Betreff: Der Tod und seine Überschreitung	43
Zeitlose Tage	57
Übergang	75
Hommage	103
Leben? Bitte warten!	111
Ausgesperrt	121
Klopfzeichen	149
Lebenspost	181
Schwellenangst	209
Perspektivenwechsel	219
Wiederkehr nicht ausgeschlossen	231
Ausblick	251
Nestbaubetrieb	259
Wendepunkt	269
Eins und eins	277
Ein großer Schritt	293
Boxenstopp	303
Neues Ziel: Vorwärts	317
Weitergehen	327

vier

Womit soll ich beginnen?
Mit dem Tag, an dem plötzlich alles anders war?
Mit dem Moment, an dem plötzlich, so schien es mir, nichts mehr war? Anfangen mit dem Unfall, der meinen Mann in eine andere Welt, meine Kinder schwerverletzt ins Krankenhaus und mich in ein neues Leben katapultierte.
Oder im Hier und Jetzt, in meiner neuen Zeit?
An meinem neuen Schreibtisch, der mir im letzten Jahr so sehr vertraut geworden ist, der jedoch die drei Menschen, deren Fotos ihn zieren, nie kennenlernte.
Soll ich irgendwo dazwischen beginnen?
Zum Beispiel mit dem Moment, als mir der Gedanke kam, meine Geschichte aufzuschreiben – mit dem einzigen Ziel, sie aus meinem Kopf herauszubringen, um sie nicht mehr abhängig zu machen von meiner Fähigkeit, mich zu erinnern.
Meine Geschichte. Meine Vergangenheit. Es war einmal.

Wo will ich beginnen?
Am liebsten dort, wo es nicht mehr von Bedeutung ist, womit man beginnt. Beim ausgebeulten, abgegriffenen,

wohlig duftenden Koffer meiner Erinnerung. Seinen Inhalt hat das Leben in seinem schnellen Lauf kräftig durcheinandergewürfelt. Vorsichtig klappe ich den Deckel auf und bemerke, dass alles, was ich einmal als Vorher und Nachher, als Heute, Morgen und Irgendwann erlebte, nun vermischt nebeneinanderliegt.

Die Vergangenheit schwingt ihren Zauberstab und stellt die Zeit auf den Kopf.

Ein neugeborenes Kind. Zwei Geschwister beim Spiel. Eine Schneeballschlacht. Ein Liebespaar. Ein Ehepaar. Ein Streit. Ein Lachen. Ein Theatervorhang. Ein Urlaubstag am Meer. Ein dicker Bauch.

Wo soll die Betrachtung beginnen? Meine Laune nimmt mich an der Hand. Gemeinsam wollen wir eintauchen, in die vielfarbige Welt der Erinnerung. Als Pforte wählen wir das Foto eines lachenden Mannes in einer grünen Regentonne. Aufgenommen an einem Sommertag. In einer Zeit, von der ich glaubte, sie sei mein ganzes Leben.

Mein Mund hat gelernt, diese Zeit Vergangenheit zu nennen. Auch wenn mein Herz das vielleicht niemals begreifen wird.

Szenen aus unserem gemeinsamen Leben schweben durch meinen Geist wie Seifenblasen. Schillernd in tausend Farben, fröhlich vor meinen Augen tanzend. In ihrem flüchtigen Glanz zeigen sie mir mein eigenes, vergangenes Spiegelbild.

Sie entziehen sich der Berührung.

Lassen sich nicht fangen. Nicht greifen. Nicht halten.

Nicht mehr.

Ich liebte sie schon als Kind, die Seifenblasen. Und ich liebe sie noch heute, als Clown, bei meiner Arbeit im Krankenhaus. Ich habe noch kein Kind getroffen, das nicht angezogen wurde von den schimmernden Bällen und ihrem leisen Flug durch die Luft. Kein Kind, das nicht nach kurzem Staunen die Ärmchen ausgestreckt hätte, sie zu fangen. Und dann: minutenlang dasselbe Spiel. Der Versuch, den Ball zu greifen, die Verwunderung über sein plötzliches Verschwinden. Ein neuer Versuch, wieder und wieder. Lachen. Staunen.

Sind die Seifenblasen vielleicht die ersten Boten, auserkoren, die Nachricht von der Vergänglichkeit der Dinge in das Leben eines Kindes zu tragen? Wo auf unserem Weg geht uns das kindliche Lachen verloren, darüber, dass alles irgendwann verschwindet und zerplatzt?

Zerplatzt.

Was eigentlich geschieht mit einer Seifenblase, die zerplatzt? Verschwindet sie? Löst sie sich in Luft auf?

Ja. In der Luft aufgelöst finden wir sie wieder. Winzige Seifentröpfchen schweben, beinahe unsichtbar, durch den Raum. Sinken langsam zu Boden, auf unsere Kleidung, in unser Haar. Eine Zeit lang tragen wir sie noch mit uns herum. Das ist das eine, was bleibt.

Doch noch etwas anderes hat Bestand: das Bild der Seifenblase in unserem Kopf. Die Freude, die sie uns brachte. Der Nachhall des sanften Tons in dem Moment, da sie ihre Form aufgab.

Es sind nur Seifenblasenbilder, die ich mit meinen Worten malen kann. Das Leben meiner Familie ist vor geraumer Zeit zerplatzt. Übrig bleiben Eindrücke. Fröhliche

Geschichten von jenem unschätzbaren Wert, den nur das Unwiederbringliche uns zu offenbaren vermag.

Einzelne Bilder drängen hervor, halten sich für wichtiger als die anderen, leuchten intensiver. Haben es eilig, festgehalten zu werden, bevor sie zu Boden fallen und der Erinnerung entgleiten. Ich picke mir das erstbeste Bild heraus. Nicht zufällig ist es der Anfang der Geschichte zweier Liebender, die Mann und Frau werden sollten.

Unser Leben. Es währte acht Jahre.

»Ein Leben lang«, so hatten mein Mann und ich versprochen, würden wir einander lieben, ehren, achten. Ein Leben lang wollten wir einander treu sein und gemeinsam durch dick und dünn gehen. Wir wussten nicht, wie kurz unser gemeinsames Leben dauern sollte.

Mein Mann Heli. Ich ehre, achte, liebe ihn heute genauso wie am ersten Tag. Und er? Er geht mit mir durch dick und dünn, wo immer ich bin. Wie versprochen, ja, mehr als das: ein Leben lang und über den Tod hinaus.

Ein heißer Julitag. Ich stehe am Bahnhof, bin gerade heimgekommen von einem sehr bewegenden Theaterkurs.

»Finde deinen inneren Clown.«

Oh, ja! Ich habe ihn tatsächlich gefunden.

Ich, die angehende Volksschullehrerin, die schon mit siebzehn in der Lateinstunde ihrer Sitznachbarin eine plötzliche Eingebung zugeflüstert hat:

»Ich will Clown werden!«
Lange wusste ich nicht, wie dieser spontan geäußerte Wunsch Realität werden könnte. Immer wieder habe ich auf Kursen in die Welt der roten Nase hineingeschnuppert. Jetzt, endlich, ist es so weit. Die Gewissheit ist da, hat mich irgendwo auf der Zugfahrt erfasst und sich in jeder Zelle meines Körpers mit wohligem Kribbeln ausgebreitet.

Ich bin Clown.
Ein Stück will ich machen, damit auftreten. Ich muss dazu nur noch einen Partner finden. Zu zweit geht alles leichter.

Ich packe meinen alten Flohmarktkoffer aufs Rad und mache mich, in Träumereien versunken, auf den Heimweg. Zehn Minuten später finde ich mich in einer Menschenmenge in der Grazer Innenstadt wieder. Stadtfest.

Wie bin ich hierhergekommen? Die Fußgängerzone liegt doch gar nicht auf meiner Strecke.

Ich steige ab, zwänge mich im Schneckentempo an all den Leuten vorbei, die mir im Weg stehen. Ich frage mich, warum ich nicht einfach umdrehe. Ich weiß es nicht.

Da sehe ich ihn. Auf einer kleinen Bühne steht ein Clown. Er macht sich gerade daran, über einen Besen zu balancieren. Die Zuschauer lachen, klatschen. Ich höre sie kaum. Sehe nichts anderes mehr als nur das Gesicht des feinen, zarten Mannes mit der roten Nase. Ich dränge mich in die erste Reihe und unsere Blicke treffen sich. Ja, es ist kitschig, es ist romantisch. Es ist Liebe auf den ersten Blick.

Der Clown braucht eine Freiwillige, holt mich auf die Bühne. Später noch einmal. Und ein drittes Mal. Ich kenne mich aus im Straßentheater – drei Mal denselben Freiwilligen, so etwas tut man doch nicht!

Außer …

Nach der Vorstellung laufe ich mit meinem Koffer, der gut auf seine Bühne passen würde, zu ihm, und die Worte sprudeln nur so aus mir heraus.

»Ich bin auch Clown! Ich will ein Stück machen! Ich habe da so eine Idee für eine Geschichte.«

Heli hat seine rote Nase abgenommen. Er grinst.

»Ich … ich brauche nur noch einen Partner.«

»Ja, das merkt man!«

Oh Gott!

Ich versinke nicht im Erdboden. Weil sich der Erdboden ja nie auftut, wenn man es gerade dringend braucht. Stattdessen nehme ich stumm Helis Flyer entgegen.

»Da steht meine Nummer. Ruf mich ruhig einmal an.«

Ich schaffe gerade noch ein Nicken, ehe ich mich mit rotem Kopf verdrücke. Zu Hause angekommen lege ich vor mir selbst und meinen vier Wänden einen feierlichen Eid ab:

Ich werde nicht anrufen. Oder wenn, dann frühestens in drei Tagen.

Mein Herz lächelt milde. Es weiß bereits, dass der Mann auf dem farbenfrohen Prospekt nicht nur auf der Bühne mein Partner werden soll.

Wie oft haben wir später gelacht, bei der Erinnerung an unser erstes Zusammentreffen! Heli erzählte die Geschichte so:

»Das merkt man.«

Nach seiner Bemerkung hätte er sich am liebsten die Zunge abgebissen. Drei Tage lang war er daraufhin um sein Telefon herumgeschlichen. Hatte kaum gewagt, das Haus zu verlassen. So lange, bis ich endlich, endlich anrief.

Drei Monate später. Wir sitzen nach einem gemeinsamen Clownauftritt in Helis Wohnung und stärken uns mit Spaghetti al Pesto.

»À la Geheimrezept.«

Heli spricht diese Worte verschwörerisch aus und fixiert mich dabei mit seinen meerblauen Augen. Ich meine, in diesem Blau zu versinken, und höre mir selbst beim Denken zu.

Wow! Er kann sogar kochen!

Wir füttern einander mit Nudeln. Lachen, wenn eine hinunterfällt. Wutzl, Helis dicker Kater, kümmert sich um die Abfälle. Ich schnurre mit ihm um die Wette. Ausgelassen unterhalten wir uns darüber, ob wir eigentlich Kinder wollen. Oh ja, und ob wir das wollen!

»Wie viele?«

Die Preisfrage. Ich will es genau wissen.

Er liebt mich, er liebt mich nicht ... Wenn er drei Kinder von mir will, liebt er mich wirklich sehr.

»Fünf.«

Das kam wie aus der Pistole geschossen.

»Und du?«

Ich auch. Schon immer. Seit ich vier Jahre alt war und im Supermarkt eine Frau mit fünf Kindern angestarrt habe, bis mich meine Mutter zum Ausgang zog. Aber woher weiß Heli das nur?

»Ja, das ist gut. Fünf Kinder.«
Nun stellt Heli seine Preisfrage.
»Wann fangen wir denn an?«
Sofort, möchte ich schreien.
Aber ich kenne ihn ja noch kaum, diesen Mann. Ich muss mich schnell von seinen blauen Augen losreißen, sonst bekommen wir noch Fünflinge, und zwar in der nächsten Minute.
Der Himmel vor dem Fenster sieht auch nicht anders aus als Helis Augen. Ich kneife trotzdem. Sicher ist sicher.
»Ähm, jetzt noch nicht. Aber bald. Sagen wir ... in drei Jahren?«
»Fein, in drei Jahren. Schlag ein.«
Abgemacht.

Am nächsten Morgen bleiben wir länger im Bett und machen, was Frischverliebte eben so machen. Mit einem Mal fühle ich, wie in meinem Bauch etwas »explodiert« – ein warmes, helles Licht breitet sich dort aus, nach allen Richtungen hin, wie eine Supernova. Was ist passiert?
»Du bist schwanger. Du leuchtest wie ein Stern!«
Heli und seine Vorahnungen! Mein Mund klappt weit auf und bringt doch nur ein leises »Ja« hervor. Sekunden später tanzen wir jubelnd durchs Zimmer. Wir hüpfen, bis wir nicht mehr können, dann fallen wir wieder aufs Bett.
»Du musst dich jetzt schonen«, flüstert er lächelnd.
Er, Heli, der Vater des Kindes in meinem Bauch.

Er sollte Paul heißen. Das Armband mit diesem Namen findet sich noch im Babyalbum, sorgfältig eingeklebt und mit Datum versehen.

13.6.2001

In der ersten Nacht nach seiner Geburt konnte ich die Augen nicht von dem winzigen Wesen lassen, das gerade erst geschlüpft und bereits so einmalig, so unverwechselbar war. Bei meiner Betrachtung schoss mir ein Gedanke durch den Kopf:

Das ist kein Paul. Das ist ein Thimo!

Dieser Name hatte auf keiner unserer langen Listen gestanden. Aufgeregt weckte ich Heli und weihte ihn ein.

»Thimo.«

Wie schön klang das aus Helis Mund. Wir waren uns einig. Der Name war richtig. Es störte uns nicht, dass sich Thimo in dieser Schreibweise in keinem unserer Namensbücher fand.

Regeln interessierten uns beide nur, solange sie sich mit unserer Intuition vereinbaren ließen. Ein neues Wesen war durch uns in die Welt gekommen, warum dann nicht auch gleich ein neuer Name?

Das stattliche *Th* war uns jedenfalls wichtig. Vielleicht würde unser Sohn ja später einmal Rechtsanwalt werden. Oder Arzt. Oder ... egal.

Ein Gespräch mit Thimo. Er war fünf Jahre alt.

Damals. Vor Kurzem. Vor einer Ewigkeit.

Es war eines jener Gespräche, die mit einem leisen, zögernden »Duhu, Mamaaa ...« begannen und für die man sich Zeit nehmen musste, weil sie wichtig waren.

»Duhu, Mamaaa, ich muss dir etwas sagen. Weißt du, ich finde meinen Namen ja schon schön. Aber, weißt du, irgendwie ist Thimo nur ein Name für Kinder. Wenn ich groß bin, würde ich gern anders heißen, da hätte ich gern einen Erwachsenennamen.«
Aha.
Was denn ein Erwachsenenname sei, wollte ich wissen.
»Hmmm.«
Thimo nahm sich etwas Zeit und ließ sich seine Worte dann wie eine wohlschmeckende Speise auf der Zunge zergehen.
»*Helmut*, ja, das wäre schön!«

Momentaufnahmen. Gesprächsfetzen. Wie Miniaturen erscheinen sie vor meinem inneren Auge, wenn ich an die sieben Jahre mit meinem Sohn denke. Die Erinnerung gleicht einem Kaleidoskop, das jedes Mal, wenn man hineinsieht, ein neues Bild serviert. In seinem Rohr findet sich eine Unzahl farbiger Glassteine. Bei jedem Schütteln werden andere Bilder, andere Kombinationen sichtbar. Niemals kann man alle Steine gleichzeitig betrachten. Man muss sich zufriedengeben mit dem Teil, den man gerade sieht.

Ebenso ist es mit der Erinnerung. Aus ihrem unerschöpflichen Reichtum gibt sie stets nur einige wenige Bilder preis.

Immer wieder fühle ich mich von dem Wunsch getrieben, mich an alles, alles zu erinnern und nur ja kein Detail, keinen geteilten Augenblick, kein liebes Wort meiner Kinder zu vergessen.

Mein Wunsch hat mich mitunter dazu gebracht, fieberhaft Stichworte niederzuschreiben, so lange, bis ich nicht mehr konnte und nur noch schwarze Leere in meinem Kopf verspürte. Er trieb mich zum Weinen, zum Schreien, zur Verzweiflung.

An meiner Seite stand drohend die Angst.

Meine Erinnerungen sind alles, was ich habe. Was, wenn ich sie verliere?

Die Angst spricht. Die Gedanken stehen still. Drehen sich um sich selbst. Sie ducken sich, haben keine Zeit zum Spielen. Sie werfen das Kaleidoskop in die Ecke. Die Angst malt ihre eigenen Bilder. Sehr kreativ ist sie dabei nicht: Ein Kind, schwer verletzt in einem Krankenbett. Blut, Schläuche, Maschinen. Mehr fällt meiner Angst nicht ein.

Ich will mich damit nicht zufriedengeben. Es wird nicht dieses Bild sein, das alle anderen verdrängt. Wenn nötig, werde ich mich auch noch mit letzter Kraft aufraffen und das Kaleidoskop aus der Ecke holen. Es schütteln. Immer wieder aufs Neue.

Es gibt, das hat mir die Erfahrung gezeigt, einen Weg, die Erinnerung lebendig zu erhalten. Dieser Weg heißt *Leben*. Die Erinnerung braucht Anknüpfungspunkte. Ich muss sie suchen und kann sie finden.

Hier. Jetzt. In der Gegenwart.

Die Bilder der Vergangenheit werden umso deutlicher und schärfer, je vitaler ich gerade bin. Wenn ich mich meinem gegenwärtigen Lebensgefühl voll und ganz anvertraue, kann es sein, dass längst vergessen geglaubte Erlebnisse an die Oberfläche kommen, plötzlich, ohne Anstrengung. Leben und Erinnern schließen einander nicht aus. Ganz im

Gegenteil. Erinnern heißt leben. Zurückschauen fällt dem leichter, der in Liebe weitergeht.

So gehe ich also hinaus in den warmen Frühlingstag und kaufe mir ein Schokoladeneis, um danach – ganz vorsichtig – das Mosaik nach Hause zu tragen, das mir der Sonnenschein beim Gedanken an einen kleinen blonden Buben namens Thimo schenken wird.

Thimo.
    Thimo Paul Eberhart.
    Mein Thimps. Mein Wurschtl. Mein Spatzerle.

Shingu Haia.
Das ist der Gruß, mit dem wir uns stets voreinander verbeugten, bevor wir miteinander kämpften. Gekämpft hast du immer schon gern. Seit du die Shaolin-Mönche im Fernsehen gesehen hattest, waren dabei Rituale ganz wichtig.
    Der Gruß. Die Verbeugung. Die Pause.
    Einmal kämpften wir vor dem Schlafengehen auf dem Bett im Elternschlafzimmer. Du warst nackt und hattest dich für eine Verschnaufpause auf der weißen Daunendecke ausgestreckt. Das Bild rührte mich. Wie schön du warst, wie zerbrechlich! Nicht von dieser Welt, so wollte es mir scheinen.
    »Du bist so ein wilder Kämpfer und schaust doch aus wie ein Engel.«

Kurzes Nachdenken. Dann ein schelmischer Blick. Ein Grinsen, ein Schulterzucken.
»Tja, ich bin eben eine optische Täuschung!«
Diese Runde ging an dich, keine Frage.

Andere kindliche Aussprüche kommen mir in den Sinn.
»Schau, Mama, lauter Flohschnecken!«
Ein Zweijähriger sieht den ersten Schnee des Jahres.
»Ich bin so saftig!«
Ein kleiner Bub ist durstig und will kein Wasser trinken.
»Ich hab dich reingelogen«, und: »Ich hab dich auf den Arm gelegt.«
Ein Lausbub entdeckt das Schwindeln.

Kindergeschichten.
Du warst zwei Jahre alt und brauchtest Sandalen. Im Schuhgeschäft ließ ich dich aussuchen. Du hattest dich schnell entschieden. Nur ein Paar kam infrage: rote Lacksandalen, geschmückt mit auffälligen weißen Stoffgänseblümchen.
Minutenlang liefst du im Schuhgeschäft herum. Deine Wangen waren ganz rot vor Stolz.
»Schau, was ich für schöne Schuhe hab!«
Verkäuferinnen, Kunden, sie alle pflichteten dir lachend bei.
Ich ließ dich gewähren. Wie hätte ich dir auch erklären sollen, dass die glänzend roten Schuhe zwar wunderschön, aber leider nur für Mädchen gedacht waren? Ich konnte dich so gut verstehen und fühlte mich gar nicht wohl in

meiner Rolle der Mutter, die dir nach und nach die harte Realität des Lebens würde nahebringen müssen.

Hättest du darauf bestanden, ich hätte dir die Blümchensandalen gekauft, an jenem Sommertag. Vor allem mir zuliebe. Gern wollte ich mir noch eine Schonfrist gewähren bis zu dem Tag, an dem ich dir gewisse Dinge zu erklären haben würde, bevor du sie durch Spott erfahren müsstest.

Warum wir den Laden schließlich doch mit einem Paar braun-grüner Sandalen verließen, weiß ich nicht mehr genau. Ich glaube, du fandest sie genauso schön. Gott sei Dank.

Etwas später, an einem heißen Badetag im August, lackierte ich mir gerade aus einer Laune heraus die Zehennägel. Kirschrot. Das gefiel dir, das wolltest du ebenfalls haben, und ich spielte mit bei dem Spaß. Das Lachen verging mir erst, als du voller Begeisterung riefst:

»So, jetzt gehen wir ins Schwimmbad und ich zeige dem Bademeister meine schönen Zehennägel! Der wird sich aber freuen, weil ich so schöne Nägel hab'!«

Unsere Spiele. Rollenspiele, noch und noch.

»Mama, spielst du mit mir?«

Bei dieser Frage habe ich nicht selten geseufzt. Es war anstrengend, mit dir zu spielen, brauchte immer vollen Einsatz. Du warst die mutige Pippi Langstrumpf und ich die kleine Annika, die sich ständig vor allem fürchten musste. Du warst der tapfere Ritter Eisenbitter und ich war König, Drache, Angreifer, Prinzessin, ja sogar der Sturm. Deine Fantasie führte dich als Dinosaurierkind durchs Weltall und ließ dich auf Gespenster treffen. Auf

Autos. Elefanten. Bob den Baumeister. Allesamt natürlich von mir verkörpert.

Mitunter lief ich erschöpft und flehend aus dem Kinderzimmer.

»Heli! Bitte, geh du jetzt rein. Ich kann nicht mehr!«

Heute, da ich dies schreibe, sind es die Spiele mit dir, die mir am lebhaftesten in Erinnerung sind. Mit dir zu spielen hieß, dich in deinem Wesen, in deiner Kraft zu spüren. Ich kann mich an jedes unserer Spiele erinnern, könnte jede Szene nachspielen.

Nur macht es einfach keinen Spaß mehr, ohne dich.

Vor mir liegt eine Urkunde, ausgestellt im Kindergarten. Fabriziert von allen Beteiligten als Versuch, einem kleinen Menschen seine Unverwechselbarkeit zu attestieren. Ihm mitzuteilen, was ihn ausmacht. Gerade ihn.

> Thimo kann gut …
> Experimentieren und Müll sammeln. Ohne Matschhose in den Wald gehen. Weintrauben essen und Dinge verstecken. (Bekundeten seine Freunde).
> Dinge verstecken. Forschen und Abenteuer erleben. Gaudi machen und lachen. (Fanden seine Betreuerinnen).
> Spiele ausdenken. Fragen stellen. Sich versöhnen. (Meinten wir, seine Eltern).

Der Versuch, hinter all diesen Geschichten und Beschreibungen das zu entdecken, was dich tatsächlich ausmacht, gleicht dem Betrachten eines jener 3-D-Bilder, die vor einigen Jahren in Mode waren. Zu Beginn ist man abgelenkt von den vielen Kleinigkeiten, und erst nach einiger Zeit, erst wenn man den richtigen Abstand gefunden hat, sieht man, dann allerdings gestochen scharf und unverwechselbar, das eigentliche Bild.

Vielleicht hat ja erst der Abstand, der durch deinen Tod zwischen uns getreten ist, es mir möglich gemacht, dich zu erkennen. Deine Wesenheit. Deine Seele. Ich bin fest davon überzeugt, dass sie immer noch existiert. Ja, ich glaube sogar, dass sie mitunter ganz in meiner Nähe ist.

An manchen Tagen fühle ich mich so, als wäre ich von deinem Wesen beseelt. Als wärst du in meinem Herzen zu Besuch. Das sind schöne Tage. Ich sehe die Welt dann so, wie du sie gesehen haben magst. Hebe Glasscherben auf und betrachte sie lange, staune über Blätter im Wind, mache verrückte Scherze und lache selbst am meisten darüber.

Wenn ich an anderen Tagen vor Sehnsucht zu zerplatzen glaube und dringend Trost brauche, dann spüre ich oft, wie sich irgendetwas zart um mich legt und mich warm umfängt. Ich denke dann, auch das bist du.

Deine Seele.

Sie werde ich erkennen, wenn ich selbst eines Tages meinen Körper verlasse und zu dir komme. Zu euch. Wenn ich durch das Tor trete, an dem ihr aufgeregt und voller Freude auf mich warten werdet.

Genau so, wie ihr eines Januartages am Flughafen auf mich gewartet hattet, als ich nach drei allzu langen Wochen von einer Indonesienreise heimkehrte. Am Weg vom

Gepäckband zum Ausgang machte ich mir fast in die Hosen vor lauter Freude. Ich musste rennen vor Glück.

Wenn ich an das Sterben denke, so möchte ich eines Tages in der gleichen unbändigen Freude von dieser Erde scheiden und rennen, wissend, dass ihr dort hinter dem Tor steht, um mich in Empfang zu nehmen.

»Mamaaaa! Nesien! Lieger! Heissss. Mama, Nesien!«

Fini. An jenem Tag auf dem Flughafen warst du gerade anderthalb Jahre alt. Die Worte, die begeistert aus dir heraussprudelten, erzählten in deiner Sprache die Geschichte, die du wieder und wieder von Heli gehört hattest.

»Mama ist in Indonesien. Dort ist es heiß. Sie kommt mit dem Flieger. Bald ist sie wieder da.«

Ich hatte drei wunderschöne Wochen, dort in Indonesien. Eine Freundin aus Studientagen hatte mich überraschend in ihre Wahlheimat eingeladen, Flug und Quartier inklusive. Heli war einverstanden, ermutigte mich sogar dazu, trotz meiner Zweifel. Er stellte nur eine Bedingung:

»Du darfst auf keinen Fall ein schlechtes Gewissen haben.«

Heli. Du lieber, geliebter Mann!

Es war gar nicht leicht für mich, mit gutem Gewissen zu fahren und mir keine Sorgen zu machen. Was mir dort im sommerlichen Paradies am meisten Kopfzerbrechen bereitete, war die Vorstellung, wie sich meine lange Abwesenheit für dich, kleine Fini, anfühlen musste.

Ein Moment, ein Winken, Mama steigt ins Flugzeug und ist weg. *Weg.* Du konntest es bestimmt nicht begreifen, konntest nicht wissen, ob und wann ich wiederkommen würde. Konntest dir nicht vorstellen, wo ich war.

Die Gewissheit, dass Heli sich gut um dich kümmern würde, war mein Trost, und ich vertraute darauf, dass die Zeit sicher schnell vergeht für ein kleines Wesen, das vor allem im Hier und Jetzt lebt. Beim Heimkommen aber hatte ich Angst.

Wird sie mich nach so langer Zeit wiedererkennen, braungebrannt wie ich bin? Wird noch dieselbe Vertrautheit zwischen uns bestehen wie vor meiner Reise?

»Mamaaa!«

Du sahst mich schon, bevor ich dich entdeckt hatte. Du strecktest die Ärmchen aus und zerstreutest all meine Zweifel innerhalb einer Sekunde. Typisch Fini. Ich flog auf dich zu, umarmte dich und bestand nur aus Glück. Es gab keine Zeit, keine Angst, keine Entfernung. Es gab nur noch die Liebe.

Zwei Monate später warst du es, die fortflog. Ich habe keinen Begriff davon, wo du bist und wann wir uns wiedersehen. Versuche ebenso tapfer zu sein wie du damals. Halte mich an das Hier und Jetzt und achte darauf, dass sich hilfreiche Menschen um mich kümmern. Wenn wir uns wiedersehen, eines Tages, werde ich dich erkennen. Meine Arme ausstrecken. Und rufen.

»Fini! Himmel! Wolke! Schön. Fini, Himmel!«

Deine Stimme klingt in meinem Ohr. Ich höre deine Worte, gesprochen mit leichtem Lispeln. Viele deiner Worte endeten mit *-lein*. Du hattest eine Vorliebe für diese Endsilbe und verwendetest sie, wo es nur ging. Für mich war das der pure Ausdruck deines zärtlichen, liebevollen Wesens.
Mamilein. Messalein. Käfalein. Deckalein.

Fini.
Valentina.
Gurke. Weiwilein. Lausi.

Die folgende Geschichte erzählte ich schon gern, als du noch mit Schokoladenlebkuchen Bilder an die Wand maltest. In der Zeit, als man dich dein Deckalein durch jede Dreckpfütze schleifen und jeden Tag dreimal in der Badewanne plantschen sah.
Du hattest einen Engel aus Gips geschenkt bekommen.
»Engalein is«, soviel war klar.
Stundenlang wurde das Engalein durch die Wohnung getragen, wiederholt wurde es zu Bett gebracht, gefüttert, ja, der Engel durfte sogar – »*Brrrrm*« – mit Thimos Auto fahren. Die Gipsfigur nahm bei diesen Abenteuern schon bald beträchtlichen Schaden. Nach einiger Zeit fehlte ein Flügel, dann ein Arm, ein wenig später auch noch der ganze Unterleib. Zuletzt waren da nur noch die Hälfte des Kopfes und ein Teil des rechten Flügels, die notdürftig aneinanderhingen. Doch du bedachtest das Wenige, was übrig war, mit unverminderter Liebe.
»Engalein is«, daran änderte sich nichts.

Ungefähr zur gleichen Zeit kam die Fotografin in Thimos Kindergarten zu Besuch, und du, Thimos süße kleine Schwester, wurdest gleich mitfotografiert. Deine Worte, als wir den Abzug erhielten und du zum ersten Mal ein Bild von Fini in Großaufnahme in die Hände bekamst?
»Engalein is!«
Kein Wunder.

Ein Engel auf Erden warst du wohl, Fini, Sonnenkind, Glückskäferlein. Ein Engel, der sich fast ausschließlich von Rahmgurkensalat ernährte. Der das Radfahren im Kindersitz liebte, egal, ob bei Regen oder bei Sonnenschein. Ein Engel, der gern zu große Schuhe trug.

Manchmal, wenn ich mir den Fini-Engel auf seiner Wolke vorstelle, ziehe ich ihm zu große Schuhe an. Das Kind in mir erheitert sich gern an dieser Vorstellung.

Donnerstag, 20. März 2008

Ein letztes Bild.
Wir frühstücken in unserem neuen, kleinen Haus, in dem wir seit einigen Wochen wohnen. Es ist schon recht gemütlich, wiewohl hier und da noch übervolle Umzugskartons stehen. Egal, wir fühlen uns pudelwohl. Heute ist Gründonnerstag. Es sind Ferien, daher muss Thimo nicht in den Kindergarten. Die Sonne schaut freundlich zum Küchenfenster herein und lauscht dem Frühstücksgespräch einer glücklichen Familie.

»Papu, kann ich noch eine Palatschinke haben?«, fragt Thimo mit vollem, nutellaverschmiertem Mund, während Fini genüsslich im Marmeladenglas löffelt.

Heli steht am Herd und singt zu der Melodie, die aus dem Kassettenrekorder kommt.

»Hier kommt die Palatschinke, hulla hupp, hulla hey, hulla hoppsassa …«

Der Pfannkuchen landet auf Thimos Teller und beginnt, mit Helis Stimme zu sprechen.

»Ah, guten Tag, ich bin die Palatschinke. Stimmt es, dass ich gleich mit Nutella bestrichen werde? Ich liebe Nutella! Mmmmmh, oh ja, mehr, mehr!«

Wir lachen, wie immer, wenn Heli seine Späße macht. Fini blödelt mit, dabei landet ein Löffel Marmelade auf der Pyjamahose statt im Mund. Was soll's?

»Will mein Weibserl auch noch eine Palatschinke?«, fragt der singende Meisterkoch in meine Richtung.

»Nein, danke.«

Das Weibserl hat es ein bisserl eilig, denn sie hat einen Termin.

»Wann kommst du zurück, Mama?«, fragt Thimo, und noch bevor ich antworten kann, springt er hoch und wirft sich mir an den Hals.

»Ich muss am Nachmittag arbeiten, mein Schatz. Aber Papu macht mit dir einen Ausflug, wahrscheinlich bin ich noch vor euch wieder zu Hause.«

Thimo schlingt seine Arme immer fester um mich.

»Ich lass dich gar nicht mehr los!«

»Mama!«

Nun will auch Fini auf meinen Arm.

»Nein, die Mama gehört jetzt mir!«

Ich lasse Thimo trotz meiner Eile noch eine Weile gewähren. Genieße selbst die innige Umarmung.

In ein paar Monaten ist er sieben, der große Bub. Wer weiß, wie oft er mich noch so drücken wird, bevor es ihm peinlich ist?

Heute jedenfalls will ich ihn halten, bis es wirklich für uns beide genug ist.

»Komm, Fini«, bietet Heli ihr seinen Schoß an.

Ein paar Takte lang wiegen wir uns alle vier zur Musik, dann setze ich Thimo ab. Er ist fröhlich, er ist satt, nicht nur vom Essen. Ich muss jetzt wirklich fahren.

»Baba!«

Fini winkt fröhlich von Helis Arm.

Ein Kuss für Heli, ein Kuss für Fini, ein Kuss für Thimo.

»Viel Spaß beim Ausflug! Viel Spaß bei der Tagesmutter, Fini!«

»Bis gleich, Pachlowitsch!«

Pachlowitsch, das bin ich. *Bis gleich,* so verabschiedet sich Heli immer, von allen. Es ist sein Gruß.

»Tschüs, Mama, und viel Glück bei der Arbeit!«, ruft mir Thimo nach, als ich das Haus verlasse und in mein Auto steige.

Der Tag ist schön. Die Sonne scheint. Ich gebe Gas.

Noch einmal beginnen

Womit? Noch einmal mit Gründonnerstag, dem 20. März 2008. Mit dem Moment an jenem sonnigen Morgen, als mein Mann Heli mit unserem hübschen gelben Clownbus, der schon so viele Passanten zum Lächeln gebracht hatte, über den unbeschrankten Bahnübergang in unserem Nachbarort fuhr.

Der Zugführer konnte nicht mehr bremsen. Unser Auto wurde von der Fahrbahn geschleudert. Heli war sofort tot, unsere Kinder wurden lebensgefährlich verletzt. So hörten es Freunde und Fremde schon mittags im Radio, so stand es zwanzig Stunden später in der Zeitung.

Dieser Moment hat mein gesamtes Leben verändert. Er hat mir meine Familie genommen, und mit ihm begann ein neuer, unbekannter Lebensweg. Meter für Meter, Tag für Tag, Schritt für Schritt.

Mein Weg.

Wo war ich in jenem Moment, als der Unfall geschah? Ich frage mich das immer wieder. Im Supermarkt, als ich gerade die Schokoladenostereier in den Einkaufswagen legte? Haben Thimo und Fini da noch gelacht, gedacht, geatmet? Und als ich auf dem Parkplatz fröhlich mit meiner Mutter telefonierte? Hatte da Helis Herz bereits aufgehört zu schlagen?

So oft ich auch darüber nachdenke, die Antwort bleibt dieselbe: Ich weiß es nicht. Ich habe den Moment nicht gespürt, ich hatte keinerlei Vorahnung. Als Finis Tagesmutter auf meinem Handy anrief, verspürte ich sogar leisen Ärger.

Typisch. Heli hat bestimmt die Zeit übersehen und Fini nicht rechtzeitig zu Edith gebracht.

Habe ich das Zittern in Ediths Stimme überhaupt bemerkt?

»Eine Freundin ist gerade über den Bahnübergang in Takern gefahren. Sie sagt, dort war ein Unfall mit einem Clownbus.«

Tief in meinem Unterbewussten beginnt ein Orchester zu spielen, eine Symphonie der Angst. Der Dirigent ist unerbittlich. Das Stück wird lauter und lauter, erreicht eine bedrohliche Intensität, die kaum mehr zu ertragen ist. Die in den Ohren schmerzt und den Körper krümmt.

»Wie? Ein Unfall? Was ist passiert?«

Meine Stimme ist leise. Zu leise.

»Ich weiß nicht. Ich war ja nicht dort, nur meine Freundin.«

Ediths Stimme vibriert.

Ich wiederhole meine Frage.

»Was ist passiert!?«

Panik erfasst mich.

»Ich weiß es nicht!«, jammert Edith. Höre ich sie weinen?

»Meine Freundin hat nur gesagt, da war ein Unfall und am Bahnübergang steht ein Clownbus.«

»Ich komme!«

Das Crescendo hört nicht auf, es dröhnt weiter in meinem Kopf. Wo eben noch mein Herz war, spielt irgendjemand Schlagzeug. Zu laut. Zu schnell. Eine gellende Kakophonie durchdringt mich bis in die Zehenspitzen.

Ich komme.

Vor mir liegt eine halbe Stunde Fahrt auf der Autobahn. Ob ich fahren kann, ob ich es schaffe, das frage ich mich erst gar nicht.

Am Bahnübergang steht ein Clownbus.

An diese Worte klammere ich mich wie an einen Strohhalm.

Der Bus steht.

So lange er steht und nicht liegt, kann nichts Schlimmes passiert sein.

Er steht. Er steht! Ich komme.

Mein Fuß zuckt auf dem Gaspedal auf und ab. Ich schaue stur geradeaus. Auf die Straße. Auf den Tachometer.

Langsam fahren. Vorsichtig fahren. Ich muss nach Takern. Ich komme. Heli braucht mich. Die Kinder brauchen mich. Der Bus steht.

»Lieber Gott, lass sie leben! Lass sie leben und fröhlich sein, bitte, bitte, lieber Gott!«, rufe ich laut, immer wieder.

Ich wähle Helis Nummer. Freizeichen. Ich hoffe. Freizeichen. Ich flehe. Freizeichen. Ich bete. Die Sprachbox meldet sich. Ich begreife. Etwas Schreckliches ist geschehen.

Jemand ist tot.
Eine Flut von Bildern bricht über mich herein. Mein Kopf ist ein Fernsehgerät, das sieben Programme gleichzeitig überträgt, und auf jedem Sender läuft ein Katastrophenfilm.
Heli ist tot. Heli hat einen Menschen totgefahren. Heli ist unschuldig getötet. Thimo ist tot und Heli ist schuld. Fini ist tot. Heli ist tot und die Kinder stehen allein auf der Straße. Heli lebt, die Kinder sind tot.

Seltsam. Ich rechne mit allem, nur mit einem nicht.
Alle sind tot.
Daran denke ich keine Sekunde.

Jemand ist gestorben.
So lautet der kleinste gemeinsame Nenner in meinem Kopf. Aber es bleibt eine Rechnung mit vielen, zu vielen Unbekannten für ein exaktes und eindeutiges Ergebnis.
Heli soll leben. Bitte! Aber, wer ist dann tot? Thimo? Das würde Heli nicht verkraften, niemals. Fini? Thimo oder Fini? Lieber Gott, lass es jemand anders sein! ... Um Gottes Willen, was denke ich da?
Während die Kilometer der Autobahn unscharf vorüberziehen, wird mir etwas klar. Die Geschichte ist längst fertig geschrieben. Das Ende steht fest. Aber es findet sich niemand, der mir die letzte Seite vorliest.
Ich rufe eine Freundin an, die in unmittelbarer Nähe des Bahnübergangs wohnt.
»Ja?«
Annas Stimme klingt fröhlich.

Sie weiß es also noch nicht.
»Bitte, Anna, fahr sofort zum Bahnübergang. Heli hat einen Unfall gehabt, er braucht dringend Hilfe. Bitte, steh ihm bei, bis ich komme. Steh ihm bei und sag ihm, es wird alles gut!«
»Okay.«
Anna legt rasch auf. Keine Zeit für Fragen. Ich bin erleichtert.
Heli ist nicht mehr allein. Anna steht ihm bei. Alles wird gut.
In diesem Moment der Erleichterung geschieht ein Wunder. Wie sonst soll ich das Erlebnis nennen, durch das alles, was ich bisher als meinen Glauben bezeichnete, in einem Augenblick zur Gewissheit wurde? Das Erlebnis, das mir meine Verzweiflung nimmt und meine Angst?
Ich spüre, wie sich von hinten ein warmer Mantel um mich legt. Ein Mantel der Liebe, zärtlich und sanft.
Es ist gut, alles ist gut.
Die Worte kommen nicht aus meinem Kopf, sie klingen in meinem Herzen wie das Echo einer altvertrauten Stimme.
Heli!
Mein Fuß auf dem Gaspedal hört auf zu zittern. Meine Gedanken stehen still. Ich fühle mich geborgen und beschützt.
Heli lebt. Heli ist im Himmel. Heli ist bei mir. Alles ist gut.

Ich werde zur Marionette. Hänge fortan an unsichtbaren Fäden. Ein gütiger Puppenspieler führt mich, er meint es gut mit mir. Vertrauensvoll gebe ich mich ganz in seine Hände.

Noch fünfhundert Meter bis zur Unfallstelle. Mein Handy klingelt.

Anna.

»Barbara, wo bist du?«

»Ich bin gleich da.«

»Komm bitte zu Sabines Haus. Wir treffen uns dort.«

»Gut.«

Folgsam biege ich rechts ab, zum Haus meiner besten Freundin Sabine. Annas Anruf hat mich im letzten Moment von der Unfallstelle weggelotst. Der Puppenspieler hat wohl beschlossen, mich gewisse Dinge nicht sehen zu lassen. Ich gehorche. Ahne, dass es so besser ist.

Immer noch erfüllt mich diese seltsame Ruhe. Nichts in mir rebelliert, nichts lehnt sich auf. Ich fühle, dass hier etwas geschieht, das alle Grenzen sprengt. Es ist zu mächtig, als dass ich es beeinflussen könnte. So gewaltig, dass ich beschließe, die weiße Flagge zu hissen. Mich zu ergeben. Mich hinzugeben, ganz und gar.

Ich läute an Sabines Tür. Niemand da. Ist sie bei Anna? Ich stehe im Garten und zittere. Mein Körper macht sich selbstständig, mein Geist steht still. Ich mache das Einzige, was es noch zu machen gilt. Ich muss meinen Auftritt als Clowndoctor absagen, der eigentlich für den Nachmittag geplant gewesen ist. Meine Stimme klingt gefasster, als ich es selbst erwartet hätte.

»Hallo, Hannes, ich kann heute leider nicht zum Einsatz kommen. Heli hat einen Unfall gehabt und ich glaube, er ist tot.«

Als mein Kollege irgendetwas flüstert wie »Um Gottes Willen«, sehe ich Annas Auto um die Ecke biegen.

Anna und Sabine steigen aus, tränenüberströmt. Die Bilder meiner Fantasie und die Realität beginnen sich wie zwei Folien in Zeitlupe übereinanderzulegen, um ein Ganzes zu ergeben. In meinem Kopf wird es mit einem Mal still. *Totenstill.* Sabine starrt mich fassungslos an. Sehe ich etwa aus wie ein Gespenst? Oder wie ein Engel vom Himmel? Kreidebleich, ja, das bin ich vermutlich. Flügel habe ich, glaube ich, keine. Nur meinen unsichtbaren Mantel. Immerhin.

Endlich bringt Anna ein erstes Wort heraus.

»Barbara!«

Sie tritt auf mich zu und umarmt mich fest.

»Ist jemand gestorben?«

»Ja.«

»Heli?«

»Ja.«

»Und die Kinder?«

Stille. Tränen.

»Ist der Thimo auch tot?«

»Er war tot und ist wiederbelebt worden. Ich weiß nicht, was mit ihm ist.«

»Und die Fini?«

»Die ist schwer verletzt. Nicht bei Bewusstsein. Die Kinder werden ins Krankenhaus gebracht. Komm jetzt, wir bringen dich ins Haus.«

Ich lasse es geschehen.

Als Jugendliche war ich einmal in einen Unfall verwickelt. Mein damaliger Freund brachte mich in seine Wohnung und packte mich kurzerhand in eine warme Decke.
»Du hast einen Schock, da ist Wärme das Allerwichtigste«.
Das hatte er gerade im Führerscheinkurs gelernt.
Auch Anna und Sabine ziehen mir die Jacke aus und packen mich ins Bett. Dieser ganz selbstverständliche Ablauf gibt mir vorübergehend Sicherheit.
Ich habe einen Schock.
Ich zittere und bekomme eine Wärmeflasche.
Ich weine und bekomme Taschentücher.
Ich stelle Fragen und bekomme Antworten.
So einfach ist das. So banal. Ich halte mich fest an diesen unkomplizierten Vorgängen. Die Welt ist sogar in dieser Stunde, da mein Leben völlig aus dem Ruder gerät, immer noch ein wenig berechenbar.
Es gibt Dinge, die ich noch steuern kann. Ich kann um Hilfe bitten. Ich kann die Wärmeflasche spüren. Ich kann mich bedanken.
Ich klammere mich an diese Kleinigkeiten, einer Ertrinkenden gleich, die mit letzter Kraft einen Rettungsring ergreift. Der Ozean, der mich zu verschlingen droht, ist unermesslich groß und bedrohlich tief. Instinktiv spüre ich: Ich kann es mir nicht leisten, loszulassen und den Blick abzuwenden von den kleinen Dingen, die gut sind. Auf sie konzentriere ich mich. Mit allen Sinnen, mit jeder Faser meines Körpers.
Anna und Sabine zünden mit langsamen, ruhigen Bewegungen Kerzen an, während ich ununterbrochen vor mich

hin rede. Ich muss die Tatsachen immer wieder laut aussprechen.

»Heli ist tot und die Kinder werden vielleicht sterben. Heli ist tot. Thimo ist vielleicht auch tot. Fini ist schwer verletzt.«

Ab und zu hänge ich ein Fragezeichen an meine Sätze und warte auf die immer gleiche Antwort.

»Heli ist tot?«

»Ja, Heli ist tot«, bestätigt Anna.

Ich wiederhole die Sätze wie ein Mantra, so lange, bis ich die ganze fürchterliche Wahrheit überhaupt irgendwie zu begreifen vermag. Dann beginne ich mit Heli und den Kindern zu sprechen. Rufe Heli zu, wie sehr ich ihn liebe. Feuere meine Kinder an, durchzuhalten. Ich nehme Finis Lebenskraft wahr und spüre gleichzeitig, dass Thimo nicht mehr bei uns ist.

»Heli ist da, im Raum«, flüstert Sabine und, ja, ich spüre ihn auch. Warm und hell. Ein Lichtball mitten im Zimmer.

»Schau!«

Anna zeigt aufs Fenster. Es schneit in dicken Flocken, obwohl der Himmel blau und wolkenlos ist.

Ein Gruß von Thimo.

Das denken wir alle gleichzeitig.

Inzwischen ist Sabines Lebensgefährte eingetroffen. Er ruft die Kinderklinik an. Nach ein paar Minuten weiß er, auf welche Station meine Kinder gebracht wurden. Ich werde ins Auto gesetzt, auf die Rückbank. Anna und Sabine geben mir von beiden Seiten Halt. Ich kenne den Weg. Hätte ihn ja selbst fahren sollen, heute, an demselben Nachmittag, zur selben Stunde. Ich werde im selben Krankenhaus von denselben Schwestern erwartet wie auch sonst an jedem Donnerstag, seit acht Jahren schon.

Ich komme. Heute allerdings ohne Clownnase und ohne buntes Kostüm. Ohne ein fröhliches Lächeln und ohne einen Scherz auf den Lippen. Und die Kinder, die auf mich warten, sind diesmal meine eigenen.

Will ich es Zufall nennen, dass meine Kinder in genau jenes Krankenhaus eingeliefert wurden, in dem ich jahrelang als Clown Menschen zum Lachen gebracht hatte? Oder darf ich vielmehr glauben, dass der Puppenspieler, der mich führte, sich die Rahmenhandlung für sein Stück gut überlegt hat?

Wer soll mir die Erlaubnis geben, es zu glauben? Wer, wenn nicht ich selbst? Ich richte meinen Blick nach oben, dorthin, wo ich den Puppenspieler vermute, und danke ihm. Dafür, dass mir der Geruch des Krankenhauses vertraut und angenehm war. Dafür, dass in der Portierloge kein Fremder saß, sondern ein Mensch, den ich schon lange kannte. Dafür, dass Hannes, mein Clownkollege und Freund, wartend am Eingang stand und mir einen Becher Kakao vom Automaten entgegenhielt.

Der Becher Kakao vor dem Auftritt, mein ganz persönliches Ritual.

Dankbar nehme ich einen Schluck.

Wie immer. Nein – wie früher.

Zitternd umklammere ich den Becher. Als könnte ich dadurch die Zeit festhalten. Eine Lebenszeit, die gerade dabei ist, mir zu entgleiten.

Der allgegenwärtige Geruch von Desinfektionsmittel. Kakao in meinem Mund. Die Stimme meines Kollegen im Ohr. Ein Verhaltenspsychologe hätte seine Freude an mir gehabt. Wie bei einem Pawlowschen Hund regten sich eingeschliffene, alltägliche Reflexe, Resultate einer intensiven Prägung durch die langjährige Arbeit im Krankenhaus.

Im Spital wird gelacht. Im Spital habe ich gute Laune. Im Spital ist es schön.

Es gab Zellen in meinem Körper, die sich tatsächlich daran erinnerten, während ich vor dem Operationssaal saß und auf die Notärztin wartete.

Mein Gehirn entsann sich der Tausenden Male, da ich von schwer kranken Kindern mit einem Lächeln beschenkt worden war. Der Momente, in denen ich auch den verzweifelten Eltern der Kinder auf der Intensivstation ein Fünkchen Lebensfreude hatte schenken dürfen.

Für den Clown, den ich in diesen Räumen gespielt hatte, war alles Krankenhaustypische ein Anlass zu ansteckender Begeisterung gewesen. Das Weiß des Krankenzimmers: schön wie frisch gefallener Schnee. Das Desinfektionsmittel: ein herrlich duftendes Parfum. Der Aufenthalt: ein Gratisurlaub.

Frische Wäsche, Frühstück ans Bett, freundliches Personal – was will man mehr?

Ein Teil von mir hielt sich an das, was er kannte. Umsichtig setzte mir mein Lebenswille eine unsichtbare rote Nase ins Gesicht. Nahm mich fest bei der Hand. Mit einem aufmunternden Lächeln versprach er mir, dafür zu sorgen, dass ich irgendwann die Freude wiederfinden würde. Irgendwo, am Bett meiner Kinder, beim Einatmen des Desinfektionsmitteldufts, beim leisen Summen eines Liedes. Oder anderswo.

Clownregel Nummer eins: Keine Pläne. Keine Ideen. Lass dich überraschen und mach das Beste aus jeder Situation. Leere deinen Kopf, bevor du die Bühne betrittst. Die Neugierde ist dein Freund.

Mein Kopf war leer. Plan hatte ich keinen. Ich war bereit für den Weg ins Ungewisse.

Die Tür des Operationssaales geht auf. Eine kleine, zarte Frau im grünen Kittel sieht mich an und tritt auf mich zu. Sie wird mir gleich erklären, wie es um meine Kinder steht. Ob Thimo am Leben ist oder nicht. Ob Fini jemals wieder aufwachen wird. Sie wird mich in die Intensivstation bringen und mir zeigen, wo ich unter all den Schläuchen und Maschinen meine Kinder finde. Sie wird mir »viel Glück« wünschen und die Station wieder verlassen.

Ich werde bleiben. Vier Tage lang. Gründonnerstag bis Ostermontag.

Das Fest der Auferstehung.

Betreff: Der Tod und seine Überschreitung

Von: Barbara Pachl-Eberhart
Gesendet: Dienstag, 25. März 2008 17:25
An: Alle Kontakte
Betreff: Der Tod und seine Überschreitung

Liebe Freunde, liebe Menschen, die ihr mir alle so sehr beisteht mit euren Worten, Nachrichten, Gedanken und Gebeten in diesen Tagen.

Ich habe zwischen Donnerstag und Montag letzter Woche aufgrund eines schweren Autounfalls meinen Mann Heli und meine beiden Kinder Thimo und Valentina verloren. Ich war nicht dabei, war weit weg und bin am Leben und gesund.

Ihr fragt euch, was man tun kann in so einer Situation, für mich. Was man sagen kann. Wie man helfen kann.

Zunächst: Allein eure Nachrichten haben mir sehr geholfen, denn das Wichtigste für mich ist nun, das Gefühl zu haben, nicht allein zu sein. Auch die Spendenaktionen, die ins Leben gerufen wurden, helfen mir konkret sehr viel. Herzlichen, tausendfachen Dank dafür!

Es hilft mir außerdem sehr, euch berichten zu dürfen von meinen Erfahrungen der letzten Tage. Ich möchte, dass nie etwas zwischen uns steht, sei es Angst, Scham, Tabus, Trauer oder was auch immer. Ich bin am Leben und möchte Teil des »ganz normalen« Lebens bleiben. Habt keine Angst, mich mit diesem Leben zu konfrontieren und mich dabei auch herauszufordern. Es tut so gut, das Leben in all seinen Facetten zu spüren!!!!

Doch andererseits. Bin ich dem Tod drei Mal begegnet in den letzten fünf Tagen. Und ich möchte euch so gern erzählen, wie es war. Bitte seid mit mir in diesem Text.

Helis Tod – Donnerstag, 20.3.2008

Ich muss schon früher anfangen. Seit ein paar Wochen hatten Heli und ich in unserer Beziehung ein enormes Hoch. Wir hatten so etwas wie einen Quantensprung erlebt. Mit dem Umzug in unser neues Haus mit Apfelbäumen rundherum waren wir sehr auf uns zurückgeworfen.

Wir fanden durch unglaublich intensive und wunderschöne Gespräche enorm zueinander, erlebten wieder eine Zeit des Verliebt-Seins, auch wieder Streit, bis wir zu dem Punkt kamen: Wir wollen »uns gut« sein. »Wenn zwei Menschen sich gut sind ...«, dieser Satz von Elfriede Ott im Radio hatte mich zutiefst berührt, und wir machten ihn zu unserem Motto. Jeden Morgen sagten wir uns »Ich bin dir gut und alles, was ich sage, meine ich im Guten.« Dieser Satz hat uns viel Frieden gebracht. Und Heli war im Frieden wie fast nie zuvor.

Er hatte in den letzten Wochen viele alte Freunde kontaktiert, Frieden geschlossen mit Leuten, mit denen noch irgendeine Rechnung offen war.

Außerdem hat er in Windeseile unser »neues« altes Haus renoviert. Ich habe immer gesagt, mach dir doch keinen solchen Stress. Aber er wollte es »fertig haben.«

Am Abend vor seinem Tod hatten wir gemeinsam mit Elfi, einer sehr lieben Freundin und Kollegin, eine Maskentheaterprobe, bei der ich Regie führte. Heli improvisierte mit einem Besen, um den ein Mantel geschlungen war, einen Zwei-Personen-Tanz. Ich spielte dazu einen Tango auf der Gitarre. Elfi und mir blieb der Mund offen, der Raum war voller Intensität, voller Kraft, voller Genie. Der Tanz endete in einer Liebkosung des Besens, so friedlich.

Im Nachhinein denke ich, es war der Tanz mit dem Tod.

Dann war Heli noch bei zwei meiner besten Freundinnen zu Besuch, und die drei hatten unglaublichen Spaß miteinander.

Die Nacht zum Donnerstag war sehr eigenartig, Heli war wie aufgezwirbelt, schlief unruhig, kuschelte sich immer wieder ganz eng zu mir. Auch in der Früh kuschelten wir noch ganz lange und Heli sagte: »Ich weiß auch nicht, was mit mir ist, ich hab seit gestern Abend das Gefühl, ich könnte Bäume ausreißen, ich bin so voller Freude!«

Ich ging um acht aus dem Haus, um 9:55 passierte das Unglück. Mit unserer Nachbarin hat Heli im Vorbeifahren noch gescherzt. Eine andere Freundin hat den Clownbus noch vorbeifahren sehen, voller Energie und Glück, der Bus hat jeden lachen lassen, der ihn gesehen hat. Ich bin sicher, Heli hat den Zug nicht gesehen und nicht gehört, weil er gerade geblödelt hat oder etwas in dem unergründlichen Chaos in seinem Bus gesucht hat, vielleicht sogar am Fahrzeugboden. Typisch Heli.

Als ich nach dem Unglück nach Hause fuhr, spürte ich, dass Heli mich besuchte. Er legte sich wie ein ganz warmer, riesengroßer Mantel um mich. So zärtlich.

Ich habe Heli im Bestattungsinstitut besucht, habe mir seine Hülle noch einmal angeschaut. Er schaut verklärt aus, er lächelt. Er hat ganz bestimmt nicht gelitten. Er ist im Licht und es ist wunderschön dort!!! Aber er ist auch bei mir. Ein Teil seiner Lebensenergie ist auf mich übergesprungen. Ich gehe plötzlich im Wald spazieren, spüre Lust zu tischlern und mich zu betätigen.

Ich habe ein Buch gelesen über Nahtoderlebnisse und plötzliche Unfalltode. Die Zeit, in der sich ein Mensch auf seinen Tod vorbereitet, beginnt ziemlich genau sechs Wochen vor seinem Tod. Projekte werden fertiggestellt, der Mensch versöhnt sich mit so vielen wie möglich, er kommt in den inneren Frieden mit sich und der Welt, und er wirkt »irgendwie anders.« Diese Erfahrung haben schon sehr viele Angehörige von Unfalltoten gemacht. Bei Heli war es auch so, und diese Tatsache lässt mich fest glauben: Es war für Heli an der Zeit zu gehen. Er hat seine Lernaufgaben erfüllt und darf sich nun in Frieden ausruhen. »Was wäre, wenn ...«, braucht man nicht zu denken. Es war unvermeidlich, so oder so. Es ist, wie es ist. Es ist gut, wie es ist, denn es konnte nicht anders sein.

Valentinas Tod – Sonntag, 23.3.2008

Fini war die Einzige, die den Unfall zunächst überlebt hatte (Thimo war an der Unfallstelle tot gewesen und reanimiert worden). Fini hatte auch keine wesentlichen körperlichen Verletzungen erlitten (was sowieso an ein Wunder grenzt), nur ein schweres Schädel-Hirn-Trauma.

Es hieß um ihr Leben bangen, das Gehirn durfte nicht zu sehr anschwellen, denn wenn der Hirndruck steigt, werden die Zellen zerstört und letztendlich die Durchblutung gekappt. Ich glaube, das war das Schlimmste an diesen vergangenen Tagen. Nicht wissen, falls mein Kind wieder aufwacht – wie wird sie sein? Wird die Fini noch die Fini sein? Wird sie mich noch erkennen? Falls ihr denkt, ich gehe durch die Hölle oder bin durch die Hölle gegangen – ja, das war sie!

Fini bekam ungefähr zwanzig verschiedene Medikamente, die alle im Milliliterbereich aufeinander abgestimmt werden mussten. Mal stieg der Hirndruck, dann fiel der Blutdruck ab, was sonst noch alles war, hab ich gar nicht so mitbekommen. Der Anästhesist war drei Tage im Dauereinsatz, er hat nicht geschlafen, hat alle fünf Minuten oder öfter einen Knopf gedrückt. Ich bin überwältigt, mit welcher Kraft um das Leben meiner Fini gekämpft worden ist, von so vielen Menschen.

Was mich angeht, ich durfte im Spital schlafen und konnte in der Früh gar nicht aufstehen, weil ich so eine Angst hatte vor den zu erwartenden schlechten Neuigkeiten nach der Nacht. Mein Papa hat mich großartig unterstützt und diese Nachrichten mit viel Liebe an mich weitergetragen. Er (und meine Schwägerin Gabi) war es auch, der bei Fini stand und sie ununterbrochen mit Bachblüten einschmierte (wenigstens das konnten wir tun, und es hat uns soooo geholfen, es tun zu können!), wenn ich nicht mehr konnte und spazieren gehen musste.

Ich war viel spazieren in diesen drei Tagen und hatte unglaubliche Erlebnisse und Visionen. Zwei Rehe habe ich immer wieder im Wald getroffen, auf Armlänge entfernt. Ich bin sicher, das waren Heli und Thimo. Sie haben mich immer lang angeschaut und sind dann fröhlich und voller Kraft davongesprungen.

Im Wald habe ich auch Fini getroffen. Sie war immer neben mir, so lustig und süß. Und plötzlich sah ich sie vor mir in einem Ball aus Licht. Wie in einer Seifenblase aus hellem, gelbem Licht. Sie hat gestrahlt. Ich wusste, es kann ihr nichts passieren. Im Wald habe ich dann immer wieder dieses Bild gesehen. Es hat mir einen unglaublichen inneren Frieden geschenkt.

In der Intensivstation hingegen kämpfte ich weiter um Finis Leben. Obwohl ich mir nicht ganz sicher war. Irgendwie kam es mir so kleinlich vor. Sie steht da vor diesem wunderschönen Licht und ich versuche, sie zu überreden, zurückzukommen. Zu den Hasen und der Wiese und zu mir. Aber wer bin ich schon gegen das schönste Licht der Welt und die himmlische Musik? Irgendwann darf ich auch dort sein, das ist schön.

Ich war auch gerade spazieren, als Fini dann an Kreislaufversagen starb (ich hatte nicht gewusst, dass es so schnell gehen würde, sonst wäre ich wahrscheinlich nicht hinausgegangen, aber ich bin so froh darüber, dass ich dieses Erlebnis im Wald noch haben durfte). Ich lief durch den Wald, zwanzig Minuten, voller unbändiger Lebenskraft. Ich sang so laut ich konnte Finis Lieblingslied, das Pippi-Langstrumpf-Lied. Ich kam zurück und Fini war tot. Fini war im Licht. Das Licht war in mir. Ich durfte sie gemeinsam mit meinem Papa noch zärtlich waschen und sie wickeln und sie dann ganz lange halten, ehe wir sie ins Bett legten, so wie sie immer geschlafen hatte. So süß. Mit ihrem »Deckalein«. Sie war nur mehr Hülle. Sie war in uns. In ihrem Licht. Mein Engel.

Thimos Tod – Montag, 24.3.2008

Thimos Diagnose war von Anfang an relativ klar. Er war reanimiert worden, das heißt, sein Herz schlug (mein kleiner Kämpfer), aber sein Hirn war in größtem Maße zerstört. Es gab keine Hoffnung, dass er wieder aufwachen würde. Es war klar, dass er nur an Maschinen hing und deshalb noch eine Art Leben in ihm war. Es würde darauf hinauslaufen, ob Thimo selbst sterben würde (das heißt, ob sein Herz aufhören würde zu schlagen) oder ob wir die Maschinen irgendwann abdrehen würden. Ich glaube, fast jeder von euch hätte das gesagt, was ich zunächst gesagt habe: Die Maschinen drehe ich sicher nicht ab, ich möchte Thimo selbst entscheiden lassen, wann er geht.

Thimo ist lange nicht gegangen. Sein Herz hat weiter geschlagen, während wir um Fini gekämpft haben. Er lag im Bett neben Fini. Ich bin immer wieder zu ihm gegangen und habe ihm gesagt: »Du darfst gehen, geh mit leichtem, frohem Herzen, dein Papu wartet auf dich im großen Licht und in der schönen Musik.« Es war schwer, am einen Bett das Kind zurückholen zu wollen und gleich nebenan eines loszulassen. Ich habe es auch manchmal aus Versehen vertauscht, sie sind mir dafür bestimmt nicht böse. An Finis letztem Tag habe ich Thimo ein bisschen vernachlässigt. Ich musste das LEBEN in den Vordergrund rücken. Thimo hat uns trotzdem beigestanden, und bevor ich in den Wald spaziert bin, habe ich mir immer Kraft bei ihm geholt. Er ist so ein starker, zäher kleiner Kerl!

Zwei Tage vor seinem Tod ist Thimo getauft worden, auf den Namen Thimo Paul Leon Eberhart. Thimo hat sich das vor einiger Zeit gewünscht, er möchte Leon heißen, wie der von den wilden Kerlen. Mein wilder Kerl.

Das Erlebnis rund um Finis Tod ließ mich in der Nacht auf Montag eine Entscheidung fällen: Ich wollte bei Thimo sein, wenn er stirbt. Ich wollte ihn aktiv loslassen. Plötzlich war der Gedanke vom Abdrehen der Maschinen nicht mehr so grausam. Er war möglich geworden. Und dann wusste ich, wie es sein sollte: ein Fest. Ein Fest des Lebens und des Todes. Weil beides soooo nah beieinander liegt, ineinander, ach, es ist eins! Und weil niemand dies so gut spürbar machen kann wie dieser verrückte Haufen von Clowns, die Gott sei Dank meine Kollegen und Freunde sind, hab ich sie alle eingeladen, Thimo mit mir zu verabschieden. Da habe ich ein paar von ihnen schon kalt erwischt mit meinem Wunsch, sie mögen als Clowns kommen. Sieben Clowns waren da (mit mir acht) und mein Papa und eine der Freundinnen, mit denen Heli noch vor seinem Tod seinen Frieden geschlossen hatte und die nächsten Monat ihr zweites Kind bekommt.

Aus einem »Krankenbesuch« mit leiser, zarter Musik und Seifenblasen wurde ein Abschiednehmen mit dem Lied »Fly me to the moon«, oftmals gesungen, mit unmöglichen und wunderschönen Soli, und dann Thimos und meinem »Mutmach-Lied« mit spontanen Texten, makaber und tiefsinnig und banal. Thimo lag in meinen Armen, fast eine Stunde, die Schläuche wurden fast magisch aus seinem Mund entfernt, es war nichts Grausames dabei. Es war berauschend. Thimo war sooo nah bei mir. Und ist es immer noch. Und immer. Wir haben gelacht. Mein Lieblingsarzt in dieser Zeit, Dr. Baumgart, war dabei, er ist extra gekommen und geblieben. Sieben Schwestern waren im Hintergrund und haben geheult. Alle Gefühle waren in einem Raum. Das ganze Leben war im Raum und der ganze Tod.

Ich durfte Thimo so lange halten, wie ich wollte, und auch er wurde dann hingelegt, mit seinem Cosmo und seinem Seehund. Die Clowns haben mich hinausbegleitet. Hinaus ins Leben.

Barbaras Leben – seit dem 31.3.1974

Ich weiß, dass diese Energie, die ich heute verspüre, mich lange tragen wird. Sie wird mich zwischendurch auch auslassen. Ich werde traurig sein, natürlich. Ich bin auch jetzt sehr oft sehr traurig. Ich passe auf mich auf wie auf ein neugeborenes Baby, entscheide in jedem Moment, was ich brauche und was richtig ist. Das kann sich oft sehr schnell ändern.

Ich will in unserem Haus leben bleiben. Heli hat es für uns, für mich sooo schön gemacht. Ich wohne zwar momentan bei Freunden, aber ich war schon im Haus und es wird gehen. Glaube ich. Ich habe dort sooo viele stützende Freunde und Nachbarn, es ist unglaublich, mit welcher Energie mich diese Menschen begleiten und auch tatkräftig unterstützen. Ich werde diese Hilfe noch lange brauchen. Ich werde lernen müssen, um Hilfe zu bitten und sie anzunehmen. Auch wenn ich nicht dafür bezahlen kann, wie ich es immer gern gemacht habe.

Ich möchte wieder als Clown arbeiten gehen, irgendwann. Die tiefe Sinnhaftigkeit unseres Tuns durfte ich bei Thimos Tod erleben, und ich bin unglaublich froh, ein Teil dieser Kraft sein zu dürfen. Ich hoffe, dass es bald wieder geht.

Ich werde Geld brauchen, aber nur von denen, die es leicht geben können.

Ich bin am 4.4. zu einem Konzert von Ludwig Hirsch eingeladen und werde ihn kennenlernen dürfen. Das Programm heißt »Von Dunkelgrau bis Himmelblau«.

Ich lebe mit der tiefen Dankbarkeit, dass drei Engel sich entschieden haben, mich sieben Jahre meines Lebens zu begleiten.

Heli und Thimo und Fini werden verbrannt werden und im Garten ruhen, drei Bäume werde ich ihnen pflanzen mit ihrem Lieblingsobst.

Auf Helis Sarg wird »Waldemars Kiste« stehen, das war der Titel seines Clownstücks.

Wir wollen die drei Engel gern mit einem schönen Fest verabschieden. Die Clowns werden auch da sein, es wird viel Musik geben, und vielleicht könnt ihr einen Teil der Energie erleben, die ich erleben durfte. Die euch auch weiterträgt mit mir zusammen.

Die Abschiedsfeier für Heli, Thimo und Fini wird am Samstag, dem 29.3. am Gleisdorfer Friedhof stattfinden. Es werden sehr viele Menschen kommen und ich bin froh darüber. Alle Clowns, die kommen – wenn ihr es schafft, kommt mit Nase, kommt im Kostüm (ihr könnt euch dort auch umziehen), kommt mit Instrument. Ich werde noch sooo viel Kraft zum Leben brauchen und ihr potenziert die Kraft! Ihr seid ein Teil meines Lebens, in einem Sinn, den wir vielleicht alle noch nicht erfassen können.

Alle anderen, kommt wie ihr möchtet. Wenn es euch ein Bedürfnis ist, kommt in schwarz, aber sonst bitte nicht. Zieht euch bunt an und lustig. Seid verrückt. Habt keine Hemmungen, das zu tun, wonach euch ist.

Bringt bitte drei Blumen mit. Es tut gut, jedem der drei noch was auf den Sarg zu werfen.

Für mich bringt bitte auch was mit. Geschichten. Schreibt auf, was euch an Erlebnissen einfällt mit Heli, Thimo und/oder

Fini. Eindrücke. Drei Worte. Drei Seiten. Lieblingsgeschichten. Auf farbigen Blättern oder weißen. Das ist mir sehr wichtig. Ich möchte aus diesen Geschichten ein dickes Buch machen. Ich möchte die Erinnerung an meine Engel lebendig halten, bis ich 97 bin, und ihr müsst mir dabei helfen!

Nach der Feier möchte ich euch in meinen Garten und mein Haus einladen. Es soll sehr voll sein und voller Leben. Vielleicht könnt ihr mir helfen, das Haus so umzuräumen, dass die Sachen meiner Kinder einen guten Platz bekommen und mein neuer Platz mit Kraft gefüllt wird. Hannes, der beste Koch der steirischen Hügelszene wird kochen, aber nehmt euch auch ein Jausenpackerl mit, denn hoffentlich sind wir zu viele. Das Fest wird hoffentlich bis zum Abend dauern, ihr müsst auch nicht gleich nach der Verabschiedung kommen.

Und ein letztes: Schickt dieses Mail weiter an alle, die Heli oder mich oder Thimo oder Fini kennen. Auf die Gefahr hin, dass es viele doppelt und dreifach bekommen. Ich möchte, dass Heli ein volles Haus hat am Samstag.

Ich habe euch unendlich lieb!

Eure Barbara

Ich sehe mich noch am Computer sitzen, im Wohnzimmer von Sabines Eltern, als sei es erst gestern gewesen. Die beiden hatten mich nach dem Tod meiner Familie in ihrer Wohnung aufgenommen. Ich wusste nicht, wo ich sonst hätte schlafen sollen. Meine Eltern waren in Wien, zu weit weg, als dass ich von dort aus die Behördenwege erledigen hätte können. Mein eigenes Haus würde mir vorerst nicht guttun, das ahnte ich. Ich sehnte mich nach einem Heim, nach Fürsorge und Geborgenheit. Und fand sie, glücklicherweise, bei den Eltern meiner besten Freundin, die mir schon lange fast wie eine Schwester war.

Ich kann mich noch gut an den Teller Kekse erinnern, der, während ich die Mail an meine Freunde schrieb, unberührt neben mir stand. An Sabines Vater, der mir jede halbe Stunde auf Zehenspitzen ein frisches Glas Wasser brachte. Ich erinnere mich an die hohe Konzentration, in der ich Zeile für Zeile auf den Bildschirm brachte, und daran, dass die Worte durch mich hindurchströmten, als kämen sie von irgendwoher geflogen und als sei ich nur das Werkzeug, durch das sie Gestalt annehmen konnten.

Ich erinnere mich an die Erschöpfung, die mich überfiel, als ich fertiggeschrieben hatte. Ich brachte gerade noch die Kraft auf, meine E-Mail an alle Menschen zu schicken, die ich in meinem Verteiler hatte. Der Text machte sich auf seinen Weg durchs weltweite Netz, flog zu Freunden, Kollegen, Geschäftspartnern und alten Bekannten, landete in Schuldirektionen, Amtsabteilungen und Veranstaltungsredaktionen diverser Zeitungen. Ich hatte mir nicht die Mühe gemacht, zu sortieren. Alle, die je mit Heli, Thimo, Fini und mir zu tun gehabt hatten, sollten Bescheid wissen.

Ich war auf Hilfe angewiesen. Ich würde Gespräche brauchen, Zuwendung, Kontakt. Vielleicht nicht gleich, aber später. Irgendwann. Wenn es in mir, die ich nichts mehr zu verlieren hatte, irgendwo noch eine Sorge gab, so war es die Angst vor der Sprachlosigkeit. Die Angst davor, dass Freunde den Kontakt meiden würden, weil sie nicht wussten, wie sie mir begegnen sollten. Dass irgendjemand aus Verlegenheit und Scham die Straßenseite wechseln würde. Dass ich eine Außenseiterin werden könnte, jetzt, da die Geborgenheit einer Gemeinschaft wichtiger für mich sein würde als alles andere. Deshalb hatte ich mich entschlossen, meine Gedanken aufzuschreiben. Sie zu verschicken. An alle.

Ich streckte und dehnte mich erschöpft und schaute dabei aus dem Fenster. Es war Abend geworden. Ein tiefer Frieden erfüllte mich, fast so wie nach der Geburt meiner beiden Kinder.

Alles war gesagt.

Es konnte weitergehen. Ich konnte weitergehen. Musste weitergehen.

zeitlose Tage

Wohin ging ich?

Zunächst einmal dorthin, wo ich mich am sichersten fühlte: ins Bett. Ich verkroch mich unter meiner Daunendecke, suchte den Schlaf, geborgen zwischen Finis »Deckalein« und Thimos Kuschelhund.

Ich betrachtete es als großes Geschenk, dass ich tief und fest schlafen konnte. Mein Körper brauchte Erholung und Ruhe und nahm sie sich, Gott sei Dank. Wenn ich schlief, musste ich nicht nachdenken. Mein Schlaf war von lebhaften Träumen begleitet, in denen meine Kinder spielten und lachten. Ich träumte von Heli, von früher, von glücklichen Tagen.

Zuweilen erhielt ich des Nachts klar formulierte Botschaften, die offenbar zu wichtig waren, als dass mein Kopf sich die Mühe machte, sie zu verschlüsseln.

Sei mutig, forderte mich Heli eines Morgens auf, kurz bevor ich erwachte. Er blickte mir dabei breit grinsend aus nächster Nähe ins Gesicht.

Ich habe die Erlaubnis bekommen, zu dir zurückzukehren, wenn du das willst, prophezeite Fini in einem anderen

Traum, der ausgeschmückt war mit Bienenwaben und himmlischen Lichtstrahlen.

Aufzuwachen war nicht leicht. Meine Träume gefielen mir um vieles besser als die Realität, die unmittelbar hinter der Schlafzimmertür auf mich wartete. Oft ließ ich die Augen noch lange geschlossen und versuchte, erneut abzudriften in die Sicherheit und Geborgenheit des Schlafes. Wenn es mir nicht gelang, blieb ich trotzdem liegen. Ich musste mich für das Aufstehen wappnen, musste Kraft sammeln, um die Stunden bis zum Mittagsschlaf zu überstehen.

Meistens behalf ich mir damit, dass ich noch ein wenig las. Das Buch, das auf meinem Nachtkästchen lag, hatte ich von einer Clownkollegin geschenkt bekommen, im Krankenhaus, nach dem Abschied von Thimo: »Keine Seele geht verloren«. Es war mir ein wichtiger Wegweiser und Begleiter mit seiner klaren, frohen Botschaft.

Freilich geht es weiter nach dem Tod. Natürlich ist es dort drüben wunderschön. Selbstverständlich sind unsere Verstorbenen mitten unter uns.

Ich brauchte die Bekräftigung von außen, immer wieder, jeden Tag. Was ich erlebt hatte, was ich ahnte und zu wissen meinte, schien mir allzu zerbrechlich in meinen Händen. Jede Seite, die ich las, über Nahtoderlebnisse, über plötzliche Unfalltode und wundersame Zufälle, über mediale Kontakte und Nachrichten von Verstorbenen, stärkte meine eigenen Empfindungen und gab mir das Gefühl, nicht allein zu sein mit dem, woran ich glaubte. Je mehr Wissen ich mir aneignete über das, was andere erlebt und herausgefunden hatten, desto sicherer fühlte ich mich in meinem Glauben an ein Leben nach dem Tod.

Ich liebte das Gefühl, mit einem weisen Buch im warmen Bett zu liegen. Mein Körper behütet in kuschligen Decken, mein Geist von Buchdeckeln beschützt. Ich zögerte den Moment des Aufstehens so lange hinaus wie nur irgend möglich.

Einzig der Duft frisch gekochten Kaffees vermochte es, mich irgendwann doch nach draußen zu locken, um Sabines Vater zu begrüßen, der immer pfeifend an der Espressomaschine stand und mir mit einer Stimme, die in Fröhlichkeit gekleidet war, einen wunderschönen guten Morgen wünschte.

»Schau, die Sonne scheint. Was hast du heute vor? Kennst du schon das neue Café in der Einkaufsstraße?«

Was hatte ich vor?

Diese Frage musste ich mir selbst erst beantworten. Ich allein war neuerdings für die Gestaltung meines Tagesprogramms verantwortlich. Das war ich gar nicht mehr gewöhnt, und ich wusste nicht, ob ich mich überhaupt daran gewöhnen wollte.

Am Mittwoch nach Ostern hatte ich ein konkretes Ziel. Ich musste los. Sabine wartete auf mich. Sie würde mich zu den »Bunten Knöpfen« fahren. In den Kindergarten unserer Söhne.

Der 26. März 2008

Der erste Kindergartentag nach den Osterferien.

Heute würden sich alle Kinder der Gruppe nach eineinhalb Wochen erstmals wieder einfinden, um sich dem üblichen und vertrauten Tagesablauf aus Spielen, Musizieren und Turnen hinzugeben. Gegen zehn würden die beiden Kindergärtnerinnen ihre Schützlinge zum täglichen Kreisgespräch in den Turnsaal rufen.

Spätestens dann würden die Kinder bemerken, dass jemand fehlte. Spätestens dann würden sie, die kleinen wie die großen, die wilden wie die sanften, die mutigen wie die furchtsamen, erfahren, dass ihr Freund Thimo die Osterferien nicht überlebt hatte und dass er nie, *nie* mehr wiederkommen würde.

Die »Bunten Knöpfe«. Thimos Kindergarten. Ich habe die familiäre Atmosphäre, die dort herrscht, stets genossen. Die offene und vertrauensfördernde Gesprächskultur zwischen Kindern und Betreuerinnen, Betreuerinnen und Eltern. Die beherzte Art, Probleme anzupacken. Wie oft hat mir Nelli, die Kindergartenleiterin, Mut zugesprochen, wenn ich wieder einmal glaubte, eine schlechte Mutter zu sein. Wie oft hat sie mir geholfen, die Welt durch die Augen meines Kindes zu betrachten. Wie oft hat sie schwierige Situationen entschärft, indem sie ihre Erfahrung sprechen ließ.

Du bist nicht die erste Mutter, die dieses Problem mit ihrem Kind hat.

Was ihr erlebt, ist ganz normal. Jede schwierige Phase geht auch wieder vorüber.

Achte darauf, was dein Kind jetzt *braucht, und stelle keine Hochrechnungen an, im Hinblick auf die Zukunft oder die Fehler der Vergangenheit.*

Am Mittwoch nach Ostern waren wir mit einer Situation konfrontiert, die den Rahmen aller Erfahrungen sprengte. Thimos Tod war nicht gerade etwas, das als *normal* zu bezeichnen war. Und ich war zwar bestimmt nicht die erste, wohl aber die einzige Mutter weit und breit, deren ganze Familie gestorben war.

Wie würde Nelli mit dieser Situation umgehen? Konnte sie mir Hilfestellung bieten? Was würde sie den anderen Eltern sagen? Was den Kindern?

Ob ein Rat wirklich weise ist, zeigt sich, so meine ich, nicht daran, wie oft er erteilt wird. Oder daran, wie viele Menschen ihn dankbar annehmen. Einen wirklich weisen Rat erkennt man daran, dass er in existenziellen Situationen hilfreich ist. In Situationen, die uns über die Grenzen dessen hinausblicken lassen, was wir zuvor für allein möglich und machbar hielten.

Achte darauf, was dein Kind jetzt *braucht. Achte darauf, was* jetzt *wichtig ist.*

Jetzt. Am Mittwoch nach Ostern, am ersten Kindergartentag nach Thimos Tod brauchten die Kinder im Kindergarten vor allem das Gespräch. Sie brauchten Zuwendung und die Möglichkeit, alles auszusprechen, ihre Fragen, ihre Ängste, ihre Traurigkeit. Sie brauchten Menschen, die sich dem Thema Tod stellten und sich nicht hinter Andeutungen, Beschwichtigungen oder Tabus versteckten.

Ich weiß nicht, warum Nelli einfiel, mich in den Kindergarten einzuladen. Mich zu fragen, ob ich mit den Kindern über Thimos Tod sprechen könnte, um zehn Uhr, beim Kreisgespräch. Doch ich kann sagen, wie gern ich die Einladung annahm. Wie wichtig es für mich war, die Botschaft selbst zu überbringen. Und darüber, wie stark ich meine Lebenskraft spürte inmitten der lebhaften, quirligen Kinderschar.

Im Turnsaal.

Wir sitzen im Kreis, jedes Kind auf seinem persönlichen Polster. Das Polster, auf dem ich Platz genommen habe, ist grün. Es gehört Thimo. Ich habe es mir ausgeborgt.

In der Mitte brennt eine Kerze, jedes Kind darf sich ein Teelicht holen und vor sich aufstellen. Entzündet wird es später, zuerst müssen wir etwas Wichtiges besprechen.

»Ich weiß schon, der Thimo ist tot!«

Felix, Thimos bester Freund. Unerschrocken wie immer.

»Wir waren am Bahnübergang, ich hab die Trümmer gesehen.«

Ein Mädchen meldet sich mit leiser Stimme:

»Ich habe Scherben von den Scheinwerfern eingesammelt, die hab ich jetzt zu Hause.«

»Ich hab sogar ein paar Plastikteile von Thimos Go-Kart gefunden, voll cool!«

Ein weiteres Kind ist aufgetaut.

Ich höre zu, staune über den Mitteilungsdrang der Kinder. Ich erkenne, dass es ihnen leichter fällt, über Scherben und kaputtes Spielzeug zu sprechen als über das Fehlen des Freundes. Ein Autocrash. Ein kaputtes Go-Kart. Zertrümmerte Scheinwerfer. Das alles kennen selbst die

Kleinsten, aus dem Fernsehen oder von der Straße, und irgendwie ist so ein Unfall doch immer auch *cool*.

Nelli hat ein feines Sensorium dafür, wann sich die Kreisgespräche der Kinder in eine unerwünschte Richtung zu entwickeln beginnen.

»Wisst ihr was, wir zünden für Thimo unsere Kerzen an.«

Eine Zündholzschachtel wird herumgereicht, jedes Kind darf sein Licht selbst entzünden. Wer es nicht schafft, dem wird geholfen. Als alle Kerzen brennen, geben wir einander die Hände. Es wird schnell ruhig.

»Wo mag Thimo jetzt wohl sein?«

Ich stelle diese Frage, weil ich mich nach den Antworten der Kinder sehne. Ich will ihre Version darüber hören, wo Thimo, Fini und Heli jetzt sind.

»Ich glaube, er fliegt jetzt über einen Regenbogen.«

»Ich habe von ihm geträumt, da war er auf einem großen Schiff, auf einem weiten Meer.«

»Ich glaube, er ist im Himmel.«

Ich lächle dankbar, eine Träne kullert langsam über meine Wange. Nelli schnäuzt sich leise.

Noch ein Rat, den ich einmal im Kindergarten erhalten hatte:

Wenn du Thimo mitteilen willst, wie es dir geht, erfinde immer eine Geschichte. Von Tieren oder Blumen oder Elfen. Das hilft euch beiden, Klarheit zu gewinnen.

Ich habe es oft probiert, und die Geschichten, die entstanden, waren schön und heilsam, nicht zuletzt für mich selbst. Wenn ich Sorgen hatte, erzählte ich Thimo Geschichten, und oft verstand ich danach viel besser, was mein eigentliches Problem war. Mitunter, wenn ich auf Heli böse war, machte ich auch daraus eine Geschichte für Thimo. Es kam vor, dass ich während des Erzählens plötzlich Helis Standpunkt begreifen konnte. Am Ende des Märchens war meine Wut nicht selten verraucht, und ich fand mein persönliches Happy End in den Armen meines Mannes.

Auch heute, zum Kreisgespräch, habe ich eine Geschichte mitgebracht.
»Wisst ihr, was ich glaube?«
Neunzehn Augenpaare fixieren mich erwartungsvoll.
»Ich glaube, Thimo ist jetzt ein Engel, und dieser Thimo-Engel hat an dem Tag Geburtstag, an dem Thimo gestorben ist. Vorgestern hat der Thimo-Engel Geburtstag gehabt, und ich würde gern mit euch gemeinsam den Engelsgeburtstag von Thimo feiern.«
Im Kindergarten ist es üblich, dass an Geburtstagen jedes Kind dem Geburtstagskind etwas wünscht. So wollen wir es auch für den Thimo-Engel machen. Doch was wünscht man einem Engel?
Die Kinderköpfe rauchen vor Anstrengung. Zögern und Unsicherheit werden spürbar.
Gern würde ich jetzt die Gedanken der Kinder lesen. Denken sie in kindlichem Pragmatismus über nützliche Wünsche für einen Engel nach?
Braucht Thimo vielleicht einen ganzen Berg Schokolade? Die hat er doch immer so gern gegessen, und jetzt bekommt er bestimmt keine schlechten Zähne mehr davon. Soll man

ihm viel Glück *wünschen? Er ist doch bestimmt glücklich, dort, wo er ist.*

Viele Kinder wünschen dem Geburtstagskind das, was sie selbst gern hätten. So auch jetzt? Beginnen die Kinder, die größeren vielleicht, zu begreifen, dass sie eines Tages selbst ganz plötzlich und unerwartet als Engel auf einer Wolke sitzen könnten, unsichtbar für ihre Freunde?

Ich weiß es nicht. Vielleicht sind ihre Gedanken ja viel banaler.

Die Stille ist anstrengend. Zum ersten Mal am heutigen Tag steht etwas wie Betroffenheit im Raum.

Wir teilen Wünsche aus. Wie immer. Wir denken nach. Wie immer. Doch etwas ist anders als sonst. Ganz anders. Das Geburtstagskind ist nicht da.

Reihum werden die Kinder gebeten, ihren Wunsch für Thimo auszusprechen. Ich bin den Kindergärtnerinnen dankbar. Sie halten am Ritual fest, obwohl es den Kindern sichtlich schwerfällt. Die Wünsche werden von Nelli auf Kärtchen notiert.

Viel Gold. Viel Spielzeug. Viel Schokolade. Viel Glück.

Dass du viel Spaß beim Spielen mit deiner Schwester hast. Dass du bei deinem Papu bist.

Als alle Wünsche ausgesprochen sind, gehen wir in den Garten. Ich habe eine Flasche mit Helium und Luftballons mitgebracht, jedes Kind darf sein Wunschkärtchen an einen Ballon binden. Nach einem gemeinsamen Countdown lassen wir die Luftballons alle gleichzeitig steigen. Glücklich blicke ich ihnen nach.

Die Ballonwolke ändert ständig ihre Form, während sie in den Himmel fliegt. Zu Beginn sehe ich sie noch ganz deutlich, nach einer Weile fällt es mir immer schwerer, sie zu erkennen. Irgendwann ist sie für meine Augen nicht mehr sichtbar, obwohl es unmöglich ist, den genauen Moment zu bestimmen, in dem sie verschwunden ist. Ich kann sie nicht mehr sehen, weil meine Augen dazu nicht in der Lage sind. Und doch weiß ich: Die Ballons sind noch da.

Wie vieles gibt es wohl noch, abgesehen von bunten Ballons, das da irgendwo zwischen sichtbar und unsichtbar durch den Himmel schwebt, allgegenwärtig und nur deshalb nicht erkennbar, weil meine Sinne nicht dafür ausgebildet sind, es wahrzunehmen?

Es ist elf Uhr. Jausenzeit.

Wie an jedem Geburtstag gibt es etwas Süßes. Maria, die zweite Kindergärtnerin, hat Schokoladentorte mitgebracht. Uns allen scheint klar, wo das unsichtbare Geburtstagskind sich jetzt aufhält. An seinem Platz. Vor seinem Teller, auf dem das größte Kuchenstück liegt. Wo sonst?

Ich sitze neben dem unsichtbaren Engel. Als ich meinen Teller geleert habe, ziehe ich das große Geburtstagskuchenstück zu mir herüber.

»Ich stelle mir gern vor, dass Thimo jetzt ein Teil von mir ist. Also esse ich nun seine Torte, damit er spürt, wie es mir schmeckt. So hat auch er etwas davon.«

Die Kinder füttern mich liebevoll. Ihre Zuwendung berührt mich zutiefst. Ich merke erst jetzt, wie sehr sich mein Körper und meine Seele nach kindlicher Energie sehnen.

Ein Bub klettert auf meinen Schoß und beginnt mich sanft zu streicheln. Ich entsinne mich, dass gerade er in letzter Zeit immer wieder intensiv mit Thimo gespielt hat. Ich umarme ihn und wiege ihn hin und her, wir genießen beide die Nähe zueinander.

Die Betreuerinnen betrachten die Szene mit staunenden Augen und offenem Mund. Sie haben den Buben noch nicht oft in so ruhigem Körperkontakt gesehen, schon gar nicht mit einer nahezu Fremden. Später erzählen sie mir, dass dieser kleine Junge zu Hause bisher kaum über Thimos Unfall sprechen konnte. Die Eltern waren offensichtlich überfordert. Sie wussten nicht, wie sie ihrem Kind den Tod des Spielkameraden erklären sollten. Ihre Unsicherheit war schnell in Schweigen übergegangen.

Während der Bub auf meinem Schoß sitzt, habe ich das Gefühl, dass er seinem Freund Thimo auf diese Art und Weise noch einmal seine Zuneigung zeigen will. Er akzeptiert mich als Stellvertreterin, durch die er mit Thimo kommunizieren kann. Zärtlich. Ohne Worte. Voll unaussprechlicher Liebe.

Ich fühle mich beschenkt durch die Liebkosungen des Buben, der Thimo in diesem Moment verblüffend ähnlich ist. Nützt Thimo die Gelegenheit, mich hier durch einen Stellvertreter zu besuchen? Mich zu berühren in einer Art, die ich verstehe?

Die Jause ist zu Ende. Ich verabschiede mich von den Kindern, dankbar und erschöpft zugleich. Der Alltag im Kindergarten geht weiter. Meinen muss ich erst wieder finden. Irgendwann.

Nach einem ausgiebigen Mittagsschlaf fahre ich zu Hannes, dem Lebensgefährten meiner Freundin Sabine. Ich möchte für das Begräbnis Fotocollagen zusammenstellen und brauche dafür einen Computerexperten. In Hannes' Wohnung, an seinem Computer, füge ich ein Bild an das andere und tauche dabei unwillkürlich in Erinnerungen ein.

Ich lache. Ich erzähle. Ich weine. Hannes hört zu. Er ist einfach da. Heli und die Kinder hat er noch nicht sehr lange gekannt, und das ist mir eigentlich ganz recht. Ich will meine Erinnerungen ja gar nicht *teilen*. Ich will sie eher mir selbst erzählen. Ich bin froh, dabei ein neutrales Gegenüber zu haben.

Hannes macht seine Sache großartig. Ich die meine auch.

Gratuliere, Barbara, du machst gerade ein Stück Trauerarbeit. Weiter so!

Es ermuntert mich eine Stimme in meinem Kopf. Jene Stimme, die mich begleitet seit der Minute, in der ich vom Unfall erfuhr und die seither nahezu jede meiner Handlungen kommentiert.

Während ich die Fotos am Computer ordne, wende ich das Wort *Trauerarbeit* in meinem Kopf hin und her.

Kann ich meine Trauer abarbeiten? Bin ich vielleicht gerade dabei? Kann ich den Prozess des Trauerns aktiv vorantreiben und dadurch beschleunigen? Liegt es an mir, brav meine Hausaufgaben zu machen, um den nötigen Prozess gut und schnell hinter mich zu bringen?

Meine Intuition raunte mir schon damals zu, dass es so nicht sein würde.

Die Trauer lässt sich in keine Agenda pressen, sie sucht sich ihre eigene Zeit, ihr eigenes Tempo. Sie konfrontiert uns meist genau mit den Aufgaben, auf die wir am allerwenigsten vorbereitet sind. Dabei ist sie unberechenbar und individuell.

Ich habe meine Trauer mittlerweile als weise Lehrmeisterin in mein Leben integriert, wohl wissend, dass sie ihre Lektionen noch lange nicht beendet hat. Auf ihrem Lehrplan standen bisher ungezählte Stunden der Selbsterforschung und der Aufarbeitung uralter Wunden. Stunden der Reflexion. Über Lebenssinn, Lebensweg, Ziele und Wertigkeiten. Die Trauer ist eine gütige und geduldige Lehrmeisterin. Scheitere ich an einer ihrer Lektionen, so kommt diese eben später nochmals auf den Stundenplan.

Wird es jemals eine Reifeprüfung geben oder ein Zeugnis, das mir bestätigt: *Du hast es geschafft?* Ich glaube nicht. Vielleicht wäre ich sogar traurig, wenn es so käme. Noch jedenfalls bin ich für jede einzelne Lektion dankbar.

Die Collagen, die an jenem Nachmittag in der Wohnung meines Freundes entstanden, zieren heute die Wand meines Wohnzimmers. Sie machen so manchen Gast, der nichts über meine Vergangenheit weiß, mit meinem Mann und meinen beiden süßen Kindern bekannt. Mich selbst erinnern sie daran, dass ich zumindest *eine* Lektion schon ganz gut begriffen habe.

Die Zeit mit meiner Familie ist endgültig vorbei. Sie war wunderschön, daran ändert selbst ihr plötzliches Ende nichts. Ebenso verhält es sich doch auch mit meiner Kindheit. Auch sie ist vorbei und kommt nicht wieder. Genauso, wie ich an meine Kindheit zurückdenke, ohne Schmerz, mit Freude im Herzen, so will ich die Zeit mit Heli und unseren

Kindern in Erinnerung behalten. Als ein weiteres Stück meines Lebens, das ich hinter mir lassen musste und dennoch weitertrage, als einen Teil von mir.

Jetzt zwinkern sie mir zu, die Bilder an der Wand.
Hör auf zu philosophieren! Erzähl weiter, von uns, von dir!
Ich zwinkere zurück und komme ihrem Wunsch gern nach, kehre zurück in das Städtchen Gleisdorf, in die Zeit kurz nach dem Tod meiner Familie.

Am Donnerstagmorgen, gerade als ich mich zu einem Spaziergang aufmachen will, klingelt mein Handy. Ich muss in Gedanken versunken gewesen sein, sonst hätte ich den Anruf mit der unterdrückten Nummer vermutlich gar nicht angenommen. Ich gehe nicht gern ans Handy, neuerdings. Mein Unterbewusstsein erinnert sich bei jedem Klingeln daran, dass aus diesem Apparat unerwartete und schreckliche Nachrichten an mein Ohr dringen können. Unbekannte Nummern sind mir besonders suspekt.

Am Apparat ist eine Zeitungsredakteurin. Ich kenne sie bereits von früher. Sie hat mich einmal im Krankenhaus begleitet, um wenig später einen sensiblen Artikel über die Arbeit der »Roten Nasen Clowndoctors« zu schreiben.

Sie fragt, ob sie ein Interview mit mir machen dürfe. Meine Mail habe sie sehr beeindruckt.

»Wie sind Sie denn an den Text gekommen?«
»Na, Sie selbst haben ihn mir doch geschickt!«, gibt sie überrascht zurück.

Mir geht ein Licht auf. Wie oft habe ich doch die Ankündigungen unserer Theaterstücke an jene Zeitung geschickt! Die Adresse der Redaktion war natürlich in meinem Mailverteiler. Ohne es zu beabsichtigen, bin ich mit meiner Erzählung über Helis, Thimos und Finis Tod an die Presse herangetreten und stehe jetzt vor der Entscheidung, ob ich dazu stehen will oder nicht.

Ich überlege nicht sehr lange. Durch Dutzende Antwortmails habe ich bereits erfahren, dass Menschen dankbar sind für meinen offenen Umgang mit meiner Trauer und dass sie meine Worte als tröstlich empfinden.

Wenn das, was ich erzähle, irgendjemandem hilft, sollte ich es nicht für mich behalten.

Ein Zeitungsinterview bietet mir außerdem eine gute Gelegenheit, mich bei meinen Kollegen von den Roten Nasen für ihre Unterstützung zu bedanken.

Die Leute sollen wissen, welch großartige Menschen hinter der Roten Nase stecken. Wie wertvoll die Arbeit ist, die sie tun.

Das Interview findet noch am selben Tag statt. Am folgenden Morgen sehe ich mein Bild und eine kurze Geschichte in der Zeitung. Einige Ausschnitte aus meiner Mail sind mit abgedruckt. Der Artikel schildert das Wesentliche, ohne dabei auf die Tränendrüse zu drücken. Ich bin dankbar und erleichtert.

Freitagvormittag

Ich komme gerade aus der Buchhandlung. Eigentlich wollte ich ein biographisches Buch kaufen, von irgendeinem Menschen, der den Tod eines Angehörigen gut überstanden hat und so darüber schreibt, dass es Mut macht. Leider bin ich nicht fündig geworden. Also kaufte ich ein paar andere Bücher. Über Nahtoderlebnisse. Trauerprozesse. Parapsychologie.

Ziellos schlendere ich nun durch die Fußgängerzone, um noch ein wenig frische Luft zu schnappen und mir die Zeit bis zum Mittagsschlaf zu vertreiben.

Schon seit heute früh merke ich, dass viele Blicke auf mich gerichtet zu sein scheinen. Neugierige Blicke, die meisten verstohlen, zugleich aber sanft und voll Mitgefühl.

Die Zeitung! Wir sind in einer Kleinstadt, die Leute erkennen mich. Umso besser, ich bin froh über jeden, dem ich nichts erklären muss.

Manche Blicke erwidere ich. Meistens schaue ich zu Boden. Oder in ein Schaufenster.

Ich komme an ein Schuhgeschäft, halte an, trete ein.

»Ich brauche einen Gürtel, meine Hose rutscht seit ein paar Tagen.«

Die Verkäuferin schaut mich liebevoll an und nickt bedächtig.

»Ja, ich glaube, ich weiß, warum.«

Aha. Sie hat heute schon die Zeitung gelesen. Muss ich etwas darauf sagen?

Unsicher wende ich meinen Blick ab, meine Augen wandern zum Ständer, auf dem die Gürtel hängen.

»Der hier wäre schön.«
Leder. Weich. Wunderschön. Aber leider zu teuer.
Helis Stimme klingt mir im Ohr: *Wir müssen sparen.*
Ja, Heli, du hast Recht. Wer weiß, wann ich wieder arbeiten kann.
Die billigen Gürtel gefallen mir leider nicht.
»Kommen Sie mit, hinten im Lager haben wir noch einen Korb mit Abverkaufsware.«
Ich folge.
Abverkauf, das hat Heli immer geliebt.
»Warten Sie einen Moment.«
Die Verkäuferin verschwindet hinter einem Regal. Ich höre sie kramen. Wenig später steht sie mit ein paar Gürteln in der Hand vor mir.
Was sehe ich da? Weint sie etwa?
»Ich habe von Ihrem Schicksal gelesen. Ich finde Sie großartig, und ich könnte mir nicht vorstellen, so etwas zu verkraften.«
Oh Gott, was soll ich jetzt bloß antworten?
»Was ist großartig daran, wenn man seine Familie verliert?«
»Ja, ich finde mich manchmal auch ganz beachtlich?«
Das passt doch alles nicht.
»Danke.«
Auch irgendwie blöd.
Mein Blick möchte schon wieder flüchten. Er weiß nicht recht, wohin.

Die Tränen der Verkäuferin rühren mich. Ohne lang zu überlegen, gebe ich meinem Impuls nach: Ich umarme die Frau.

Stumm stehen wir da und halten einander. Der Tod meiner Familie schafft es für einen Moment, zwei wildfremde Frauen zu Freundinnen zu machen.

»Das ist irgendwie komisch, ich habe das Gefühl, dass *ich* von *Ihnen* getröstet werde.«

Ihre Worte klingen fast entschuldigend.

Wieder weiß ich nichts zu erwidern. Bedanke mich noch einmal für das Mitgefühl. Und kaufe dann doch den schönen, viel zu teuren Ledergürtel.

Heli, lass uns ein Auge zudrücken. Sieh nur, wie schön ich bin.

Ich musste ein Extraloch bohren, doch dann passte er wunderbar. Noch heute trage ich den Gürtel fast jeden Tag. Das zusätzliche Loch, das brauche ich allerdings schon eine Weile nicht mehr.

übergang

Begräbnisse haben mich mein Leben lang schon mit Unbehagen erfüllt. Wann immer es ging, habe ich sie geschwänzt. Als Kind hatte ich jedes Mal Angst davor, dass ich dort lachen müsste, wo alle anderen weinen. Meine Tränen wollten nie so recht fließen, wenn jemand gestorben war. Und wenn, dann nie im »richtigen«, im gewollten Moment.

Es gibt eine Geschichte aus meiner Kindheit, an die ich mich noch gut erinnern kann. Ich muss ungefähr fünf Jahre alt gewesen sein. Meine Mutter stand in meinem Zimmer und zeigte mir die grauviolette Version meines ehemals blau-weiß gestreiften Lieblingsrockes. Sie hatte ihn verwaschen. Meine Tränen waren nicht zu stoppen, und meine Mutter, die nicht mehr wusste, wie sie mich trösten sollte, schimpfte schließlich.

»Wegen der Tante Pepi hast nicht geweint, aber wegen dem Rock machst jetzt so ein Theater!«

Ich schämte mich sehr und weinte umso lauter weiter, treuherzig behauptend, dass meine Tränen der kürzlich verstorbenen Großtante galten. Natürlich glaubte mir meine Mutter nicht.

In mir blieb ein nagendes Gefühl zurück. Ich hatte offenbar den rechten Zeitpunkt verpasst, um über Tante Pepis Tod zu weinen. Trauriger war ich dadurch immer noch nicht, aber wenigstens hatte ich nun ein ordentlich schlechtes Gewissen. Die Tante war bestimmt böse, weil ich nicht um sie geweint hatte. Dabei hatte ich sie doch so lieb gehabt. Bei allem Bemühen wollte es mir einfach nicht gelingen, Tränen zu vergießen, weil meine Tante jetzt ein Engel war.
Wie machen das die Großen nur?

Ich wollte dem Fest einen würdigen Namen geben:
Abschiedsfeier?
Nein, bitte nicht! Ich hasse inszenierte Abschiede, vor allem, wenn sie endgültig sind!
Immer schon hatte ich mich vor Verabschiedungen gedrückt, wo es nur ging. Sogar jetzt. Ich wollte viel lieber feiern, dass die Seelen nach dem Tod weiterleben. Dass Heli und die Kinder weiterhin mit uns verbunden bleiben würden. Alles, nur kein Abschied.
Begräbnis?
Schon allein die Vorstellung, die leiblichen Überreste meiner Familie im Dunkeln, tief unter der Erde zu wissen, ließ mich frösteln. Und dann der Friedhof. Sollten Heli und die Kinder ihre letzte Ruhe zwischen lauter Unbekannten finden? An einem Platz, auf dem sie nie zuvor gewesen waren? Was hatten sie dort verloren?

Und ich? Würde ich mich leise über ein kleines Fleckchen Rasen beugen und in der Erde nach Erinnerungen graben?

Könnte ich je aufhören zu graben? Würde ich jemals finden können, was ich suchte? Vermutlich erst dann, wenn das Loch so tief war, dass ich mich gleich zu den dreien legen könnte.

Nein, so wollte ich es nicht haben. Ich wollte alles Irdische, das von Heli, Thimo und Fini noch da war, bei mir behalten. Ihre Überreste. Ihre Asche. Meine Familie gehörte zu mir.

Irgendwann fiel mir ein passender Name ein. Der einzige, der passte:

Seelenfest.

Am Vormittag des 27. März 2008

Ein sonniger Morgen. Warm genug, um einen schnellen Espresso im Freien zu nehmen. Im neuen Café in der Gleisdorfer Innenstadt.

Ich habe ja noch etwas Zeit. In zehn Minuten muss ich im Bestattungsinstitut Eden erscheinen, um meine Pläne für die Beerdigung bekanntzugeben. Ich zahle, schiebe den letzten Krümel Keks in den Mund und mache mich auf den Weg.

»Witwe.«

Das Wort klettert unhörbar über meine Lippen. Schaudernd schüttle ich den Kopf. Irgendetwas stimmt hier ganz und gar nicht.

Ich strecke die Hand aus, um die Tür des Bestattungsinstituts zu öffnen, zögere einen Moment. Unruhe erfasst mich. Warum nur? Heute morgen im Bett, vor dem Aufstehen, wusste ich noch ganz genau, wie ich die Feier haben will: hell und fröhlich, mit Luftballons, Clowns und lauter Musik, ein unvergessliches Erlebnis für meine unsichtbare, lustige Familie.

Für Heli, der sogar in verzwickten Situationen nie den Humor verloren hat. (Sein eigenes Begräbnis würde nun wohl die verzwickteste Situation werden, die man sich nur denken konnte).

Eine Party für meine Engelskinder. Und ihre irdischen Freunde.

Und ein Fest für mich. Ich will im großen Kreis meiner Freunde Kraft tanken. Die Tränen werden sowieso kommen, ganz ohne Einladung. Die Lebensfreude und das gemeinsame Lachen sollen hingegen meine Ehrengäste sein.

Nun, da ich durch die Glastüre trete, kommen mir meine Luftballonträume plötzlich deplatziert vor.

Ich bin nervös. Es passt nicht zu mir, dieses Büro, in dessen Auslage lauter Urnen stehen. *Ich* passe nicht in dieses Büro. Überhaupt nicht. Ich bin doch viel zu jung, viel zu ... lebendig.

Mein Blick fällt auf drei Särge, die an der Wand lehnen, mit Messingkreuzen, schwarzen Schleifen und Totenbildern geschmückt.

Werde ich mich verständlich machen können? Keine Särge. Keine Orgelmusik. Keine Trauerkleidung. Darf man das überhaupt?

Ich bin überrascht, wie jung der Mann ist, der sich hinter dem Empfangstisch erhebt und mir formvollendet einen Platz anbietet.

Wie wird man eigentlich Bestatter? Erbt man diesen Beruf vom Vater? Sucht man ihn sich freiwillig aus?

»Ein Glas Wasser?«

»Ja, danke.«

Ich schiebe eine dicke Mappe mit Dokumenten über den Tisch. Der Bestatter blättert eine Weile. Zeit, mich umzusehen.

Ein Katalog mit Särgen. Traueranzeigen. Grabkerzen.

»Haben Sie besondere Wünsche für die Särge?«

»Äh, ich möchte keine Särge. Nur Urnen.«

Ich werde aufgeklärt. Für das Fest brauchen wir Särge. Die Verbrennung erfolgt erst viel später, ohne Publikum. Die Urnen werden zu mir nach Hause geliefert, wo sie einen würdigen Platz finden sollen.

Ich wähle die billigsten Särge. Weiß. Das gefällt mir ohnehin besser als der ganze Tand.

»Was werden die drei Toten tragen?«

Eine alltägliche Frage. Für den Herrn in Schwarz. Ich beginne zu schwitzen, als säße ich in der Millionenshow. Dabei weiß ich, wie die richtige Antwort lauten würde.

Hochzeitsanzug. Erstkommunionshemd. Leinenkleidchen.

Doch ich habe andere Pläne. Ich hole tief Luft. Meine Stimme klingt nicht so überzeugt, wie ich es gern hätte.

Doch der Bestatter überrascht mich. Er nickt einfach nur verständnisvoll. Als sei es die natürlichste Sache der Welt, dass mein kleines Mädchen auf seiner letzten Reise nichts als sein kakaobeflecktes Biene-Maja-Nachthemd und rosarote Gummischuhe tragen soll. Und das volle Milchfläschchen, das ich Fini als Grabbeigabe mitgeben will? Auch das kein Problem.
Tut er nur so, oder sind meine Wünsche tatsächlich nicht abnormal?
Vielleicht bin ich selbst zu streng mit mir? Ich fahre fort:
Heli, dem beim Schlafen immer so kalt gewesen ist, braucht dort oben im Himmel ganz dringend dicke Socken an den Füßen. Und ein paar Papiertaschentücher. Des Weiteren will ich ihn mit einem Holzfällerhemd und einer Handwerkerhose ausstatten. Wer weiß, was es dort oben alles zu reparieren gibt?
Mein Sohn schließlich soll unter der Begleitung von Batman persönlich, gleich in dreifacher Ausführung auf T-Shirt, Schweißband und Hose, das Fliegen lernen. Sein Stofftier Cosmo, ein grüner Außerirdischer, möge ihn begleiten. Er kennt sich da oben hoffentlich gut aus und wird Thimo den Weg zeigen.
»Gut. Bringen Sie die Sachen einfach morgen vorbei.«
Der Bestatter geht zur Tür.
Fertig? War das schon alles?
Oder werde ich etwa doch noch wegen unsittlicher Einfälle hinausgeschmissen?
Nein, ich werde höflich gebeten, mitzukommen. Wir wollen die Aufbahrungshalle besichtigen.
»Haben Sie Musikwünsche?«

Ich krame in meiner Tasche. Gestern Abend habe ich eine CD gebrannt.

»Hier.«

Ich weiß nicht, ob in der grauen Halle jemals zuvor das Lied von Pippi Langstrumpf erklungen ist. Oder Bruce Springsteen, der »Old Dan Tucker« röhrt.

Ich setze zu einer Erklärung an, etwas wie: *Heli und die Kinder haben im Auto immer diese Musik gehört, vermutlich auch, als Heli in den Zug gef...*

Die Rechtfertigung ist aber offenbar gar nicht nötig. Ich ernte freundliche, aufmunternde Blicke. Alles im grünen Bereich.

Vielleicht sind Beerdigungen neuerdings gar nicht mehr so verstaubt, wie ich dachte? Vielleicht liege ich voll im Trend?

»Wer wird die Feier moderieren?«

Moderieren! Daran habe ich noch überhaupt nicht gedacht.

Keine Sekunde überlege ich, an wen ich diese Aufgabe delegieren soll. Selbstverständlich werde *ich* das übernehmen. Ich vertrete doch Heli und meine Kinder hier auf Erden. Wer soll bessere Worte finden als ich, die ich Tag und Nacht mit ihnen verbracht habe? Die ich mit ihnen bis zum Tor des Himmels gegangen bin?

Wer außer mir könnte dafür sorgen, dass die Feier nicht zu traurig wird?

Und außerdem: Wie soll ich die Feier überstehen, wenn ich nichts zu *tun* habe?

»Ich«, erkläre ich also, ohne mit der Wimper zu zucken.

»Gut. Gibt es sonst noch etwas, das Sie brauchen werden?«

Die letzte, schwerste Hürde.

»Ich bräuchte noch eine Umkleidemöglichkeit für etwa fünfzig Clowns, wenn möglich mit Waschbecken und Spiegel.«

Schon wieder ein Nicken. Bin ich hier im Beerdigungs-Schlaraffenland? Habe ich aus Versehen bloß ein paar Blumenvasen und einen Notenständer bestellt?

Nein, tatsächlich öffnet sich da eine Tür. Ein Wunder? Ein Geschenk des Himmels? Es will mir fast so scheinen. Ich sehe in eine hübsche Garderobe. Spiegel, Licht, Kleiderhaken, alles da.

»Hier zieht sich normalerweise der Pfarrer um. Sie können den Raum gern benutzen.«

Der Pfarrer!

Siedendheiß fällt mir ein, dass Helis Eltern den Pfarrer aus ihrer Heimatstadt eingeladen haben, eine Predigt zu halten. Wird auch er sich hier umziehen wollen? Ich stelle mir vor, wie er irgendwo zwischen Schminktiegeln, Federboas und Ukulelen, inmitten aufgeregter, halbnackter Clowns mühsam seinen Ornat überstreift und die Welt, den Himmel und vor allem die Menschen nicht mehr so recht versteht.

Ich ziehe es vor, den Gedanken zur Seite zu schieben. Der Pfarrer wird schon ein Plätzchen finden, aber Clowns ohne Garderobe können ganz schön unleidlich werden.

»Danke, das ist ein toller Raum.«

Wir gehen zurück ins Büro. Ich nehme meinen Mantel und verabschiede mich. Sieht man mir an, wie erleichtert ich bin?

Bis heute weiß ich nicht, was einen Menschen dazu bringt, Bestatter zu werden. Ich ziehe an dieser Stelle meinen Hut vor den Angehörigen dieser Zunft.

Ob meine Wünsche extravagant waren oder in einem üblichen Rahmen, das habe ich nie erfahren. Alles war möglich, ohne Stirnrunzeln, ohne Kopfschütteln, ohne Einwand. Ich wurde einfach akzeptiert – in der Art, wie ich zu trauern wünschte. Was mir guttat, war gestattet und wurde gern gesehen. Eine Haltung, von der wir alle lernen können.

Gestattungsinstitut, das klingt schön.

29. März 2008, zehn Uhr

Der Wecker meines Handys holt mich unsanft aus süßen Träumen. Die flotte Melodie, mit der in meinem früheren Leben fast jeder Tag begonnen hatte, kommt mir heute ganz fremd vor. Als stamme sie aus einer anderen Welt. Ich aktiviere die Schlummerfunktion und schalte mich selbst auf Standby.

Zehn Uhr zehn.

Es ist spät. Die Eile ist mir nur recht. So habe ich wenigstens keine Zeit, nachzudenken.

Das Kleid, in das ich schlüpfe, liegt schon seit Tagen bereit. Dunkelrosa. Die Farbe des Herzens.

Schau, Heli, das Kleid, das du am liebsten an mir magst.

Die Jacke, die ich rasch darüber ziehe, ist eine Gore-Tex-Jacke und viel zu groß. Trotzdem passt sie, besser als alles andere. Helis Jacke.

Ich habe in jener Zeit wohl oft ein komisches Bild abgegeben mit den viel zu großen Pullovern, T-Shirts und Hosen, die ich trug. Es war mir egal. Helis Kleidung zu tragen gab mir das Gefühl, ihn zu spüren, mit ihm zu sein. Ich konnte ihn riechen und mich daran erinnern, wie weich seine Haut gewesen war.

Sabine wartet schon vor dem Haus. Gemeinsam fahren wir zum Friedhof. Auf dem Platz vor der Aufbahrungshalle tummelt sich eine Menschenmenge. Ich kenne jedes einzelne Gesicht.

So viele Freunde habe ich? Haben wir? Wenn Heli das nur sehen könnte!

»Bist du da?«, flüstere ich.

Doch bevor ich Helis Antwort hören kann, werde ich abgelenkt durch die Umarmung meiner besten Volksschulfreundin, die ich seit vielen Jahren nicht mehr gesehen habe. Wir versuchen ein Lächeln, etwas anderes fällt uns nicht ein. Für Worte ist keine Zeit. Die Umarmungen wollen nicht aufhören, jeder will mich festhalten. Ich werde weitergereicht von freundlichem Gesicht zu liebem Wort, von einer festen Umarmung zur nächsten.

Ich komme mir vor, als wäre ich ein kleines Kind bei einem beliebten Spiel im Turnunterricht: Die Mitschüler bilden zwei Reihen und jeder fasst sein Gegenüber an den Händen. Man wird hochgehoben und auf den Unterarmen vom einen zum anderen weiterbefördert, fühlt sich fast schwerelos, von einer erstaunlichen Kraft emporgehoben. Getragen von all meinen Freunden, von ihrer Energie, ihren Worten, ihrer Berührung. So fühle ich mich jetzt, und das ist schön.

Gleichzeitig aber ist mir schwindlig. So viele Menschen! Freunde, Arbeitskollegen, Verwandte aus Deutschland und Frankreich. Freunde von Heli, Kinder aus der Nachbarschaft. Studienkollegen. Meine Hausärztin, der Bürgermeister ... Ich fühle mich verwirrt, überfordert und bin dennoch seltsam glücklich. Das Netz ist groß. Mein Blick sucht Halt bei der auffälligen Truppe von Clowns, die neben dem Eingang steht und fröhliche Musik zum Besten gibt. Ich winke ihnen zu.

Meine Mutter entdeckt ihr lächelndes Kind in der Menge. Sie eilt auf mich zu und umfängt mich fest mit ihren Armen.

»Hör auf zu lachen, bitte«, flüstert sie.

»Ich lache doch gar nicht.«

»Die Leute reden schon.«

»Welche Leute?«

Ich sehe nur freundliche Gesichter.

»Na, die zwei alten Frauen am Friedhofstor. Gerade eben.«

Verärgert äfft meine Mutter den Ton der Damen nach:

»›Was ist denn das für ein Kasperltheater? Na, die macht sich's aber leicht!‹«

Hui. Die Leute reden. Über mich. Oh, wie gern würde ich mit ihnen reden, denkt es in mir.

Hätte ich die richtigen Worte gefunden, damals? Vermutlich nicht. Würde es mir heute besser gelingen? Ich will es auf einen Versuch ankommen lassen:

Was ist denn das für ein Kasperltheater?

»Das sind keine Kasperln, es sind Clowns. Meine Kollegen, die ich eingeladen habe, damit sie unsere Herzen heute so leicht wie nur irgend möglich machen. Ich habe mir gewünscht, dass sie die vielen anwesenden Kinder erfreuen. Auch meine Kinder liebten Clowns, und mein Mann war selbst ein Clown.«

Aber so trauert man doch nicht!

»Meine Clownfreunde bemühen sich, ihre eigene Trauer hintanzustellen. Ihre Trauer darüber, dass sie in Heli einen wirklichen Freund verloren haben. Das ist bestimmt nicht leicht für sie. Aber sie tun es für mich, weil ich sie darum gebeten habe. Ihr Frohsinn gibt mir Kraft.«

Die gehören in den Zirkus und nicht auf den Friedhof!

»Meine Freunde stellen sich als Clowns in den Dienst der Lebensfreude, damit uns, die wir trauern, vielleicht das eine oder andere Lächeln gelingt. Um uns daran zu erinnern, dass das Leben trotz allergrößten Kummers auch Schönes zu bieten hat.«

Dieser Lärm! Bitte, es heißt doch nicht umsonst »Friedhof«. Die Trauernden wollen Frieden und Stille!

»Die Clowns machen fröhliche Musik, damit mein Mann und meine Kinder uns hier auch finden. Denn das Fest, das wir feiern, ist für sie.

Na, Sie stellen sich den Himmel aber lustig vor!

»Ich glaube, dass Engel es gern mögen, wenn wir Menschen hier auf Erden nicht vergessen, was es heißt, heiter zu sein. Dann sind wir ihnen nämlich gar nicht so unähnlich. Außerdem könnten es meine Kinder vermutlich überhaupt nicht verstehen, wenn ich weinte. Es geht ihnen ja gut, und sie sind immer bei mir in meinem Herzen. Sie würden versuchen, mich zu trösten. Und wären verwirrt, wenn ich ihren Trost nicht hören wollte. Ihnen zuliebe bemühe ich mich ernsthaft darum, fröhlich zu sein!«

Also, das ist ja eine Einstellung! Da kann man sich nur wundern, dass Ihnen das gelingt.

»Ich wundere mich ja auch über mich selbst. Aus irgendeinem Grund funktioniert es aber. Sogar heute. Vor allem, wenn ich mich darauf besinne, dass mit meinem Kummer niemandem, wirklich niemandem geholfen ist.«

Na, Sie machen es sich aber leicht!

»Ja, in der Tat. Ich versuche es mir so leicht zu machen wie nur irgend möglich. Wie Sie sich vielleicht vorstellen können, ist meine Situation nämlich ohnehin schwer genug. Ohne dass ich es mir ausgesucht habe, bin ich von einem Tag auf den anderen allein. Habe keinen Mann mehr, dem ich meine Liebe schenken und meine Sorgen erzählen darf. Keine Kinder mehr, die ich in den Arm nehmen kann.«

Aber ...

Die Dame in schwarz öffnet, so stelle ich mir vor, den Mund. Vielleicht will sie etwas erwidern wie

»Glauben Sie etwa, Sie sind die einzige, die ...«

Aber ich lasse es nicht so weit kommen.

»So vieles ist geschehen, das ich nicht ändern kann. Erlauben Sie mir also, all das mit Freuden in Empfang zu nehmen, was das Leben mir schenkt, nachdem es mir so viel genommen hat.

Vielleicht hat Ihnen das Leben nicht nur Ihre eigenen Verwandten genommen, sondern auch die Fähigkeit, Freude zu empfinden. Das würde mir sehr leid tun, denn damit wäre Ihnen, glaube ich, sogar noch mehr genommen als mir. Ich hätte großen Respekt vor Ihrem Kummer und würde gern alles tun, um Ihnen zu helfen oder Sie zu trösten.

Falls aber Sie selbst es sind, die es sich nicht mehr gestattet, fröhlich zu sein, dann möchte ich Sie fast auf Knien anflehen: Geben Sie sich selbst wieder die Erlaubnis, es wäre allzu schade um Ihr schönes Lächeln, das Ihnen Gott schon bei Ihrer Geburt und noch vor allen anderen Dingen geschenkt hat!«

Meine Gedanken sind jetzt doch etwas außer Atem gekommen. Ich halte inne. Bevor ich mich wieder von den beiden Damen abwende, danke ich ihnen noch für ihr Erscheinen. Dafür, dass sie bereit waren, eine undankbare Rolle zu übernehmen und mir zu zeigen, dass mein Weg, so richtig er mir auch erscheint, nicht jedem gefällt und nicht für alle Menschen nachvollziehbar ist.

Es wäre ein langes Gespräch geworden damals. Ich wäre glatt noch zu spät gekommen zum Fest für die Seelen meiner Lieben.

Ehe ich die Aufbahrungshalle betrete, richte ich meinen Blick gen Himmel. Auf einer Wolke meine ich drei Engel sitzen zu sehen ... Drei Neuankömmlinge, die noch vor kurzem Heli, Thimo und Fini hießen. Was mögen die drei nur denken? Wie mag es ihnen gehen?

Wenn Engel trauern

Der Samstag ist ein wunderbarer
Tag zum Feiern, das ist klar.
Auch wenn heut keiner feiern mag,
weil nichts mehr ist, so wie es war.
(Wann ist denn alles wie beim alten?
War das jemals einmal so?
Nichts, nein, nichts ist je zu halten –
manchmal macht uns das doch froh!)

Auf dem Fest, das keiner mag,
sehn sich drei der Gäste um.
Schau'n auf ihren eignen Sarg,
fragen sich nur eins: warum
weinen alle gar so sehr,
wo das Fest doch wunderschön?
Sieht man uns denn gar nicht mehr,
will man uns denn nicht mehr sehn?

Doch die vielen, vielen Augen
schauen auf den falschen Fleck,
sehen nur, was nicht mehr da ist,
glauben, es sei alles weg.
(Was einer allzusehr vermisst,
sucht er oftmals stundenlang.
Wenn er aufs Suchen erst vergisst,
dann findet er's meist – Gott sei Dank)

Keiner wollte zu dem Fest fahrn,
weil kein Grund zum Feiern war.
Nur die drei, die nicht mehr da warn –
die warn wirklich gerne da.

Ich stehe mittlerweile hilflos und überfordert in einer Ecke der Aufbahrungshalle. Aus der Tonanlage erschallt schon zum x-ten Mal dasselbe Lied. »Mary don't you weep no more«. Es war für den Einlass geplant, der nun aber kein Ende nehmen will. Die Schlange der Besucher reißt einfach nicht ab. Väter, Mütter, Kinder, Clowns drängen herein. Es hilft nichts, die letzten freien Plätze sind schon lange besetzt. Ich hatte Heli ein volles Haus gewünscht. Da ist es nun. Übervoll.
 Die Engel auf der Wolke sprechen mir Mut zu.
Dreh die Musik einfach ab und fang an.
Ich folge ihrem Rat und gehe nach vorn.

Die Verantwortung lässt mich ruhig und gefasst werden. Ich sehe es als meine Aufgabe an, den Anwesenden etwas zu schenken. Eine unvergessliche Erfahrung. Helle Gedanken, Hoffnung. Auch ich brauche sie dringend.
 Ich habe für die Eröffnung eine Geschichte mitgebracht: »Die sehr alte Seele«.
 Sabine liest sodann mit tränenerstickter Stimme ein Gedicht von Harry Scott Holland vor: »Alles ist gut.«
 Mein Vater erzählt Thimo ein letztes Mal die Gutenachtgeschichte, die Thimo so sehr liebte, dass er sie immer wieder hören wollte und sie in letzter Zeit schon auswendig konnte. Die Clowns hören mit großen Augen und of-

fenen Mündern zu, ebenso wie Thimos und Finis kleine Freunde.

Die Trauergäste sind berührt von dem, was geschieht. Man weint, man schnäuzt sich, man sieht betreten zu Boden. Ich, die Zeremonienmeisterin, fühle nichts. Hake innerlich Programmpunkte ab.

Tränen. Gut.
Musik. Passend.
Eine Geschichte. Richtig. Wie geplant.
Predigt, Lesung, Fürbitten. Weihwasser. Ein Gebet.

Draußen platzen Luftballons. Das Mikrophon fällt aus, jemand ruft »Lauter!«, Kinder fangen an zu quengeln. Ich erwache langsam aus meiner Trance, nehme wahr, dass einer meiner Clownkollegen aufsteht und zu singen beginnt. War das so geplant? Ich weiß es nicht mehr, aber das Lied ist schön. Schön traurig.

»Some say love, it is a river …«

Immer mehr Clowns erheben sich und stimmen ein. Ich kann nicht mitsingen, meine Kehle ist wie zugeschnürt.

Barbara weint, das wäre nun eigentlich ein wichtiger Punkt auf der Agenda gewesen. Aber meine Augen bleiben trocken, auch jetzt. Meine Trauer entzieht sich jedem Plan.

Mit dem nächsten Lied erfüllen mir die Clowns einen Herzenswunsch: »Fly me to the moon«.

Ich habe diesen Song am Tag des Unfalls zum ersten Mal in meinem Leben gehört, gesungen von Helge Schneider. Das Lied lief im Autoradio, frühmorgens, an jenem Tag, als der Unfall passierte.

Aus irgendeinem Grund brannten sich Worte und Melodie damals in mein Gedächtnis ein. Das Lied, dessen Text von Sternen handelt, vom Fliegen und von der Liebe sollte mich in den folgenden Tagen nicht mehr loslassen.

Beständig summte ich es an Thimos Krankenbett vor mich hin, sang es leise und manchmal sogar laut. Melodien habe ich mir immer schon gut gemerkt, doch, erstaunlich, ich konnte mich sogar an den gesamten Text erinnern, lückenlos!

Es schien mir so, als hätte mir Thimo dieses Lied als Abschiedgeschenk geschickt, um mir Mut zu machen und mir einen Hinweis darauf zu geben, wo er in Zukunft zu finden sein würde. Während ich seine Hand hielt und sang, schien es mir, als ob Thimo durch das Lied zu *mir* spräche.

> *Fly me to the moon*
> *and let me play among the stars.*
> *Let me see what spring is like*
> *on Jupiter and Mars.*
> *In other words: Hold my hand,*
> *in other words: Darling, kiss me.*
>
> *Fill my heart with song*
> *and let me sing forever more,*
> *you are all I long for,*
> *all I worship and adore.*
> *In other words: Please, be true,*
> *in other words: I love you.*

Bart Howard

Heute noch verbinde ich dieses Lied mit meinem kleinen Sohn, wann immer ich es höre. In dreiunddreißig Jahren meines Lebens war es mir niemals untergekommen – bis zu dem Tag, an dem meine Familie verunglückte. Seither begegnet es mir in regelmäßigen Abständen, immer wieder:

Ich gehe zu einem Vorsingen für ein Kindermusical und stelle fest, dass fünf von zwanzig Bewerbern »Fly me to the moon« als Vortragslied ausgewählt haben.

Ich höre den Song auf der Straße, gepfiffen von einem Passanten, gerade als ich intensiv an Thimo denke und mich frage, ob ich wohl eine gute Mutter war.

Ein Clownkollege improvisiert bei einem Workshop auf der Gitarre. Er kündigt ein Lied an und singt meinen, Thimos Song. Er kann die Gitarrengriffe nicht und scheitert kläglich. Wir lachen. Nach der Improvisation entschuldigt er sich:

»Ich weiß nicht, warum mir genau dieses Lied eingefallen ist, ich kenne es eigentlich kaum.«

Ich klopfe ihm auf die Schulter. Ich weiß, woher es kam.

Thimo ist erfinderisch und überrascht mich immer wieder mit seinem Gruß.

Auch jetzt, in der Aufbahrungshalle, habe ich das Gefühl, dass Thimo neben mir steht. Bei der zweiten Strophe kommt meine Stimme wieder. Ich singe mit, laut und frei.

Die Clowns beenden ihr Spiel und damit den offiziellen Teil der Feier. Beim Betrachten der seltsamen Truppe, die da vor Helis Sarg steht, meine ich für einen kurzen Moment, Zuschauer bei einem Theaterstück zu sein.

Ein Clownbegräbnis.

Clowns überall. Im Publikum. Vorn auf der Bühne. An den Instrumenten.

Sogar im Sarg ein Clown.

Wäre dies hier eine Inszenierung, wie würde das Stück weitergehen? Was hätten die Clowns zum Thema Tod zu sagen? Würde der Regisseur des Stückes den einen, der im Sarg liegt, zu Wort kommen lassen? Was hätte er zu erzählen?

»*Oh, so viele Blumen! So schönes Bettzeug! Und ich werde auf Schultern getragen, bin ich jetzt ein König?*«

Die Zuschauer würden lachen.

Wäre das Stück ein modernes Theaterstück, könnte es sein, dass irgendwann der Schauspieler aus seiner Rolle tritt, seine rote Nase abnimmt und eine kleine Ansprache hält:

»*Liebes Publikum, liebe Freunde! Ihr habt mein Clownsleben lang über meine Missgeschicke gelacht. Habt euch amüsiert über mein Stolpern, meine Unfälle, mein Scheitern. Ihr lachtet, weil ihr wusstet, dass alles nur gespielt ist. Ich habe mich nie verletzt und bin nie wirklich gescheitert, und auch ich hatte großen Spaß bei meinem Spiel, das könnt ihr mir glauben.*

Wollt ihr mir glauben, dass selbst mein letztes Scheitern, mein Tod, letztlich nichts anderes ist als eine Illusion? Zugegeben, diese Illusion ist gut, sehr gelungen, vielleicht habe ich noch nie so eindrucksvoll gespielt. Doch am Ende des Theaterabends werde ich mich verbeugen, und ihr werdet alle merken: In Wirklichkeit ist mir nichts, aber auch gar nichts passiert.«

Vielleicht war Helis Körper die letzte Maske, die er ablegte. Vielleicht ist der Schauspieler, der in diesem Leben die Rolle des Heli spielte, hinter die Bühne getreten, weil sein Text für dieses Mal zu Ende war. Er hatte Spaß beim Spielen und wartet jetzt hinter dem Vorhang. Ich sitze im Publikum und weine, traurig angesichts der Illusion seines Todes. Irgendwann aber, dessen bin ich sicher, werde ich ihn wiedersehen und wissen: Es geht ihm gut. Nichts ist ihm passiert. Gar nichts.

Aber noch ist es nicht soweit. Das Stück ist noch nicht zu Ende. Noch gibt es keinen Applaus, nicht einmal für die Musiker mit den roten Nasen, die so berührend gespielt haben.
Auf dem Vorplatz bekommt jeder einen heliumgefüllten Luftballon in die Hand gedrückt.
Zehn, neun, acht, sieben ...
Bei *Null* fliegt die Ballonwolke in den Himmel. Ein kleiner Bub will seinen Ballon nicht loslassen. Er weint. Die Mutter gibt nach, darüber bin ich froh.

Lange sehe ich den Ballons nach, wieder einmal, bis ich sie kaum mehr erkenne. Plötzlich ein Zupfen am Zipfel meines Kleides. Amira, eine Freundin meines Sohnes. Sie drückt mir ein selbstgemaltes Bild in die Hand. Auf der Rückseite lese ich ihre wichtige Botschaft, in der wackeligen Schrift einer Sechsjährigen.
Liebe Babara. Ich wil, tastu nicht wainst wail ti Walentina gestorben ist unt ter Heli unt ter Timo. Ente. Taine Amira.

Gerne würde ich lachen. Wenn es nicht so traurig wäre.

»Danke, Amira. Ich werde probieren, fröhlich zu sein, so oft es geht. Das verspreche ich dir. Weißt du, ich bin immer wieder sehr traurig. Aber ich bin auch froh, weil ich eine so schöne und lange Zeit mit Thimo, Heli und Fini erleben durfte.«

Amira nickt lebhaft.

»Na also! Weißt du, meine Oma will mir das einfach nicht glauben, dass du FROH bist!«

Was mag sich bei Amira zu Hause abgespielt haben, bevor sie mit ihrer Familie heute hierherkam? Vielleicht war es so, am großen Tisch in der Bauernstube, beim Abendbrot:

»Mama, das ist schlimm, dass Barbaras Familie gestorben ist, gell?«

»Ja, Amira, sehr schlimm.«

»Wird die Barbara jetzt nur noch weinen?«

»Na ja, ist sie bestimmt sehr, sehr traurig.«

»Aber ich will nicht, dass sie nur noch weint. Sie ist doch ein Clown!«

»Ich glaube, die Barbara wird irgendwann wieder fröhlich. Ich glaube, sie weiß, dass ihre Kinder jetzt Engel sind und sie begleiten. Das hat sie in ihrem Brief geschrieben.«

»Aha. Das macht sie sicher froh, wenn sie die Engel begleiten. Ist Heli auch ein Engel?«

»Ja, bestimmt.«

»Werde ich auch einmal ein Engel, wenn ich sterbe?«

»Ja, Amira. Du bist ja jetzt schon mein liebster Engel.«

Am nächsten Tag kam vielleicht Amiras Oma zu Besuch und wurde gleich mit der Nachricht begrüßt, die für Amira noch immer die Sensation des Tages war.

»Oma, stell dir vor, Barbaras ganze Familie ist gestorben! Aber mach dir keine Sorgen, sie ist froh, weil ihre Kinder jetzt Engel sind.«

Die Oma hat wohl den Kopf geschüttelt vor Entsetzen.

»Das ist ja schrecklich! Amira, sag doch nicht, dass sie froh ist! Nein, ich glaube, wenn einem so etwas passiert, kann man nie wieder froh sein.«

Missverständnisse sind vorprogrammiert, wenn man dem Tod anders begegnet als in schwarzer Kleidung und mit verzweifeltem Gesicht.

Indem ich bewusst einen helleren, leichteren Weg wählte, habe ich offenbar so manche Tabuzone betreten, habe ich Menschen vor den Kopf gestoßen in ihrem Glauben darüber, wie die Welt, die menschliche Psyche und die Trauer um Tote zu funktionieren haben.

»So kann man doch nicht trauern«, urteilten einige wenige.

»Warte nur, das große Loch kommt schon noch«, meinten viele andere.

»Du kannst bald zu mir kommen und mit mir spielen.«

So sieht es Amira. Sie winkt und verschwindet gleich darauf in der Menge, um ihre Schwester zu suchen.

Ich sehe der Kleinen nach, dankbar für ihre Lebendigkeit und ihren kindlichen Pragmatismus. Unentschlossen trete ich nach draußen und schleiche mich in die Clownsgarde-

robe, auf der Suche nach ein bisschen Geborgenheit. Ganz plötzlich will ich mich nur noch verstecken und niemanden mehr sehen. Alle wollen mit mir sprechen, hundert Arme wollen mich umschlingen, jeder sucht nach mir.
Ich kann nicht mehr!
Meine Energie ist dahin. Gern würde ich weinen, aber das hätte doch nur neuerliche Umarmungen und Mitleidsbekundungen zur Folge. Was tun? Den Blick gesenkt, versuche ich mich unsichtbar zu machen. Es klappt nicht.

Unentschlossen trete ich wieder nach draußen und halte Ausschau nach meiner Mutter. Vielleicht kann sie mir helfen.

Ein Mann mit Kamera im Arm tritt auf mich zu.

»Liebe Frau Pachl-Eberhart, ich komme von der Zeitung. Das Interview mit Ihnen hat mich sehr berührt. Vielen, herzlichen Dank für das schöne Fest.«

Gerührt sehe ich ihm nach. Ein Zeitungsredakteur, der sich die Zeit nimmt, sich von drei Menschen zu verabschieden, die er gar nicht kannte, ehe er zum nächsten Termin hetzt.

Wie freundlich.

Endlich mache ich in der Menge meine Mutter aus. Rasch laufe ich zu ihr und flüstere ihr ins Ohr:

»Mir wird das alles zu viel.«

Ihre Hand drückt die meine und ich weiß, dass sie mich verstanden hat. Für einen Moment darf ich Kind sein. Meine Mutter ist jetzt für mich da. Sie nimmt Beileid entgegen, schüttelt Hände und antwortet in meinem Namen. Sie weist die Gäste darauf hin, dass die Feier in meinem Haus weitergeht, und schafft es tatsächlich, den Platz vor dem Friedhof in kurzer Zeit leerzubekommen.

Ich danke ihr stumm und gehe dann noch einmal in die Aufbahrungshalle, in der es nun wieder still und leer ist. Die drei Särge sehen friedlich aus, Frieden erfüllt auch mich. Als käme er einer geheimen Verabredung nach, tritt plötzlich der Herr von der Bestattung neben mich und fragt, ob ich die Toten noch einmal sehen möchte.
Kann er meine Gedanken lesen?
Er verriegelt sorgfältig die Türen. Dieser Moment ist nur für die nächsten Angehörigen gedacht. Meine Mutter wollte nicht mitkommen:
»Nimm es mir nicht übel. Ich will die Kinder so in Erinnerung behalten, wie sie waren, fröhlich und lebendig.«
Meinen Vater kann ich nicht so schnell finden. Soll ich ihn suchen gehen, um auch diesen Abschied mit ihm gemeinsam zu vollziehen? Nein, irgendwie will ich den allerletzten Schritt gern ganz allein tun. Ich hoffe, er wird mich verstehen.

Es war keine plötzlich aufwallende Emotion, die mich dazu bewog, meine Lieben noch einmal zu sehen. Nicht, um endlich weinen zu können oder um letzte Worte an Heli und die Kinder zu richten, wollte ich die Särge nochmals öffnen lassen. Vielmehr folgte ich dem Rat der nüchtern-vernünftigen Stimme in meinem Kopf.
Du musst die Toten noch einmal sehen. Das ist wichtig für den Trauerprozess. Du musst es tun, um ihr Scheiden zu akzeptieren.
Die Stimme meinte es wieder einmal gut mit mir.

Der Bestatter öffnet die Särge.

Behutsam streichle ich die Wangen meiner Kinder, ein letztes Mal. Wundere mich, wie weich sie noch sind. Ich drücke Heli einen Kuss auf die Stirn und halte für einen Moment seine kalte Hand. Eine Welle der Liebe erfasst mich.

Einen Moment später wende ich mich ab, entschlossen, schnell. Ich will das Liebesgefühl behalten, es nicht mit Tränen fortspülen. Der letzte Erinnerungsschnappschuss von Helis Körper ist gemacht, endgültig. Ich akzeptiere und gehe. Die Liebe, sie werde ich mitnehmen. Sie soll mich begleiten, als Abschiedsgeschenk und als Wegzehrung für alles Neue.

Ein Freund bringt mich nach Hause. Entlang der Straße stehen etwa fünfzig Autos. Mein Garten voller Menschen, ein Lagerfeuer brennt, und es duftet nach Essen.

Verloren trete ich durchs Gartentor und lande geradewegs in zwei ausgestreckten Armen. Meine Nachbarin. Sie bedankt sich für das schöne Fest und reicht mir ein Geschenk. Hinter ihr steht schon der nächste Gast, der mich sprechen und umarmen will.

Wie ein Zaunpfahl stehe ich vor meiner eigenen Haustür. Friere. Kann nicht hinein, weil mir das Mitgefühl meiner Freunde den Weg versperrt.

»Barbara, es ist so schrecklich, wir trauern mit dir.«

»Du bist so eine starke Frau, ich bewundere dich!«

Die beiden Sätze wiederholen sich in Endlosschleife.

Auf beide weiß ich nichts zu antworten.

Gedankenumwölkt lasse ich meinen Blick über die Menschen schweifen, die sich da um mein Häuschen tummeln.

Genau so habe ich es mir gewünscht. Heimkommen und nicht allein sein. Freundschaft spüren. Geborgen sein. Dass allerdings all diese Freunde sich nun um mich scharen und selbst ratlos, befangen und unsicher sind, damit hatte ich nicht gerechnet.

Irgendwann, nach Stunden, ist es dann doch vorbei. Noch einmal habe ich jeden Einzelnen zum Abschied umarmt.

»Du kommst also morgen mit dem Zug nach Wien?«

Meine Eltern wollen mich ungern allein lassen. Aber ich habe mich entschieden.

»Ja, morgen. Heute will ich noch im Haus schlafen. Gute Fahrt.«

»Gute Nacht.«

Das Haus ist leer. Es ist dunkel geworden. Um das Lagerfeuer sitzen die letzten Gäste, jemand spielt Gitarre. Ich hocke mich dazu.

»Gibt es noch etwas zu essen? Ich habe heute noch keinen Bissen im Mund gehabt.«

Eine Freundin springt auf, läuft in den Keller, wo die Gulaschkanone steht, und kehrt sogleich mit betretenem Gesicht und einem Kanten Schwarzbrot zurück.

»Das ist alles, was noch da ist.«

Geschwind denke ich darüber nach, ob ich weinen, verzweifeln oder mich gar beklagen soll.

Es wäre passend, würde fast einer Art Klischee entsprechen. Zehn Tage, in denen kaum Tränen geflossen sind, und dann endlich der Zusammenbruch, ausgelöst durch die banale Tatsache, dass kein Gulasch mehr im Topf ist.

Aber ich weine nicht. Ich schaue nur stumm ins Feuer, zwinge mich zu einem Lächeln und denke bei mir, dass ein Kanten Brot doch genau das Richtige ist, um diesen absurden Tag zu beenden. Morgen wird ohnehin alles anders sein.

Hommage

Clown Heli.

Was erzählt man über einen verstorbenen Clown?
Doch eigentlich nur, wie er die Kinder zum Lachen brachte.
Wie er sich schminkte und zwinkerte
und eine große rote Nase
auf die eigene setzte.

Was sagt man über einen verstorbenen Clown?
Doch nur, dass er immer weiterleben wird.
In jedem Lächeln eines Kindes,
im Duft einer Blume,
im Tanz der Blätter.

Christine Teichmann, eine Freundin

Im August 2005

Auf der Bühne steht ein zarter Mann mit roter Nase, in dunkelgrauen Socken. Waldemar. Gerade eben noch saß er irgendwo im Zuschauerraum, doch er hat es nicht lange ausgehalten auf seinem Platz.

Seine Schuhe hat er, eine Entschuldigung murmelnd, ausgezogen und sorgfältig nebeneinandergestellt. Dann ist er umständlich auf die Bühne geklettert, in dem auffälligen Bemühen, nicht aufzufallen.

Was ihn dort oben interessiert, ist dieser rote Luftballon, der da liegt. Vorsichtig nähert sich der Clown dem Ballon. Doch als er ihn aufheben will, hüpft dieser davon.

Waldemar kratzt sich am Kopf. Versucht es noch einmal, den Ballon zu erwischen, natürlich klappt es wieder nicht. Das verflixte Ding will sich nicht fangen lassen.

Aber irgendwie muss es doch klappen. Waldemar schleicht sich vorsichtig an, umrundet das Objekt seiner Begierde, versucht es zu locken, stürzt sich zu Boden, doch alles vergebens. Ein Fußtritt schließlich, und da: Der Ballon fliegt hoch in die Luft.

Waldemar wendet sich ans Publikum und murmelt mit fistelnder Stimme so etwas wie:

»Hmmm. Jajaja, dasssss, hmmmm, kann man nix machen, das ist, hmmm.«

Er gestikuliert, breitet die Arme aus – und der herunterfallende Ballon landet genau in seinen Händen. Applaus!

Waldemar jubelt nicht »Juchhu!« Er zeigt auch keinen Stolz. Er ist stattdessen ganz verwundert darüber, was da vom Himmel gefallen ist. Fasziniert untersucht er den Ballon, erklärt ihn dem Publikum, in seiner Sprache.

»Dassss, ooch, ja. Sososo. Aaaaah.«

Wir verstehen kein Wort. Und doch verstehen wir alles, jedes Gefühl, wir verstehen sein Staunen, seine Neugier und seine Begeisterung über das rote Ding in seinen Händen.

Man kann den Ballon also hochheben und drehen, man kann ihn vors Gesicht schieben und daran vorbeischauen. Man kann an seinem Zipfel ziehen. Man kann hineinrufen.

»Schööön!«

Aber dann ist er auch wieder gar nicht so wichtig. Äh, was wollte Waldemar eigentlich auf der Bühne? Er zuckt die Schultern und lässt den Ballon fallen, ohne ihm weiter nachzuschauen.

Das Publikum lacht und erkennt sich selbst: Man kämpft mit allen Mitteln um eine Sache, schließlich fällt sie einem von selbst zu. Und dann? Warum haben wir eigentlich darum gekämpft? Was wollten wir eigentlich? Wir wissen es nicht so genau. Und suchen uns gleich ein neues Ziel.

Heli, der Clown. Ich habe meinen Mann als Clown auf der Bühne kennengelernt, und in meiner Erinnerung trägt er oft eine rote Nase.

Immer wieder bin ich Menschen begegnet, die mir kategorisch mitteilten:

»Ich hasse Clowns.«

Die Clowns in ihrer Fantasie sind grell geschminkt und tragen rote Plastikperücken. Sie machen Späße, die keiner lustig findet, und stolpern selbst dann noch über ihre zu großen Schuhe, wenn niemand mehr lacht.

Diese Menschen hatten offenbar nie die Chance, Heli zu sehen.

Ich möchte hier einen vorsichtigen Versuch wagen, in das große, naive, zarte Universum der roten Nase einzutauchen. Als Hommage an Heli, einen großartigen Clown mit großem Herz.

»Wir sind eine Clownfamilie«, das hat Thimo oft befunden, und er sagte es nicht ohne Stolz.

Auch er war mir ein wundervoller Lehrer, wenn es darum ging, der Welt mit unvoreingenommenem Blick zu begegnen. An Problemen zu wachsen und sich nicht mit der erstbesten Lösung zufriedenzugeben. Über Kleinigkeiten zu lachen. Und nicht alles so ernst zu nehmen.

Ich bin selbst ein Clown. Eine rote Plastikperücke habe ich noch nie getragen, und meine Schuhe passen mir wunderbar. Die rote Nase aber, sie setze ich gern auf, oft auch nur im Geist. Dann, wenn mir mein, ach, so kluger Kopf nicht weiterhelfen kann. Wenn mir die Welt zu düster erscheint. Wenn ich Gefahr laufe, zu vergessen, dass das Leben ein Spiel ist.

Im Mai 1996

Mein erster Clownworkshop. Zum Aufwärmen haben wir Fangen gespielt und getanzt. Jetzt soll es so richtig losgehen. Es ist Zeit für unsere »Clowngeburt«.

Ich liege mit geschlossenen Augen auf dem Boden. Leise Musik erfüllt den Raum. Wir folgen den Anweisungen unseres Clownlehrers. Träumen uns an einen schönen, freundlichen Ort, fühlen, wie uns der Boden trägt. In der Hand hält jeder eine rote Nase mit Gummiband. Wir werden sie gleich aufsetzen. Sie wird uns helfen, der Welt neu zu begegnen. Als Clowns.

Der Lehrer betont: Alles, was wir gleich sehen werden, ist neu. Nichts hat einen Namen, nichts hat eine Bedeutung. Ich öffne die Augen, schaue mich um. Mein Blick bleibt an meiner eigenen Hand hängen. Nein – Achtung – keine Namen!

Ich sehe keine Hand. Ich sehe ein Ding, das mit meinem Körper verbunden ist und recht interessant aussieht.

Ich möchte es von allen Seiten ansehen, es bewegt sich, dreht sich wie von selbst – nur weil ich es will.

Faszinierend!

Fünf würstchenartige Gebilde können sich unabhängig voneinander bewegen, können sich öffnen und schließen, strecken und beugen.

Ich bin begeistert. Mein Forschergeist ist geweckt. Neugierig bringe ich meine Finger in Positionen, die ich noch nie zuvor ausprobiert habe. Erschaffe Bilder und Figuren. Fünf Würstchen werden zum Werkzeug meiner Fantasie.

Die Übung dauert lange, sie soll langsam ausgeführt werden. Es braucht eben Zeit, die Welt neu zu entdecken.

Doch Zeit spielt jetzt keine Rolle. Es scheint mir fast, als existiere sie nicht.

Nach und nach erfasst meine Aufmerksamkeit andere Körperteile, ich erforsche meinen ganzen Körper und seine Möglichkeiten, probiere Dinge aus, die mir noch nie eingefallen sind, die aber plötzlich ganz natürlich erscheinen. Ich experimentiere. Ich spiele.

Ich habe Spaß!

Der Clown in mir entdeckt die anderen Clowns. Das Spiel wird fortgesetzt. Wir betrachten erst einander, dann öffnen wir uns der Umgebung. Untersuchen Tische, auf denen man Boot fahren kann, setzen Becher als Hüte auf den Kopf, verstecken unsere Hände in Plastiktüten.

Von außen betrachtet müsste man glauben, wir spinnen.

Egal. Wir betrachten die Welt nicht von außen, sondern wir sind ein Teil der Welt.

Immer der Nase nach. Unser kindliches Gemüt zeigt uns, worauf es Lust hat. Es gibt nichts zu überlegen, tausend Dinge warten darauf, entdeckt zu werden.

Ich bin glücklich.

»Macht weiter!«, fordert der Lehrer ein paar der Clownneulinge auf.

»Folgt eurem Spaß.«

Wir anderen schauen zu. Was wir sehen, ist wunderschön: fünf Gestalten mit roter Nase, alle intensiv beschäftigt mit irgendeiner Kleinigkeit, voller Hingabe. Jeder hat sein eigenes Tempo, seinen eigenen Rhythmus. Die Freude, die Faszination ergreift auch uns, die wir zusehen. Wir müssen schmunzeln, mitunter sogar lachen. Doch das ist gar nicht so wichtig.

Was wir alle empfinden:
Die Welt ist gut, die Welt ist schön.
Es tut gut, jemandem dabei zuzusehen, wie er liebevoll und zärtlich die Welt entdeckt. Eine Welt, von der wir schon dachten, dass wir sie zur Genüge kennen.

Heli. Du warst immer mein Vorbild, wenn es um die Clownerie ging. Was ich auf der Bühne und im Krankenzimmer spielte, hattest du zu deiner Lebenseinstellung gemacht. Nun sage mir: Was tut ein Clown, wenn er seine Familie verliert?

Ist es die Stimme meines Mannes, die mir die Antwort zuflüstert? Oder meine eigene innere Stimme, genährt von dem, was ich an Helis Seite lernen durfte:

Er weint, natürlich. Hemmungslos. Und macht sich dann auf die Suche nach dem, was er verloren hat. Neugierig, mit offenen Augen, bereit für Überraschungen, die hinter jeder Ecke warten könnten. Er begrüßt alles, was er findet. Sogar wenn es nicht das ist, wonach er eigentlich suchte.

Freunde. Blumen. Wärme.

Freilich kämpft der Clown um das, was ihm wichtig ist. Mit Zähnen und Klauen. Denn Kämpfen macht Spaß. Doch ein sinnloser Kampf interessiert den Clown nicht. Festhalten lohnt sich nur, solange es nichts Neues zu entdecken gibt. Und Neues, das gibt es eigentlich immer.

Bald schon kann es sein, dass der Clown wieder lacht. Er findet das Lachen, weil er seinen Blickwinkel verändert und Wunderbares entdeckt:

Den drei Engeln geht es prächtig, denn sie sind im Himmel. Der Himmel ist blau, die Wiese ist warm. Die Engel sind da.

Leben? Bitte warten!

Der 30. März 2008

Ich bin früh zu Bett gegangen. Gestern, am Tag des Seelenfestes.
Kurz nach Einbruch der Dunkelheit hatte ich mich bei den Gästen am Lagerfeuer entschuldigt und sie gebeten, noch zu bleiben, bis die Glut erloschen wäre. Meine Freundin Elfi hat die Nacht bei mir verbracht. Gerade aufgewacht, höre ich sie in der Küche ein Lied summen. Kaffeeduft steigt mir in die Nase.
Elfi hat schon eingekauft und den Tisch gedeckt. Die Sonne wirft freundliche Strahlen auf Semmeln und Marmeladengläser. Nach vielen kalten, windigen Tagen gibt der Frühling endlich ein erstes Gastspiel.
Ich setze mich, nage unentschlossen an einem Brötchen. Nein, danke, keine Marmelade. Ich bin nicht hungrig. Nicht durstig. Ich spüre eigentlich überhaupt nichts. Elfi zeigt durchs Fenster auf die Blumen im Garten, die bald blühen werden.
»Bald kommt der Frühling.«
Ich sollte mich freuen. Es klappt nicht.

Beiläufig erwähne ich, dass morgen mein Geburtstag ist. Warum tue ich das? Weil ich sonst nichts zu sagen weiß. Zaghaft versuche ich ein Lächeln. Das Lächeln der alten fröhlichen Barbara, aber es will mir nicht recht gelingen.
Positiv denken. An allem ist etwas Gutes.
So hatte meine Devise immer gelautet.
Elfi erinnert sich wohl an diese Frau, die noch bis vor Kurzem in meiner Haut gesteckt hat. Und denkt. Laut und positiv.
»Der erste Geburtstag deines neuen Lebens, und noch dazu bei Sonnenschein!«
Ein wenig zu optimistisch. Was jetzt geschieht, damit haben wir beide nicht gerechnet: Ich bekomme einen Weinkrampf. In Sekundenbruchteilen überwältigen mich tausend Bilder aus meinem alten Leben.
Fini in Badehose, lachend, im Planschbecken. Thimo, eifrig, beim Blumenpflanzen. Heli und ich im Garten, bei Sonnenuntergang, ein Glas Wein in der Hand ...
Was soll das für ein neues Leben sein, in dem all das nicht mehr existiert!?
Die Erkenntnis bohrt mir tausend Messer ins Herz. Je stärker ich weine, umso größer wird der Schmerz, und doch kann ich die Tränen nicht aufhalten.
»Ich will kein neues Leben!«
Elfi ist aufgesprungen und nimmt mich in den Arm. Behutsam spricht sie mit mir mit sanften Worten, streichelt mich mit warmen Händen.
»Du hast Recht, es ist kein neues Leben. Es ist *dein* Leben, und es ist so, wie es jetzt ist. Das neue Leben hat noch viel Zeit. *Du* hast noch viel Zeit.«

Dankbar nehme ich das Taschentuch, das Elfi mir reicht. Und ein zweites. Das dritte brauche ich nicht mehr. Das Lächeln, das mir nun entwischt, ist echt.

»Und meinen Geburtstag, den lasse ich einfach ausfallen.«

»Jawohl!«, bestätigt Elfi, als hätte ich ihr einen militärischen Befehl erteilt.

Es gelingt mir tatsächlich, zu lachen. Das Lachen gefällt mir besser als die Tränen, es tut nicht so weh. Elfi hat Humor und beweist ihn sogar jetzt. Dankbar kichere ich über jeden Scherz, der ihr einfällt. Der Schmerz soll ruhig draußen bleiben, vor der Tür, und uns nicht weiter beim Frühstück stören.

Ein paar Stunden später.

»Ich möchte gern eine Vorteilscard kaufen. Wie funktioniert das?«

Am Bahnhof von Graz. In einer halben Stunde geht mein Zug nach Wien. Zum ersten Mal seit vielen Jahren werde ich die Strecke nicht mit dem Auto zurücklegen, und für diesen Zweck kaufe ich mir gleich einen Ermäßigungsausweis für ein ganzes Jahr. Ich werde noch oft den Zug nehmen. Ich habe ja viel Zeit, neuerdings.

Im Fotoautomaten studiere ich die neuen Richtlinien für Passbilder.

Frontal. Neutral. Nicht lächeln.

Nicht lächeln, das fällt mir nicht schwer. Als ich das Foto betrachte, bin ich doch erstaunt, wie wenig neutral mein neutraler Gesichtsausdruck aussieht.

Eine Mumie auf Reisen.

Im Zug. Ein Abteil ganz für mich allein! Gott sei Dank. Eine Weile habe ich im »Tibetischen Totenbuch« gelesen, nun schaue ich gedankenverloren der Landschaft dabei zu, wie sie an mir vorüberzieht.

Der heutige Morgen ist noch nicht abgehakt. Elfis Worte, meine heftige Reaktion. Der Schmerz beginnt langsam wieder hochzukriechen.

Nein, bitte nicht! Keine Tränen, nicht jetzt. Es hilft doch niemandem, wenn ich weine. Das bringt mir meine Familie ja nicht zurück.

Meine Gedanken treten die Flucht nach vorn an.

Ich muss mir Hilfe organisieren. Werde in Therapie gehen. Werde mich an Profis wenden, die mir helfen, den Schmerz auszuradieren, ehe er mich auffressen kann.

Wer kann mir helfen? *Hannah!* Sie leitet seit Jahren die Supervision der Roten Nasen und arbeitet als systemische Therapeutin. Rasch hole ich mein Handy aus der Tasche.

Eine Familienaufstellung, das wäre gut. Dabei könnte ich Helis Stellvertreter in die Arme fallen. Den Stellvertretern meiner Kinder sagen, wie lieb ich sie habe. Ja. Dort werde ich weinen. Dort, wo Helis Stellvertreter mich trösten wird und die Stellvertreter meiner Kinder, die Therapeutin und alle anderen Anwesenden, dort wird alles gut.

Hannah hebt nicht ab. Was ich der Sprachbox mitteilen soll, will mir nicht einfallen, außerdem sitzt mir ein dicker Kloß im Hals. Die Landschaft vor dem Fenster hat auch keinen Rat für mich, also schließe ich die Augen.

Mein Kopf denkt sich ein Bild aus. Eine Aufstellung. Ich, in Hannahs Seminarraum, gemeinsam mit drei Menschen ohne Gesicht. Stellvertreter: Thimo, Heli, Fini, dargestellt

von Fremden. In meiner Fantasie stelle ich die drei Toten in einer Gruppe zusammen. Eine unhörbare Stimme ermahnt mich:
Du gehörst nicht zu ihnen. Du gehörst hierher, auf die andere Seite. Allein.
In Gedanken mache ich mich bereit, Heli zu versichern, dass ich ihn liebe. Doch die Frau in meinem Kopf spielt das Spiel nicht mit. Sie brüllt stattdessen Helis Stellvertreter an.
Warum hast du das getan!? Warum!? Ich bin so wütend auf dich!
Entsetzt reiße ich die Augen auf.
Was soll das? Ich bin doch nicht wütend auf Heli! Was fällt meinem Kopf ein, mir einen solchen Streich zu spielen?
Die Tränen, die gerade noch als Kloß in meinem Hals steckten und endlich befreit über meine Wangen rinnen, begrüße ich erleichtert. Sie sind immer noch besser als blinde Wut.
Ich werde doch lieber keine Aufstellung machen.
Wo sind denn nur die Taschentücher?

Der 31. März 2008, in Wien.

»Mein Geburtstag findet nicht statt.«
Darauf habe ich mich mit meinen Eltern geeinigt.
Sie machen mir ein Geschenk, indem sie mich unbehelligt im Bett liegen lassen und die zahlreichen Geburtstagsanrufe abfangen. Für meinen Teil versuche ich inzwi-

schen, den Tag so schnell wie möglich vergehen zu lassen. Schlafen. Lesen. Wieder schlafen. Das funktioniert noch immer.

Am Nachmittag klopft mein Vater vorsichtig an der Tür.

»Du, am Telefon ist eine Journalistin. Sie will unbedingt mit dir reden. Bitte, sprich mit ihr, sie ruft schon seit drei Tagen immer wieder an.«

»Muss das sein?«

»Bitte.«

Also gut.

»Ja?«

»Frau Pachl! Wie schön, Sie zu hören. Ich kann Ihnen gar nicht sagen, wie sehr ich Sie bewundere. Ich habe den Artikel über Sie in der Zeitung gelesen, und auch den Auszug aus Ihrer Mail. Könnten Sie sich vorstellen, den gesamten Text zu veröffentlichen, in unserer Zeitschrift? Er ist so tröstlich. Und sicher eine große Hilfe für andere Menschen, die trauern.«

Hilfe? Das klingt gut. Mein Text hilft Menschen, während ich selbst nicht einmal weiß, wie mir zu helfen ist. Apropos Hilfe, da fällt mir doch etwas ein ...

Ich kenne die Illustrierte, um die es geht. Sie wirbt oft damit, dass sie notleidenden Personen hilft. *Frauen helfen Frauen.* Ein Netzwerk, auf das man zählen kann.

»Ja, von mir aus können Sie den Text drucken. Glauben Sie, dass Ihr Netzwerk mich dafür ein wenig unterstützen kann, falls ich einmal Hilfe brauche?«

Hilfe. Vielleicht vermittelt mir das Netzwerk ja eine gute Therapeutin. Obwohl – die habe ich ja schon. Vielleicht ein Praktikum, als Regalbestückerin, falls ich die Arbeit als Clown irgendwann nicht mehr schaffe? Oder ... keine Ahnung. Egal. Die Frauen vom Netzwerk werden schon wissen, wie sie mir helfen können, wenn es mir schon selbst nicht einfallen will.

»Natürlich werden wir Sie unterstützen. Sagen Sie, könnten Sie morgen früh vielleicht in mein Büro kommen? Ich würde gern ein Foto von Ihnen machen.«

»Okay.«

»Wunderbar. Ich freue mich auf morgen. Übrigens – eines wäre noch wichtig. Sie sollten den Text keiner anderen Zeitung geben, wir wollen ihn schließlich exklusiv veröffentlichen.«

Exklusiv. Das klingt ganz schön wichtig.

»Klar.«

Eigenartig. Die Leute finden mich toll, weil meine Familie gestorben ist. So toll, dass sie die Exklusivrechte an mir haben wollen. Schau an, schau an.

Als ich ins Bett zurückkehre, fühle ich mich um Ecken größer als vorher. Man sieht mich. Man schätzt mich. Gar nicht wenig für einen Menschen, der sonst gar nichts mehr hat.

Nachts liege ich wach. Vielleicht habe ich zu viel geschlafen, untertags. Meine Augen wollen nicht geschlossen bleiben, starren in die Finsternis, obwohl es da nun wirklich nichts zu sehen gibt. Oder etwa doch? Bilder tauchen auf, in der Dunkelheit, in meinem Kopf.

Das Seelenfest. Die vielen Menschen. Da ... der Zeitungsfotograf! Was hat er *eigentlich auf meinem Fest ge-*

macht? Hatte er etwa vor, einen Artikel zu schreiben? Ist meine Mail vielleicht längst in der Zeitung?

Auch mein Vater kann offenbar nicht schlafen. Im Vorzimmer höre ich seine Schritte. Ich springe aus dem Bett.

»Papa, hast du mit dem Fotografen am Begräbnis gesprochen?«

»Ja, er wollte etwas über dich schreiben.«

Tatsächlich. Jetzt hat mich die Frau von der Zeitung bestimmt nicht mehr lieb, jetzt, wo ich nicht mehr exklusiv bin.

»Und du hast es ihm erlaubt?!«

»Äh ... ja.«

»Hast du ihm meine Mail geschickt?«

Mein Vater nickt.

»*Papa!* Ich habe der Journalistin versprochen, dass ich die Geschichte sonst niemandem gebe! Wie konntest du das nur erlauben, ohne mich zu fragen?«

Ist es die Nacht, die aus einem kleinen Problem eine Katastrophe macht? Oder bin ich doch aus anderen Gründen nervenschwach?

»Ich habe es versprochen! Jetzt wird mir die Zeitung sicher nicht helfen, das Netzwerk nicht, niemand.«

Meine Welt bricht zusammen. Wofür ich die Hilfe der Zeitung genau brauche, weiß ich nicht, aber ich habe mich nie hilfsbedürftiger gefühlt als jetzt. Ich zittere, heule, schreie vorwurfsvoll meinen Vater an und klammere mich gleichzeitig an ihm fest.

»Ich war so stolz auf dich, auf deinen Text, ich wusste ja nicht, dass ...«

Mein Vater ist zusammengesunken und sieht bleich aus. Zum ersten Mal in meinem Leben meine ich, Tränen in seinen Augen zu sehen.

Mein Papa. Wir waren doch immer ein Herz und eine Seele. Wieso schreie ich ihn an, gerade jetzt, in dieser fürchterlichen Zeit?

»Es tut mir so leid«, wimmere ich.

»Mir tut es auch so leid.«

Warum ist mein Vater immer noch so geknickt? Wie kann ich ihn wieder aufrichten, wo ich doch selbst nur aus Rotz und Wasser bestehe?

Ich gehe wieder ins Bett, Papa setzt sich an die Bettkante. Wir wissen beide nichts zu sagen, können den Streit nicht ungeschehen machen. Es ist schrecklich. Meine Vorwürfe haben Wunden geschlagen in einen Mann, den ich für unverwundbar gehalten hatte.

»Lass uns morgen weiterreden. Ich komme mit zum Interview und werde beichten«, beruhigt mich mein Vater endlich und lächelt ein wenig.

»Papa, ich möchte nie mehr mit dir streiten«, flehe ich.

»Nein, ich auch nicht. Gute Nacht, mein Schatz.«

Ein Kuss. Ein Lächeln.

Alles wird gut.

Ausgesperrt

Die ersten Apriltage waren grau und kalt, sogar in meiner Heimat, der grünen Steiermark. Auch in meinem Häuschen war es etwas ungemütlich, die Zimmer waren ausgekühlt, es roch nach Staub, in der Speisekammer hatten sich die Mäuse gütlich getan. Und doch war es der einzige Platz, an dem ich jetzt sein wollte. Meine Eltern hatten mich nach Hause gebracht. Dorthin, wo ich mich Heli und meinen Kindern am nächsten fühlte. Ich wollte allein sein.

Das schlechte Wetter störte mich nicht. Es kam mir gerade recht. So konnte ich mich einfach im Bett verkriechen und musste keinen Schritt vor die Tür tun. Ich dämmerte wie in einem zeitlosen Zustand vor mich hin. Schlief, wann ich wollte, egal, ob es Tag war oder Nacht. Helis Pyjama, Finis »Deckalein«, Thimos Plüschwalfisch waren alles, was ich brauchte.

Deutlich spürte ich die Nähe meiner Familie. Im Schlaf, im Traum kam sie mich verlässlich besuchen, lebendig und fröhlich wie eh und je.

Früher hatte ich am Tag eine Familie und war in der Nacht auf eigenen Pfaden unterwegs. Jetzt ist es eben um-

gekehrt: Ich bin am Tag allein und in der Nacht mit euch zusammen.

So notierte ich es in mein Tagebuch.

Ich habe immer noch eine Familie. Jetzt ist sie nur eben unsichtbar.

Daran erinnerte ich mich immer wieder selbst.

Die wachen Stunden verbrachte ich lesend, schreibend, tagträumend. Geborgen und sicher in meiner selbstgeschaffenen Parallelwelt.

Einatmen. Ausatmen.

Die einzige Aufgabe, die ich gerade noch bewältigen konnte. Manchmal lobte ich mich dafür, dass ich sie so gut bewältigte. Es war ja schließlich nichts mehr selbstverständlich, jeder Atemzug eine Leistung.

Ab und zu klopfte jemand an meine Tür. Nachbarn. Freunde, die mir etwas vorbeibringen oder nach mir sehen wollten. Es erschien mir wie ein Zeichen aus einer anderen Welt, die mir zurufen wollte:

Komm zurück! Du gehörst hierher!

Aber ich machte nicht auf. Noch war ich nicht bereit für die Welt, die auf mich wartete. Sie würde mir wehtun, das ahnte ich – allein schon deshalb, weil sie sich erbarmungslos weiterdrehte. Da draußen blieb die Zeit nicht stehen. Jede verrinnende Minute drohte mich ein Stück mehr von meinem früheren Leben und von meiner Familie zu trennen.

Jemandem zu öffnen, der an meine Tür klopfte – gar mit ihm zu sprechen – hätte bedeutet, mich dem Leben zu öffnen. Genau das schien mir vorerst völlig unmöglich.

Außerdem hatte ich Angst. Angst vor dem *großen schwarzen Loch*.

»Warte nur, jetzt geht es dir noch scheinbar gut, aber das Loch kommt bestimmt.«

Das hatten mir nicht wenige meiner Freunde vorausgesagt. Sie wollten damit gewiss keine düstere Prophezeiung abgeben, sondern mich vielmehr beruhigen:

Du *darfst* abstürzen. Du *darfst* ins Loch fallen. Wir sind *auch dann* für dich da.

Wie hatte man es sich vorzustellen, dieses Loch? Würde ich schreien und toben, wenn ich dort hineinfiele? Weinen, tagelang? Würde ich mich verletzen? Ich hatte keine Ahnung. Wusste nur: Ich will das alles nicht. Es war mir mehr als unheimlich. So zog ich es vor, lieber nichts zu riskieren. Im Bett würde mich das schwarze Loch nicht finden. Im Bett war alles gut und berechenbar.

Am Nachmittag des 5. April 2008

Das Wetter ist besser geworden. Draußen scheint die Sonne. Die Vorhänge meines Schlafzimmers sind fest zugezogen, so lässt es sich besser schlafen. Gerade habe ich ein paar Zeilen in mein Tagebuch notiert.

> *Jetzt.*
> *Jetzt spüre ich euch, eine Decke aus Licht.*
> *Jetzt ist die Finsternis so weit, das sie gerade nicht in meine Reichweite kommt.*

Genug weit weg.
Jetzt seid ihr da. Jetzt bin ich in Sicherheit.

Lasst es für immer Jetzt sein.
Lasst das Loch nicht zu tief werden.
Baut mir ein Fangnetz aus Licht und eurer Behutsamkeit.

Behutsam, als gälte ihm meine ganze Liebe, lege ich den Stift aufs Nachtkästchen und rolle mich zur Seite, um wieder ein wenig zu dösen. Da höre ich Schritte im Garten. Stimmen. Es klopft an die Tür.
»Hallo?«, ruft jemand.
Still! Keine Bewegung! Nur ja keinen Besuch, bitte!
Es klopft noch einmal, lauter.
»Hallo?«
»Sie muss zu Hause sein. Ihr Auto steht ja vor der Tür.«
Zwei Frauen. Ihre Stimmen sind so laut, dass ich jedes Wort verstehen kann. Noch ein Klopfen, dann höre ich, wie die Klinke heruntergedrückt wird.
Oh, nein! Ich habe vergessen, abzusperren!
»Hallo? Ist da jemand?«
Die Stimmen kommen aus dem Stiegenhaus.
»Sie ist zu Hause.«
»Vielleicht schläft sie.«
Ja, genau! Ich schlafe. Tief und fest. Ich bin nicht ansprechbar.
Ich ziehe mir die Decke über den Kopf. Schritte auf der Treppe. Die Tür meines Schlafzimmers wird langsam und ganz leise geöffnet. Ich stelle mich tot.

Nur ja nicht blinzeln!
»Sie schläft«, flüstert die eine Besucherin.
»Dann stellen wir die Schüssel eben vor die Tür«, antwortet die andere.
Ich halte die Luft an, noch während die Haustür geöffnet und wieder geschlossen wird. Die beiden Frauen durchqueren den Garten, aufmerksam lausche ich jedem ihrer Schritte. Erst als das Gartentor ins Schloss fällt, luge ich unter meiner Decke hervor.
Das ist gerade noch einmal gut gegangen.
Mit zitternden Knien schleiche ich zur Tür und öffne sie vorsichtig.
Hoffentlich ist niemand mehr da.
Auf der Schwelle steht eine Schüssel mit selbstgebackenen Keksen. Ich weiß nicht, von wem.
Irgendwann werde ich herausfinden, wer die beiden Frauen waren. Mich bedanken. Irgendwann.
Ich schiebe einen Keks in den Mund, und noch einen. Sie schmecken herrlich.

Ich muss ein seltsames Weibchen abgegeben haben. In meinem Bau verkrochen, scheu und doch dankbar für jeden Korb Äpfel, den man mir brachte. In alten Märchen liest man oft von solchen Gestalten. Meistens sind sie alt und sehr, sehr hungrig.
Hungrig war auch ich. Mein Körper war schwach. Wenn ich darüber nachdachte, was ich meinem leeren Magen Gutes tun könnte, fiel mir nur eine einzige Speise ein.
Reis.

Immerhin. Doch der Gedanke an die Zubereitung entmutigte mich schon im selben Moment.

Wasser aufstellen. Warten. Öl erhitzen. Warten. Die Zutaten mischen. Wieder warten ...

Nein, das war alles viel zu aufwendig.

Lieber blieb ich in meinem warmen Nest und wartete auf ..., tja, auf was? Auf bessere Tage vielleicht. Auf eine zündende Idee. Oder auf die nächste Schüssel Kekse.

Plante ich insgeheim, zu verhungern? Wollte ich mich in Luft auflösen, um meiner Familie nachzufolgen? Diese Frage stellte ich mir gelegentlich. Ich konnte sie nicht eindeutig beantworten.

Möglicherweise war es so. Natürlich schien es mir verlockend, zu sterben. Dass meine Familie gleich hinter dem Vorhang auf mich warten würde, daran glaubte ich felsenfest. Auf meinem Nachtkästchen lagen sieben Bücher, die allesamt vom Leben nach dem Tod handelten. Von Nahtoderlebnissen. Vom großen Licht. Von Familienangehörigen, die den Verstorbenen nach dem Tod in Empfang nehmen. Von unbeschreiblichem Glück.

In den Büchern fand ich allerdings auch Kapitel über Selbstmord. Sie enthielten Botschaften, die verschiedene Trance-Medien von Selbstmördern empfangen haben. Die Verfasser stellten es so dar, als käme man nach einem Selbstmord nicht direkt in den »Himmel«.

Ich konnte diese Annahme nachvollziehen.

Nein, an die Hölle glaube ich nicht. Schon gar nicht an Bestrafung. Aber an Schuldgefühle und Verzweiflung, an die glaube ich sehr wohl. Gefühle, die als Rucksack mitgenommen werden nach drüben und die den Weg ins Licht beschwerlich machen könnten.

Was also, wenn ich nach meinem Tod in ein anderes Land, auf eine andere Straße käme als Heli und die Kinder? Das Risiko wollte ich um keinen Preis eingehen.
Ich sterbe schließlich nur einmal. Da will ich schon die richtige Tür erwischen. Diejenige, die sicher zu meiner Familie führt.
Ab und zu nahm ich das Handy zur Hand, mit dem Vorsatz, eine SMS zu schreiben, an irgendwen.
Bring mir bitte etwas zu essen, aber geh gleich wieder. Frag mich nur bitte nicht, wie es mir geht.
Doch noch bevor ich zu tippen begann, legte ich den Apparat schon wieder zur Seite.
Alles viel zu anstrengend, es geht schon noch eine Weile ohne Essen.
Ich sinnierte darüber, ob es als Selbstmord zu werten wäre, wenn ich einfach liegen bliebe, bis ich sterben würde. Den Sog nach »drüben« empfand ich mitunter so stark, dass ich mir um mich selbst Sorgen machte. Gleichzeitig beruhigte mich meine innere Stimme – meine treue, kluge, nur scheinbar außenstehende Beobachterin:
Solange du dir noch Sorgen um dich selbst machst, ist dein Lebenswille noch vorhanden. Du kannst dich entspannen. Du wirst dich nicht aus Versehen umbringen. Alles wird gut.
Ich bemühte mich, ihr zu glauben. Wenn meine Gedanken doch einmal zu trübe wurden, erinnerte mich die wei-

se Stimme in meinem Kopf daran, was mir am Tag vor Finis Tod bei einem Spaziergang im Krankenhausgelände klargeworden war. Und erinnerte mich selbst an die grundlegende Erkenntnis:

Der 23. März 2008, Ostersonntag

Ich bin am Ende. Seit Stunden stehe ich heute schon an Finis Bett und feuere sie an. Halte meine volle Konzentration auf ihr Überleben fokussiert. Keine Sekunde habe ich gewagt, von ihrer Seite zu weichen.
Wenn ich loslasse, geht sie ...
»Sie sollten sich ein wenig entspannen.«
Der Arzt, der auf seine Weise seit drei Tagen um Finis Leben kämpft, macht sich Sorgen um mich.
»Sie müssen neue Kraft schöpfen. Sonst können Sie doch auch Ihrer Tochter keine Kraft schenken.«
Er bemerkt den Zweifel in meinem Blick.
»Gehen Sie spazieren. Sie müssen nicht hier stehen, um Ihrer Tochter nah zu sein. Finis Seele ist immer bei Ihnen, ganz egal, wo Sie sind.«
Diese Worte sind Medizin für mein Herz.
Er hat Recht. Er muss Recht haben. Komm, Fini, wir gehen spazieren.
Als ich durch den Wald schlendere, der die Klinik umgibt, spreche ich laut mit meiner Tochter.
»Wenn du wieder gesund bist, dann werde ich mit dir in den Wald gehen. Wir werden Erdbeeren pflücken. Und Regenwürmer anschauen. Schau, auf diese Bank werden

wir uns setzen, dann lassen wir die Beine baumeln. Und nachher kaufen wir uns ein großes Eis.«

Ich setze mich. Lasse mir die Sonne ins Gesicht scheinen. Meinen Beinen befehle ich, ein wenig zu baumeln. Dabei streichle ich die unsichtbare Fini, die neben mir sitzt.

»Die Erde ist so schön, Fini«, flüstere ich. »Die Erde ist schön. Das Leben ist schön.«

Das Leben ist schön.

Ich wiederhole den Satz, als wäre er ein Gebet. Höre ich selbst, was ich da sage?

»Das Leben ist schön.«

Ja, ich beginne, mir selbst zuzuhören. Mir selbst zu glauben.

»Die Sonne ist schön. Die Wiese ist schön. Es lohnt sich, hier auf der Welt zu sein, sie hat so viel zu bieten.«

Ich weiß nicht, ob Fini mich hören kann. Aber die Worte entfalten ihre Wirkung. Eben noch innerlich taub und ohne Lebensenergie, begreife ich langsam, aber sicher die Botschaft. Es ist wahr, und es gilt genauso gut für mich. Sogar dann, wenn Fini beschließt zu sterben.

»Das Leben ist schön.«

Aus meinem Tagebuch

6.4.2008
Behutsam.
Zärtlich lege ich eure letzte Wäsche zusammen,
die noch am Trockner hing.
Neugeboren. Neugestorben. Neugeborgen.

In jedem Gedanken an euch denke ich so unendlich viel Liebe.
Die Liebe macht mich tanzen, den geschmeidigen Tanz, der Leben heißt.
Alles rund. In mir.
Wenn ich von euch träume, ist es, als wärt ihr noch konkret.
Das Aufwachen ist ein Schritt in eine andere Realität.
Dieser Schritt ist mir manchmal zu groß.

Es könnte die Zeit kommen, wo ich euch fortschieben muss. Noch nicht jetzt.
Aber falls sie kommt:
Seid bitte nicht böse und BITTE! haltet euch trotzdem bereit, zurückzukommen!

Nur im Moment bin ich so voll LIEBE, dass das LEBEN keinen Platz in mir hat,
denn die Liebe ist bei euch im Himmel.
Wie soll ich das nur vereinen?
Ich möchte es lernen. Möchte bei euch sein UND am Leben!
Möchte nicht tot sein, noch nicht.
MUSS mich ERDEn. Gehimmelt bin ich genug, glaube ich.

Jetzt spüre ich meinen Popo am Bett, schön schwer.
Jetzt kribbeln meine Fußsohlen.
Jetzt freu ich mich auf morgen.

Jetzt sage ich Euch »Gute Nacht!«
Und küsse Euch zärtlich, behutsam, wild wirbelnd
mit schmatzendem Geräusch.

Groß war die Angst, das Bett zu verlassen. Das Leben mit all seinen Verpflichtungen und Ablenkungen – würde es einen Keil zwischen mich und meine Familie treiben? Die traute Viersamkeit zerreißen, die ich deutlich zu spüren meinte, solange ich nur stillhielt? Oder würde meine unsichtbare Familie mich nach draußen begleiten? Es fiel mir schwer, darauf zu vertrauen.

Aus meinem Tagebuch

> *16.4.2008*
> *Leben anhalten.*
> *Immer wieder.*
> *Jetzt.*
> *Euch in der Stille hören, aus der Ruhe.*
> *Aber bitte, seid nicht nur Wesen der Stille.*
> *Verlasst mich nicht im lauten Lachen.*
> *Im Hämmern und Bohren.*
> *Im Laufen und Tratschen.*
> *Könnt ihr Teil, des Lebens sein, ihr bunten Bälle aus Licht?*
>
> *17.4.*
> *Ihr habt mir heute Nacht eine Botschaft geschickt:*

»Häng nicht an dem, was war. Nimm uns so, wie wir jetzt sind. Wir sind DA!«

Wenn ich zurückdenke, könnte es mir scheinen, als hätte ich wochenlang im Bett gelegen. Hungrig. Schwach. Voller Angst vor dem Leben.

Ein Blick in den Kalender straft mein Gedächtnis Lügen.

Es gab viel zu tun in jenen Tagen. Die Behörden warteten auf diverse Dokumente, um die Sterbeurkunden auszustellen. Mein Finanzberater pochte darauf, dringende versicherungstechnische Angelegenheiten mit mir zu besprechen. Mit meinem Anwalt hatte ich die Einreichung des Nachlasses in die Wege zu leiten.

Außerdem gab es da noch eine Eigentumswohnung, in der ich mit Heli und den Kindern jahrelang gewohnt hatte und die nun, seit unserem Umzug in das reizende alte Häuschen, der erst einige Wochen zurücklag, leer stand. Leer? Nun ja. Heli und ich hatten sie als Proberaum verwendet. Und als Lager für alles, was nicht ins neue Haus passte.

Spielzeug. Theaterrequisiten. Kleidung. Bürokram. Möbel. Bücher.

Die Wohnung musste geräumt und verkauft werden, und zwar bald. Ich konnte und wollte sie mir nicht mehr leisten. Ich hatte es eilig, vielleicht auch, weil ich im Verkauf der Wohnung eine Möglichkeit sah, meine Vergangenheit loszulassen, Trauerarbeit zu *leisten*. Wie gern wollte ich das, in der Hoffnung, schneller zu sein als mein eigener Schmerz, der mir, das ahnte ich doch bereits, dicht auf den Fersen war.

Ich sehe mich im Kreis meiner Freundinnen schuften. Wände streichen. Kisten schleppen. Müll sortieren. Warum nur besteht meine Erinnerung bloß immer noch beharrlich darauf, dass ich zur selben Zeit im Bett lag und schlief? Verkläre ich etwas, oder liegt doch ein wahrer Kern in jenem Bild, das ich von mir selbst zeichne?

Vermutlich.

Ich werkelte zwar, hielt Termine ein, funktionierte. Mein anderes, schwer angeschlagenes Ich allerdings wollte lieber nicht mitkommen, nach draußen. Es blieb einstweilen liegen, passte auf meine Familie auf und wartete geduldig, bis ich wieder zurückkam in die Sicherheit meines Nestes.

Aus meinem Tagebuch

18.4.2008

Was heißt, lebendig zu sein?
Zuhören, durchlässig sein, das ist die eine Seite.
Aktiv sein, kräftig und laut. Schwitzen, lachen, sporteln. Das ist die andere.
Und die dritte Seite: Singen, musizieren, Leidenschaft.
GEIST–KÖRPER–HERZ
Zu viel Geist momentan, was meinst du, Heli?

Ich ernenne euch zu meinen Schutzengeln:
Thimo, der Engel des Geistes.
Heli, der Engel des Körpers und dessen Gesundheit.
Fini, das Engalein des Herzens.
Noch eine Bitte: Helft mir, mich bei allen zu bedanken, die mir Gutes tun und getan haben!
Ich fang gleich bei euch an: Danke für euren Mut, den Weg ins Licht vorauszugehen. Ihr weist so vielen Menschen den Weg! Und ihr zeigt mir die unermessliche Fülle des Lebens!
Ich küsse euch!

Mein Nest war mir heilig. Hier durfte mich niemand stören. Anrufe nahm ich nicht entgegen. Auf SMS antwortete ich nicht. Wer klopfte, musste draußen bleiben. Draußen war ich fleißig und gesprächig. Zu Hause sprach ich nur mit meinen drei Engeln. Und ich übte heimlich, mein Leben wieder in den Griff zu bekommen. Ohne Hilfe. Allein.

Der 8. April 2008

Es ist spät. Den ganzen Tag habe ich Kisten geschleppt. Ich habe Hunger.

Warum nur habe ich Annas Essenseinladung schon wieder nicht angenommen?

Die Kekse sind längst aufgegessen und mein Magen knurrt laut. Müde bin ich nicht, leider. Die Flucht in den

Schlaf wird fürs Erste nicht gelingen. Schwindlig ist mir auch.

Irgendwann musst du ja doch wieder damit anfangen, für dich selbst zu sorgen, flüstert meine innere Stimme mir aufmunternd zu.

Du hast Recht. Ich werde einen großen Topf Reis kochen, genug für die nächsten drei Tage. Jetzt.

In der Küche ist es kalt. Die Zentralheizung funktioniert nicht, schon seit Tagen. Warum, weiß ich nicht. Wer es wissen könnte, das weiß ich auch nicht.

Der Holzofen! Sein Feuer ist ohnehin viel gemütlicher.

Ich öffne die Holzkiste. Entdecke ein einzelnes Scheit, einsam und verloren. Draußen regnet es in Strömen. Aber was soll's. Ich muss Holzhacken gehen. Nur dumm, dass ich das noch nie gemacht habe.

Helis Goretex-Jacke schützt mich vor den dicken Tropfen. Ich laufe im Dunkeln durch den Garten, wo das nasse Gras kniehoch steht. In der Scheune lade ich Helis Leiterwagen voll mit Holz. Ziehe ihn den Hügel hinauf auf die Terrasse. Mein Herz klopft laut. Ich schwitze. Feuere mich an, komme gut voran, fühle mich plötzlich stark, fast übermütig. Oder ist es bloß die Kraft der Verzweiflung, die mich antreibt?

Mit klammen Fingern ergreife ich die Axt.

»Ich schaffe das, Heli!«, rufe ich in die Dunkelheit.

Vielleicht glaubt *er* mir ja.

Heli, der Engel, schlägt die Hände vor dem Gesicht zusammen.

Nein, so doch nicht!

Aber ich höre ihm nicht zu. Stelle ein Scheit auf den Bock. Es will nicht stehenbleiben. Nun denn. Meine linke Hand hält das Holz, die rechte schwingt die Axt. Hepp! Zehn Millimeter zwischen der Klinge und meinem Daumen. Das war knapp. Ich lasse alles fallen, die Axt, das Scheit, als wären es heiße Kohlen. Meine zitternden Hände, mein klopfendes Herz verraten mir, dass ich kurz vor der Panik stehe. Panik aber kann ich mir im Moment nun gar nicht leisten, allein, frierend, im Regen.

Nein, Heli, es ist nicht so gefährlich, wie es aussieht. Siehst du? Ich blute nicht. Habe mich gar nicht verletzt.

Doch auch das Holzscheit hat scheinbar keinen Kratzer abbekommen, leider. Noch ein Versuch. Diesmal etwas weniger schwungvoll. Soll heißen: Ängstlich und unentschlossen.

Könnte ich vielleicht bitte ein kräftiger Mann werden, hier und jetzt?

Das mit den Bestellungen beim Universum muss ich wohl noch ein wenig üben.

Also die nächste Taktik: die Axt als Hammer verwenden. Mit der Klinge auf das Scheit einklopfen, als wäre es ein Nagel an der Wand. Eine gute Methode, um mich abzureagieren. Das ist aber auch schon alles.

Ich bin schweißgebadet. Ratlos. Am Ende. Zu schwach, zu ungeschickt.

»Hilf mir doch, Heli!«

Heli. Wahrscheinlich hört er mich sogar, aber was soll er denn machen? Ein Engel kann keine Axt halten, leider.

In der Küche klingelt mein Handy. Ein willkommener Grund, alles stehen und liegen zu lassen. Es ist Georg.

Mein Finanzberater, ein alter Freund der Familie. Er möchte einen Termin vereinbaren, am besten für morgen.

»Weißt du, wie man einen Ofen anzündet?«, überfalle ich ihn. »Ich habe nur ein Holzscheit, keine Späne, nichts. Aber es ist so kalt!«

Beim Seelenfest hatte mir Georg seine Hilfe angeboten.

Wann immer du etwas brauchst, werde ich da sein.

Jetzt ist es soweit. Ich brauche Hilfe, ja. Und nehme auch den Telefonjoker dankbar in Anspruch.

»Glaubst du, dass ich es schaffen kann?«

»Klar. Hast du Zeitungspapier?«

»Jede Menge.«

»Wunderbar.«

Wunderbar. Das klingt gut.

»Du musst sehen, dass genug warme Luft ins Ofenrohr kommt. Dann könntest du es schaffen, dass das Holz auch ohne Späne brennt. Mach eine Fackel aus Zeitungspapier und halte sie in den Abzug.«

Das schaffe ich. Fackel. Feuer. Aber wie komme ich bloß an den Abzug?

Meine Hand verschwindet im Ofen. Die Fackel erlischt.

»Nur Mut!«, spornt mich Georg an.

Die Küche ist verqualmt, meine Hand kohlrabenschwarz.

»Es klappt nicht.«

»Morgen komme ich zu dir.«

Oh ja! Kannst du Reis mitbringen?

Noch ehe ich die Frage laut ausspreche, kommt sie mir schon blöd vor. Kann ich meinen Finanzberater etwa um Naturalien bitten?

Im Badezimmer wasche ich meine Hände. Ein Blick in den Spiegel, was sehe ich da?

Graue Nase, schwarze Stirn – ich sehe ja aus wie ein Schornsteinfeger!

»Heli!«, seufze ich, lachend und weinend zugleich. Gähnen muss ich auch. Endlich Zeit, ins Bett zu gehen, auch ohne Abendessen.

Morgen, gleich in der Früh, gehe ich Kekse kaufen.

Der nächste Tag, mittags

Mein hungriger Bauch hat mich zu Anna getrieben.

»Jeden Tag um zwei steht bei mir zu Hause ein Mittagessen auf dem Tisch, für die ganze Familie. Jeden Tag koche ich so viel, dass auch ein Esser mehr noch satt würde. Komm zu uns, wann immer du willst, von mir aus ein ganzes Jahr lang. Du musst nicht einmal vorher anrufen.«

So hat es mir Anna schon am Tag des Seelenfestes offeriert. Anna, die Liebe. Die Praktische. Die Sorgende.

Nach meinem Misserfolgserlebnis von gestern schien mir dieses Angebot unwiderstehlich. Ich bin einfach bei Anna hereingeschneit und fühle mich willkommen. Das Essen schmeckt wunderbar. Ich fühle mich gesättigt. Genährt.

Bald darauf jedoch starte ich schon wieder mein Auto. Ich halte es noch nicht lange aus in Gesellschaft. Will lieber wieder nach Hause fahren.

Doch während ich noch winke, ändere ich kurzentschlossen den Plan.

Ich will den Bahnübergang sehen, an dem der Unfall passiert ist. Jetzt. Ich will die Schienen überqueren. Einmal hin, einmal zurück.

Ich will es schaffen. Muss mir beweisen, dass ich keine Angst habe, vor nichts. Versuche, Momente zu sammeln, in denen ich stark und unerschrocken bin, und sie in meinem Innersten zu horten. Als Munition, mit der ich das große schwarze Loch schon in die Flucht schlagen werde, falls es mich einholt.

Das Essen hat mich mutig gemacht. Nach drei Minuten bin ich am Ziel. Was wird jetzt geschehen? Vergebens warte ich auf ein besonderes Gefühl. Da sind keine unsteten Geister, die in mein Auto huschen wollen. Kein kalter Schauer läuft mir über den Rücken. Keine Tränen. Kein scharfes Abbremsen. Kein Schrei. Ich fühle mich fast teilnahmslos.

Komisch. Hier war es doch, wo Geschichte geschrieben wurde – wenn auch nur meine ganz persönliche Geschichte. Wieso sieht der Platz bloß so normal aus, so unscheinbar?

Mein Blick fällt auf ein paar Blumensträuße auf der Wiese neben den Gleisen. Drei Friedhofskerzen – *immerhin!* – flackern im Gras.

Etwas ungeschickt parke ich mein Auto am Straßenrand und steige aus. Ich nehme das Gelände unter die Lupe, als wäre ich eine Reporterin. Oder ein Detektiv. Alles, nur nicht die Frau, deren Mann hier zerfetzt vorgefunden wurde. Vor genau drei Wochen.

Hier hat also der zertrümmerte Clownbus gelegen, auf dem Dach, ja, da liegen ja noch die Splitter.
Hier wurde Thimo wiederbelebt, hier starb Heli.
Hier lag Fini und wimmerte. Ohne Mama.

Hier. Wo die Kerzen brennen und ein Ast in der Erde steckt, verziert mit roten Schaumstoffnasen. Ich lege mich ins Gras. Ich werde nass. Es ist mir egal.

Meine Taubheit wandelt sich in ein Gefühl der Schwerelosigkeit. Um mich herum wird es ganz hell. Ein Lichtkegel hüllt mich ein, kommt er vielleicht vom Himmel?

Klar, woher denn sonst? Wenigstens auf den Himmel ist Verlass, wenn schon nicht auf meine Gefühle.

Denn ergriffen bin ich nicht. Ich genieße bloß die Wärme des Lichts. Es erscheint mir logisch, dass an der Stelle, an der Heli gestorben ist, die Tür zum Himmel offen steht.

Während ich so in die unendliche Weite über mir blicke, fallen mir die Filme von Mr. Bean ein, die Thimo so gern im Fernsehen gesehen hat, zusammen mit Heli und mir, eine Schüssel Popcorn auf dem Schoß. In der Anfangssequenz sieht man stets einen Lichtkegel, der von oben herab auf eine einsame Gasse fällt. Dazu ertönt sphärische Musik. Mr. Bean purzelt von oben herab. Aus dem Himmel? Aus einem UFO? Man sieht, wie er unsanft auf dem Boden landet, verdattert aufsteht, um sich blickt. Was tut einer, der gerade in der Welt gelandet ist und nicht weiß, was er hier soll? Er putzt sich die Hose ab. Und geht. Die Straße entlang. Dem Abenteuer entgegen.

Nun liege *ich* also hier im Gras, inmitten eines Lichtkegels. Und Heli?
An diesem Platz ist er nach oben gepurzelt, in den Himmel. Wie Mr. Bean, nur in die Gegenrichtung.
Die Vorstellung von Helis abrupter Himmelfahrt gefällt mir.
Eine Freundin hat mir neulich in ihrem Brief einen Traum nacherzählt, den sie in der Nacht vor dem Seelenfest hatte:

> Da war ein riesiges Fest im Freien. Es waren viele Menschen dort, auch Kinder, alle haben gefeiert und gelacht. Heli hat das Fest veranstaltet und als Höhepunkt auf einer Bühne sein »Projekt« enthüllt: mehrere Raketen, mit denen er sich und andere Clowns zum Himmel schießen wollte. Und seine eigene Rakete war einfach zum Schreien komisch: eine langgezogene, große, ockergrüne Plastikbirne ....

War Heli ebenso verdattert wie Mr. Bean, als er plötzlich in einer anderen Welt landete? Welche Abenteuer warten da oben wohl auf ihn? Ich meine, Heli zu sehen, wie er mir von oben, von einem Platz gleich hinter der blauen Leinwand der Himmelsdecke aus, zuzwinkert.
Gar nicht so schlecht hier oben, Weibserl!
Heli Eberhart! Jetzt weiß ich also, wo ich dich sicher finden kann. Falls ich dich jemals verloren glaube.
Ein Auto bremst und bleibt stehen. Eine Autotür wird geöffnet, zugeschlagen. Schritte.

»Ist Ihnen schlecht? Brauchen Sie Hilfe?«
Ich setze mich auf und schüttle nur stumm den Kopf. Verlegen rapple ich mich hoch, putze meine Hose ab. Und fahre nach Hause.

Noch oft führte mich mein Weg über die Gleise, vorbei an den Kerzen im Gras, die immer wieder neu entzündet wurden, ich weiß nicht, von wem. Wann immer ich Zeit hatte, blieb ich stehen und legte mich ein wenig ins Gras, um die Verbindung zwischen Himmel und Erde mit jeder Faser meines Körpers zu spüren.

Irgendwann, im Gras liegend, wurde mir klar, dass sich das, was ich heute bin, nicht mit dem Wort *trotzdem* beschreiben lässt. Nein, ich *trotze* nicht. Nicht *obwohl* meine Familie starb, bin ich heute die, die ich bin. Nicht *ungeachtet*, sondern *in Achtung* meines Schicksals. Nicht *trotzdem*, sondern *auch und gerade weil*. Auch und gerade weil meine Familie vorausging, in den Zustand, den ich *Himmel* nenne.

Eines Tages gab es dort eine große Überraschung. Ich bog gerade um die Kurve, die zum Bahnübergang führt, und war mit meinen Gedanken bei Heli und den Kindern. Als mein Blick auf das Stromhäuschen neben den Schienen fiel, wollte ich meinen Augen nicht trauen. Vor lauter Schreck vollführte ich unwillkürlich eine Vollbremsung, die den Motor abwürgte.

Hatte ich eine Halluzination? Oder hatte der Himmel doch endlich gelernt, seine Botschaften in großen Lettern an Hauswände zu schreiben? Mannshohe, graue Buchstaben:

SEI MUTIG.
Helis Traumbotschaft!
Ein Hirngespinst? Nein, die Worte zieren noch heute das Stromhäuschen am Bahnübergang Takern. Jeder, der den Bahnübergang überquert, liest Helis Botschaft. Nicht einmal die Polizei nahm bisher Anstoß an dem symbolträchtigen Graffiti.
Wer es an die Wand malte? Ich brauchte ein wenig, um es herauszufinden. Lieber Freund, ich danke dir. Hier und jetzt. Jemand wie du weiß um die Kraft, die in Worten stecken kann. Du Querdenker. Du mutiger Revolutionär des Alltäglichen. Du Freund.

Der 11. April 2008

Wieder einmal liege ich im Bett und grüble.
Die Tage im Krankenhaus haben Spuren hinterlassen. Spuren der Verklärung, ja, fast möchte ich sagen: der Entrückung. Ich hatte dem Tod ins Auge gesehen, und es mag mir so scheinen, als hätten mich meine Kinder ein Stück mitgenommen auf ihrem Weg, bis knapp an die Schwelle der Himmelstür. Ich durfte den einen oder anderen Blick erhaschen in die friedliche, selige, herzzerreißend schöne Welt, in die Heli und die Kinder gegangen sind.
Mitsterben heißt das Phänomen, von dem ich auch in meinen schlauen Büchern lese. Man bleibt zurück mit ei-

nem Glücksgefühl, das nicht von dieser Welt zu stammen scheint. Alltägliches ist nicht mehr wichtig, die Wolke sieben wird zum Schutzmantel, der, solange man ihn trägt, stärker ist als jeder Schmerz. Stärker als der Kummer. Stärker sogar als der Tod.

»Du strahlst irgendwie.«

So beschreiben es einige Freunde.

»Mrs. 1000 Volt in der Lichtblase.«

So nennt mich eine Clownkollegin neuerdings.

Helis Mantel.

Meine Worte für das, was ich empfinde.

Im »Tibetischen Totenbuch« lese ich über Meditation. In dem, was da beschrieben wird, meine ich mein neues Selbst zu erkennen.

Ja genau: Meine Gedanken sind ganz still, ich fühle mich von Licht erfüllt, dem Himmel nah. Ich bin mir der Nähe Gottes gewiss, fühle mich geborgen und sicher. Manchmal meine ich sogar, aus meinem Körper heraustreten zu können.

Was aber wird aus dem Licht in mir, wenn ich mein Bett verlasse? Und, falls das Licht mich verlässt: Was wird dann aus mir?

Ich weiß nicht, an wen ich meine Fragen richten soll. An das Leben vielleicht:

Sag mir, warum nur habe ich *nicht im Clownbus gesessen, als das Unglück geschah? Warum hast du mir das Los der Hinterbliebenen zugeteilt? Was hast du noch mit mir vor?*

Das Leben antwortet nicht. Kein Wunder, es steht ja draußen, vor verschlossener Tür. Ich bleibe liegen und unterhalte mich fürs Erste lieber weiter mit denen, die mir ganz nah sind. Die sich nicht aussperren lassen. Die nicht danach fragen müssen, ob sie willkommen sind. Heli. Thimo. Fini. Und Gott.

Thimo hat mich früher oft gefragt, wer Gott eigentlich ist.
Ich bemühte mich redlich, meinem Sohn den »lieben Gott« nicht als alten Herrn mit weißem Rauschebart zu schildern. Ich selbst habe lange darunter gelitten, dass ich mir Gott nur als Mann vorstellen konnte. So wurde ich geprägt. Doch waren Frauen etwa weiter von Gott entfernt als Männer? Es musste viel Zeit vergehen, bis ich auch die weibliche Seite des Göttlichen in meinen Glauben integrieren konnte.

Thimo sollte außerdem erfahren, dass Gott nicht von uns getrennt ist und vom Himmel auf uns herabsieht, streng oder gütig, wie auch immer. Ich wollte nicht, dass mein Sohn im Gefühl aufwachsen würde, unter der Beobachtung einer Gottesfigur zu stehen, die darüber befand, ob er brav oder schlimm, gut oder böse war.

Was ich meinem Sohn alles *nicht* erzählen wollte, das wusste ich also ziemlich genau. Mein eigenes Gottesbild, das ich im Lauf der Zeit entwickelt hatte, ließ sich allerdings nicht so leicht in kindgerechte Worte fassen. So stammelte ich oft herum, sprach letzten Endes doch von »ihm«, und scheiterte daran, wirklich schlüssige Antworten auf Thimos Fragen zu geben.

»Wie groß ist Gott?«

Das wollte Thimo eines Abends vor dem Einschlafen wissen.

Ich weiß es nicht, Thimo. Zu groß, als dass man es in Worte fassen kann. Aber was antworte ich dir jetzt?

Ein Versuch:
»Vielleicht ist Gott gar nicht riesengroß. Vielleicht ist er winzig klein, so klein, dass wir ihn gar nicht sehen können, und vielleicht sitzt er jetzt gerade hier ... oder hier ... oder gar auf deinem Knie und sieht uns ganz genau. Vielleicht besteht Gott ja aus ganz vielen Teilen, die überall auf jedem Platz der Welt sitzen und alle Menschen gleichzeitig sehen und beschützen.«

Thimo mochte diesen Gedanken und sprach immer wieder vom kleinen Gott auf seinem Knie.

Kinder sind wunderbare Lehrer. Sie stellen uns immer wieder aufs Neue Fragen, deren Antwort wir längst zu kennen glaubten. Sie bringen uns dazu, neu nachzudenken und auf Vieles genauere, ehrlichere, bessere Antworten zu finden als die, mit denen wir uns im Lauf der Zeit zufriedengegeben haben.

Thimos wacher, suchender Geist, Finis unbändige Neugier – ich vermisse sie. Die Erinnerung an meine Kinder bringt mich dazu, wieder auf die leisen Fragen zu hören, die tief in mir selbst auf eine Antwort warten. Wenn es mir ab und zu gelingt, mir selbst eine interessante Frage zu stellen, so denke ich heute noch oft an meine Kinder. Erst wenn ich sicher bin, dass meine Antwort vor ihnen und ihren neugierigen Gesichtern Bestand hätte, kann ich sicher sein, dass ich nicht schummle und dass meine Antwort ehrlich und echt ist.

Wie würde ich Thimo und meiner »großen« Fini heute die Frage nach Gott beantworten?

Vielleicht so:

»Stell dir vor, du wärst das, was wir Gott nennen.
Und weil du Gott wärest, könntest du alles machen, was du möchtest.
Stell dir einmal vor, du könntest deinen Körper zerlegen. Dein kleiner Zeh würde, weil du es willst, durchs Zimmer hüpfen, ganz allein, bis du ihn wieder an deinen Fuß zauberst. Genau so könntest du es mit deiner Nase machen und mit deinem Ohr und sogar mit jedem einzelnen Haar.
Kannst du dir vorstellen, dass dein ganzer Körper sich zerlegt und alle Teile fröhlich durch dein Zimmer hüpfen, bis du sie wieder zu dir zurückrufst?
Ich glaube, so ähnlich hat es Gott gemacht, als *er* oder *sie* oder *es* die Menschen, die Tiere und die Pflanzen erschaffen hat.
Herr oder Frau Gott teilte sich einfach in furchtbar viele Teile auf und verzauberte sie ein bisschen, so dass sie jetzt aussehen wie du oder ich, wie eine Katze oder wie ein Baum.
›Du darfst jetzt machen, was du willst‹, sagte das, was wir Gott nennen, zu jedem Lebewesen.
›Ich sehe dir zu und helfe dir, wenn du mich brauchst.‹
Seinen Kopf hat sich Gott selbst behalten, denn den braucht er, um uns gut zusehen zu können. Gott braucht ihren Kopf auch, damit sie weiß, wie sie uns helfen kann, wenn wir in Not sind. Das, was wir Gott nennen, denkt ununterbrochen an uns.
Du kannst dir sicher sein, dass Gott jedes liebe Wort hört, das du einem seiner Teile ins Ohr flüsterst. Zum Beispiel einem deiner Freunde. Oder einem Käfer. Oder einem Grashalm.«

Die Grashalme in meinem Garten. Die Federn in meinem Kopfkissen. Die Sonne, die immer wieder einen vorsichtigen Blick durch den Spalt zwischen meinen Vorhängen warf. Und in alledem: Gott, das Universum, die allumfassende Weisheit. Der gütige Puppenspieler.

Sie waren es, denen ich mich anvertraut hatte. Und sie wussten:

Es ist Zeit, den nächsten Schritt zu tun.

Ich musste dazu nicht einmal das Bett verlassen. Musste mir keine kalten Füße holen. Das Leben hatte sich eine neue Strategie ausgedacht. Es klopfte wieder an. Diesmal von innen.

Drei Gäste hatte es mitgebracht:

Den Schmerz. Die Trauer. Und die Wut.

Klopfzeichen

»Was dir passiert ist, würde ich nicht überleben. Ich könnte den Schmerz nicht ertragen.«
Immer wieder habe ich das so oder so ähnlich gehört. Meistens fiel mir keine angemessene Antwort ein und ich scheiterte daran, mich zu erklären:
»Auch du würdest es irgendwie schaffen.«
»Nein, sicher nicht.«
»Weißt du, wenn etwas ganz Schlimmes passiert, bekommt man eine Kraft, von der man vorher gar nichts ahnen konnte.«
»Das glaube ich schon. Aber, nein, wenn ich meine Kinder und meinen Mann verlieren würde, dann wäre der Schmerz zu groß. Ich würde daran zerbrechen.«
»Kannst du dir nicht vorstellen, dass deine Kinder im Himmel glücklich wären? Dass sie nicht leiden und es ihnen auch nicht hilft, wenn du leidest?«
»Nein, ich könnte das nicht glauben. Es ist einfach unvorstellbar, was dir passiert ist.«
»Glücklicherweise muss man sich solch ein Unglück ja gar nicht vorstellen. Es ist sehr unwahrscheinlich, dass du dich jemals damit befassen musst.«

»Ja. Gott sei Dank.«

Der Schmerz. Der unfassbare, unvorstellbare, tiefe Schmerz, der uns das Herz zu zerreißen und das Leben zu zerstören droht. Ich kenne ihn gut.

Der Schmerz gehört zu uns. Er ist schlimm. Oft sind wir ihm hilflos ausgeliefert, nicht selten laugt er uns völlig aus. Und doch: Er geht vorüber, immer wieder. Auch darauf ist Verlass. Vielleicht ist es sogar das Einzige, worauf man sich mit Sicherheit verlassen kann.

Der Schmerz ist ein Gast, der ohne Ankündigung eintritt. Er fragt nicht: *Guten Tag, darf ich hereinkommen?*

Er schickt keine Vorwarnungen. Er kommt an guten Tagen wie an schlechten, es ist ihm egal, ob die Sonne scheint oder ob es regnet. Oft begreift man im Nachhinein, was ihn ausgelöst hat, manchmal aber auch nicht.

Zu Besuch kam der Schmerz fast ausschließlich, wenn ich allein war. Vermutlich, weil ich dann Zeit hatte, mich meinem Gefühlsleben zu widmen, und es mir erlaubte, mich fallen zu lassen. Vor meinen Freunden wollte es mir einfach nicht gelingen, die Kontrolle aufzugeben, obwohl viele von ihnen sich doch nichts sehnlicher wünschten, als eine weinende Barbara in den Arm nehmen zu dürfen, und auch ich mich danach sehnte, gestreichelt und umsorgt zu werden.

Es hätte dem Bild so schön entsprochen, das wir uns vom Trösten machen.

Dir geht es schlecht, du weinst, ich nehme dich in den Arm, und dann ist alles wieder gut.

Bei unseren Kindern funktioniert das. Auch wir selbst haben schon erlebt, wie es ist, sich auszuheulen, wir kennen die Situation von beiden Seiten.

Doch der Schmerz über den Tod meiner Familie wollte sich leider gar nicht an gewohnte Vorstellungen und Erwartungen halten. Die Menschen, die mich in der Zeit tiefster Trauer begleiteten, waren von meiner scheinbaren Stärke immer wieder verunsichert.

Sie wollten wissen, wie es mir geht, und bekamen keine Antwort. Sie sehnten sich nach meinen Tränen und wurden ihre Taschentücher nicht los.

Doch sie waren nicht da, wenn der Schmerz mich übermannte, und der Schmerz übermannte mich dann, wenn sie nicht da waren. Das waren die Spielregeln, die mir der ungebetene Gast diktierte und an die ich mich zu halten hatte.

Der Schmerz wollte mich für sich allein haben, und nach reiflicher Überlegung denke ich heute, er stellte seine Forderung zu Recht. Denn egal, wie viele Messer er mir ins Herz bohrte, egal, wie weh er mir tat, er hatte stets auch ein Gastgeschenk mitgebracht, das er mir zuletzt, am Ende seines Besuchs, überreichte: eine Erkenntnis. Eine andere Perspektive. Einen Wegweiser, der mir eine neue Richtung anzeigte.

Ich konnte diese Geschenke nur empfangen, wenn ich zuvor ganz und gar durch die Welle des Schmerzes geschritten war, wenn keine kalten, gepressten Tränen mehr zur Verfügung standen und mein Bauch keine Kraft mehr hatte, sich zu verkrampfen. Dann, in der Stille, in der Erschöpfung, war ich bereit für Neues. Dann, wenn ich keine Angst mehr haben musste vor der Pein, weil ich sie für den Moment bereits hinter mich gebracht hatte.

Was geschah, wenn mich mein Besucher gerade nicht allein vorfand? Wenn die Umarmung einer Freundin den

Schmerz linderte und ihr Mund mich mit tröstenden Worten ablenkte von den Messern in meinem Bauch? Das Geschenk blieb dann aus. Der Gast zog sich zurück, um später wieder an meine Tür zu klopfen und mir seine Gabe zu überbringen. Dann, wenn ich dazu bereit war, sie zu empfangen.

Niemand kann uns den Schmerz abnehmen. Wer sich ihm stellt, der darf sich fühlen wie ein Held.

»Bravo! Gratuliere!«

So müssten wir demjenigen zujubeln, der durch den Schmerz gegangen ist, und wir dürfen ihm dabei voller Respekt auf die Schulter klopfen. Dann sollten wir ihn bitten: »Erzähl von deiner Reise«, uns zurücklehnen und gespannt darauf warten, was er zu berichten hat.

Die Trauer, der zweite Gast.

Sie setzt sich oft leise an meine Bettkante, sobald der Schmerz von dannen gezogen ist.

Schmerz und Trauer sind für mich wie Bruder und Schwester. Sie gehören zusammen. Sie kommen aus derselben Familie. Doch sie unterscheiden sich wie Tag und Nacht. Yang und Yin. Mann und Frau.

Den Schmerz erlebe ich stets als einen Zustand, in dem sich in mir etwas in Widerspruch befindet. Eine Spannung erfüllt mich, weil ich eine Situation noch nicht so akzeptieren kann, wie sie ist. Diese Spannung tut weh, sie droht

mich zu zerreißen. Die Gedanken drehen sich krampfhaft um die Worte:
Nein, ich will nicht!
Bitte nicht!
Hilfe!
Ein Teil meines Körpers will die neue Realität bereits begreifen und annehmen, ein anderer Teil möchte nicht mitkommen, zieht in die Gegenrichtung und will zurück in die Vergangenheit.

»Nein.«
Dieses Wort fördert den Schmerz, in einem ganz physischen Sinn. Das habe ich schon im Vorbereitungskurs für Thimos Geburt gelernt. Meine Hebamme riet mir damals, während der Geburt stets »Jaaaa!« zu tönen. Der Vokal »a« entspanne die Muskeln. Er trage dazu bei, dass der Schmerz nachlässt. Die Vokale »e« und »i« hingegen sind Spannungslaute, sie verstärken die Spannung und somit die Empfindung des Schmerzes. Während der Wehen probierte ich beides aus. Neugierig wie ich bin, wollte ich es wissen.
Das »Nein« habe ich schnell bleiben lassen.
Ich finde, das Wort »Schmerz« passt selbst sehr gut zu dem Gefühl, das es beschreibt. Es macht den Mund eng, kommt gepresst hervor, will nicht auf der Zunge zergehen.
Das Wort »Trauer« klingt ganz anders. »A«, »U«, die Vokale fließen, öffnen den Mund. Die Trauer ist ruhiger und tut nicht so weh. Sie ist leiser und viel weniger spektakulär.
Tränen der Trauer fließen von selbst, endlos, warm, sie müssen nicht herausgepresst werden. Trauer dauert länger, sie ist im Kopf von Worten begleitet wie:

Ich vermisse dich.
Es tut mir leid um dich.
Verzeih mir.

Die Trauer hadert nicht. Sie hat bereits akzeptiert. Sie kommt, wenn man aufgehört hat zu rebellieren gegen das, was nicht mehr zu ändern ist. Ich habe die Trauer und ihre sanft fließenden Tränen als gute Freundinnen erlebt, die mich oft nach der großen Anstrengung des Schmerzes in tiefen Schlaf begleiteten.

Schmerz und Trauer, Bruder und Schwester.

Sie haben noch einen weiteren Angehörigen: die Wut.

Lange bevor meine Familie bei einem Unfall sterben musste, habe ich mich immer wieder mit Psychologie beschäftigt. Irgendwann las ich auch über die klassischen Trauerphasen. Über Verdrängung und aufbrechende Gefühle, Rückzug und Neuorientierung.

Die Stimme in meinem Kopf, die sich immer wieder meldete und beharrlich das Ziel verfolgte, mich unbeschadet durch meinen Trauerprozess zu führen, konnte sich selbst jetzt noch gut erinnern an das, was ich damals vor dem Unfall gelernt hatte.

Jetzt bist du also selbst in einem Trauerprozess. Soviel ich weiß, läuft ein solcher Prozess in vier Phasen ab, die unweigerlich aufeinanderfolgen. Vielleicht können wir herausfinden, in welcher Phase du gerade steckst.

»Ja, dann kann ich möglicherweise voraussehen, welche Phase als nächstes kommt. Vielleicht kann ich auf diese Weise sogar das große schwarze Loch abwenden. Schieß los!«

Phase eins: Verdrängen.

»Halt, liebe Stimme! Was redest du da? Ich verdränge doch nicht.«

Gut, dann hast du diese Phase eben schon hinter dir.

»Nein, das glaube ich nicht. In keiner Sekunde habe ich verdrängt, dass Heli und die Kinder tot sind.«

Bist du sicher? ›Ich habe immer noch eine Familie, jetzt ist sie nur eben unsichtbar‹, meinst du nicht, das das ein klein wenig nach Verdrängung klingt?

»Moment. Soll das heißen, dass alle, die an ein Leben nach dem Tod glauben, nichts anderes tun, als die grausame ›Realität‹ zu verdrängen? Eine ›Realität‹, in der nach dem Sterben nichts kommt als unendliche Leere?«

Ich glaube nicht, dass die Trauerforscher das so meinen.

»Na, also.«

Ich gebe noch etwas zu bedenken. Du verdrängst sehr wohl, und zwar das Leben.

»Da bringst du jetzt aber einiges durcheinander, liebe Stimme. Öffnung und Neuorientierung kommen erst in der letzten Phase. Ich *darf* im Bett liegen. *Darf* mich einigeln. Soviel weiß sogar ich noch.«

Gut, wir lassen die Verdrängung beiseite. Diese Phase dauert sowieso nur ganz kurz. Vielleicht war sie in deinem Fall so kurz, dass du sie gar nicht bemerkt hast …

»Glaubst du, dass es sich später rächen wird, falls ich eine Phase, gleich die erste, übersprungen haben sollte?«

Ich weiß es nicht. Vielleicht. Du wirst es früher oder später merken. Lass uns doch einmal weitersehen: Phase zwei. Die aufbrechenden Gefühle. Trauer.
»Ah, ja, die kenne ich.«
Verzweiflung.
»Auch.«
Wut.
»Was!?«
Wut.
»Warum wusste ich bloß, dass du mir damit kommen würdest. *Wut.* So ein Unsinn. Ich bin nicht wütend, wüsste gar nicht, warum ich es sein sollte.«
Vielleicht, weil Heli unaufmerksam war und dadurch deine Familie getötet hat?
»Heli war ein Schussel. Schon immer. Ich habe ihn geliebt, so, wie er war. Jeder von uns ist ab und zu unaufmerksam. Ich war selbst schon beim Autofahren abgelenkt. Heli hatte großes Pech. Oder es war sein Schicksal. Alles kein Grund, wütend auf ihn zu sein.«
Bist du vielleicht auf das Schicksal wütend?
»Ich glaube an das Schicksal. Gerade deshalb vertraue ich darauf, dass hinter allem, was geschehen ist, ein großer Plan steckt. Das Schicksal hat Heli und die Kinder in den Himmel gebracht, wo sie bestimmt glücklich sind. Und was mich angeht, so nehme ich an, dass es irgendeinen guten Grund gab, dass ich an jenem Tag nicht im Bus saß. Das Schicksal wird wohl noch Pläne mit mir haben. Es wäre viel zu früh, um wütend zu sein.«
Ich erinnere mich an eine Zugfahrt, bei der du Heli in Gedanken angeschrien hast ...

»Ich weiß nicht, woher das kam.«
Wirklich nicht?
»Nein. Keine Ahnung. Die Aufstellung in meinem Kopf hast sich verselbstständigt.«
Also gut. Wir werden ja sehen, ob die Wut noch einmal kommt.
»Ja, aber jetzt lass mich schlafen.«
In Ordnung. Gute Nacht.

Am 17. April 2008, zehn Uhr

Ich habe mit Clownskollegen einen Termin zur Supervision. Datum und Uhrzeit stehen schon seit Monaten fest. Ich habe mich entschieden, hinzugehen, sie zu treffen. Die meisten von ihnen sehe ich zum ersten Mal seit dem Seelenfest. Wie haben sie wohl die letzten Tage verbracht? Was hat sich draußen in der Welt getan, so ohne mich? Denken meine Freunde auch manchmal noch an Heli, nun, da er seit fast einem Monat tot ist, oder beschäftigen sie schon wieder ganz andere Dinge?

Hannah, die Supervisorin, eröffnet die Sitzung mit dem immer gleichen Ritual.

»Welche Themen habt ihr heute mitgebracht? Worüber möchtet ihr sprechen?«

Jeder kommt an die Reihe, jeder darf aussprechen, was ihn beschäftigt, reihum.

Hannah weiß über den Unfall Bescheid. Sie weiß, dass heute eine Ausnahmesituation herrscht. Dennoch hält sie am Ritual fest. Darüber bin ich froh. Ich möchte ohnehin nicht, dass es drei Stunden lang nur um mich geht.

Mein Kollege Arthur meldet sich als Erster. Schon bei den ersten Worten steigen ihm Tränen in die Augen.

»Helis Tod war für mich ein schwerer Schlag. Er war ein Kollege, ein Freund. Und er hat das Gleiche gemacht wie ich, ist in einem Bus durch die Lande gefahren, als Clown. Der Clown im Bus hätte genauso gut ich sein können. Mir ist klar geworden, wie plötzlich das Leben zu Ende sein kann. Wie dünn die Fäden sind, an denen wir hängen. Das tut sehr weh.«

Das ist neu.

Wie oft habe ich seit dem Unfall gehört, dass die Menschen *mit mir* fühlen. *Mit mir* traurig sind. *An mich* denken. Aber hier sitzt einer meiner Kollegen, ein Freund, der nicht *mit mir* weint, nicht *um mich*. Er selbst hat Kummer wegen Heli. Helis Tod war ein Schicksalsschlag für *ihn!*

Daran hatte ich noch gar nicht gedacht. Dass es andere Menschen gibt, die um Heli trauern. Dass auch sie Schmerz empfinden. Dass es nicht nur um mich geht bei der ganzen Sache.

Ein Teil in mir versucht sich noch gegen diese Erkenntnis zu wehren. Will sich festklammern am Thron der alleinig Leidenden, ist es doch die einzige Rolle, die ich momentan bravourös zu erfüllen verstehe. Ehe ich der Leidenskönigin gut zureden kann, erfolgt schon die nächste Wortmeldung.

»Unsere Arbeit im Krankenhaus ist momentan sehr anstrengend.«

Meine Kollegin Sophie.

»Die Schwestern, die Ärzte, ja sogar die Eltern, alle fragen uns nach Barbara. Ich spiele als Clown mit einem Kind, lache über Seifenblasen, singe ein Lied, und immer wieder zieht mich irgendjemand am Ärmel und flüstert mit Grabesstimme: ›Wie geht es denn Ihrer Kollegin? Schrecklich, was da passiert ist …‹ Sie meinen es alle gut. Aber wie soll ich da als Clown noch lustig sein?«

Wie bitte? Obwohl ich still und stumm zu Hause im Bett liege, bin ich für meine Kollegen zum Problem geworden? Das ist allerdings schrecklich!

»Ich könnte ja einen Brief an alle Stationen schreiben. Erzählen, wie es mir geht.«

Wie komme ich denn auf diese Idee? Einen Brief schreiben? Wie es mir geht? Genau vor dieser Auskunft drücke ich mich doch, wo es nur geht.

»Ja, vielleicht wäre das gut.«

Sophie nickt dankbar.

Oh je.

»Erzähl doch. Wie geht es dir denn?«

Hannah hat mir das Wort erteilt.

Also gut. Hier, im geschützten Raum, wo es nicht nötig ist, mich bei der Antwort zwischen dem unglaubwürdigen »Gut« und dem unvollständigen »Schlecht« zu entscheiden, will ich versuchen, laut zu denken. Und mir selbst einen Überblick über meine Situation verschaffen.

»Es ist eigenartig. Ich kann nichts anderes sagen, als dass es mir gut geht, und weiß doch, dass das eigenartig klingt. Irgendwie habe ich das Gefühl, als ob ich in einer Blase über der Erde schweben würde, in der es friedlich und schön ist. So lange ich in dieser Blase sitze, ist alles in Ordnung. Ich habe aber Angst, wieder auf die Erde zurückzukommen.«

»Danke, dass du gekommen bist«.

Mein Kollege Moritz steht abrupt auf und umarmt mich stürmisch.

»Man malt sich ja allerlei aus. Die Fantasie ist grenzenlos. Es tut so gut, dich einfach hier sitzen zu sehen.«

»Ja, danke!«, schließen sich Eva und Maria, die letzten in der Runde, an.

»Barbara, möchtest du eine Aufstellung machen und sehen, wie du wieder ins Leben finden kannst?«

Eine Aufstellung. Ist es jetzt also so weit? Muss ich Heli anschreien? Werde ich hier meine Wut finden?

Wann, wenn nicht jetzt?, ermuntert mich mein mentaler Coach, die Stimme im Kopf.

Nun denn.

»Ja, ich will es gern versuchen.«

Ich suche Stellvertreter für mich und meine Familie aus. Führe sie an einen Platz, der mir passend erscheint.

Heli und die Kinder am Fenster. Ich auf der anderen Seite des Raumes. So war es damals, im Zug, in meiner Fantasie. Es fühlt sich auch jetzt richtig an.

Meine Stellvertreterin bekommt zwei weitere Personen an die Seite.

Ihre Lebenskraft. Und ihre Seele.

Der Seele geht es wunderbar:

»Ich kann frei hin und her wandern. Das gefällt mir. Aber mein Platz ist hier, bei Barbara. Nicht bei den Toten.«

Hannah fragt die anderen Stellvertreter, wie es ihnen geht. Ich darf am Rand Platz nehmen und zusehen.

Fein. Wenn hier jemand wütend werden muss, bin es wenigstens nicht ich. Es ist nur meine Stellvertreterin, die im Gegensatz zu mir keine Angst haben muss, dass die Engel davonflattern, wenn sie schreit.

Fini ist an der Reihe. Die Stellvertreterin schaut recht zufrieden drein.

»Es geht mir ganz toll! Von hier habe ich einen wunderbaren Überblick, alles ist hell und schön.«

»Ich schau meiner Mama jetzt zu, und es ist cool. Wie Fernsehen, aber viel spannender!«

Sehe ich da Thimos schelmischen Blick, während sein Stellvertreter spricht?

Hannah wendet sich an mich:

»Die Indianer erzählen sich über ihre Ahnen ganz ähnliche Dinge. Sie stellen sich vor, wie die Verstorbenen von oben auf die Erde hinunterschauen und das amüsante Programm genießen.«

Das ist schön. Fernsehen war Thimos Lieblingsbeschäftigung.

Mein Schatz! Ich werde alles tun, damit das Programm schön spannend für dich bleibt!

Helis Stellvertreter wirkt angespannt.

»Ich weiß nicht, irgendetwas stimmt hier nicht.«

»Wir werden sehen.«

Hannah möchte zuerst alle Beteiligten befragen, bevor sie in die Tiefe geht. Sie wendet sich meiner Stellvertreterin zu.

»Wie geht es dir?«
»Eigentlich ganz gut.«
Kein Wutausbruch? Keine Tränen? Gott sei Dank!
»Ich möchte, dass Heli weiß, wie sehr ich ihn liebe. Er hat keine Schuld. Ich bin ihm nicht böse.«
Ja, so sehe ich das auch.
»Kannst du das annehmen?«
Hannah stellt sich neben Helis Stellvertreter, der mittlerweile zu zittern begonnen hat. Sein Mund ist verkrampft, die Lippen beben.
»Nein, das passt mir überhaupt nicht. Es macht mich so wütend, wenn alle so tun, als hätte ich keine Schuld. Natürlich habe ich es nicht absichtlich gemacht, aber ICH BIN SCHULD an dem, was passiert ist!«
Seine Augen funkeln wütend, seine Stimme ist laut geworden.
»ICH HABE NICHT AUFGEPASST! Deshalb ist der Unfall passiert. Ich werde nicht zulassen, dass irgendjemand mir meine Schuld wegnimmt! Sie gehört mir!«
Während der letzten Sätze haben sich seine Augen mit Tränen gefüllt, und nun schluchzt er bitterlich:
»Gebt mir meine Schuld, ich will sie nehmen.«
Er ist nicht der Einzige, der weint. Meine Stellvertreterin bittet um ein Taschentuch, sie vergießt die Tränen, die ich momentan nicht zustande bringe. Ich bin berührt. Überrascht. Ergriffen.
Heli will seine Schuld zurückhaben. Wer sind wir schon, wir kleinen Menschen, dass wir uns anmaßen, die Größe eines Ereignisses zu beurteilen? Vielleicht hat Heli ja Weichen für zukünftige Ereignisse gestellt, von denen bislang

nur die Engel im Himmel etwas wissen? Werde ich eines Tages den tieferen Sinn erkennen dürfen, der hinter der Tragödie liegt?

Heli, du sollst deine Schuld haben. Deine Verantwortung. Ich sehe dich in der Rolle, die du übernommen hast. Der Schuldige. Der die Wut abbekommt. Eine undankbare Rolle in einem großen Spiel.

Die Aufstellung findet schließlich ein gutes Ende. Meine Stellvertreterin gibt Heli seine Schuld zurück, in Form eines unförmigen, schweren Steines. Ich darf mich zuletzt an ihren, meinen Platz stellen und mich mit meiner Lebenskraft verbinden.

Meine Seele, die mich andauernd umarmen will, bitte ich, ein wenig Abstand zu halten.

»Es ist gut, dass du da bist, aber die Lebenskraft ist mir jetzt wichtiger. Mit ihr macht es mehr Spaß.«

Die Wut ist eine unberechenbare Größe. Sie erwischt uns gern auf dem falschen Fuß. Sie kommt, wenn wir nicht mit ihr rechnen. Dann allerdings fordert sie unsere volle Aufmerksamkeit.

Ich habe immer danach getrachtet, ein friedlicher Mensch zu sein. Habe mich in gewaltfreier Kommunikation geübt, in Verständnis und Toleranz. Das ging meistens ganz gut. Typisch für mich, dass ich mich nach dem Tod meiner Familie allen Gefühlen stellen wollte, nur nicht der Wut. Typisch für das Leben, dass es mich mit der Wut konfrontierte.

Während ich in mir den Frieden suchte und mir niemals zugestanden hätte, wütend zu sein – auf Heli, das Schicksal oder gar auf irgendjemand in meiner Umgebung –, trat die Wut von außen an mich heran, in verschiedener Gestalt.

Helis Stellvertreter bei der Aufstellung.
Helis Familie.
Freunde.

Irgendwann wurde ich schließlich selbst wütend. Zunächst auf mich. Auf all die Versäumnisse und Fehler, die ich meiner Meinung nach auf mich geladen hatte, als gestresste Mutter, als unvollkommene Ehefrau.

Die Wut übertrug sich auch auf andere.

Fremden Frauen im Supermarkt, die ihre Kinder anbrüllten, weil sie an der Kasse Schokolade haben wollten, hätte ich am liebsten ins Geicht geschrien:

»Wissen Sie eigentlich, wie froh Sie sein können, dass Sie überhaupt noch ein Kind haben?! Würden Sie ihm die Schokolade auch verbieten, wenn Sie wüssten, dass Ihr Kind morgen unter einem Zug begraben liegt?!«

Zänkereien zwischen Liebenden konnte ich fast nicht ertragen.

Könnt ihr euch nicht – bitte! – einfach sagen, dass ihr euch liebt?!

Am liebsten hätte ich mich auf eine Kanzel gestellt und gedonnert:

»Jeder Moment ist kostbar! Jeder Augenblick kann der letzte sein! Liebt! Lobt! Schenkt! Seid gut zueinander!«

Viel, viel später lernte ich schließlich, mir einzugestehen, dass ich auch auf Heli ein ganz klein wenig wütend bin. Manchmal. Dann, wenn es gerade besonders wehtut.

Ich habe mir aber auch schon früher oft Gedanken über die Wut gemacht. Lange hegte ich bereits den Verdacht, dass sich hinter der Wut meistens Schmerz versteckt hält. Ein Schmerz, der keine Tränen findet, keine Erleichterung, weil er einfach zu groß ist.

Gerade nach Todesfällen kommt es häufig zu schrecklichen Auseinandersetzungen unter den Hinterbliebenen. Vielleicht deshalb, weil hier ebenfalls die Wut einspringt, stellvertretend für einen Schmerz, der noch nicht gefühlt werden will oder kann?

Anders als der Schmerz, dem man scheinbar hilflos ausgeliefert ist, bietet die Wut einen größeren Handlungsspielraum. Man kann schreien. Schimpfen. Böse Briefe schreiben. Das tut gut, bringt vorläufig Erleichterung.

Doch gegen wen soll man die Wut richten?

Gegen den Toten? Nein, er ist unantastbar. Er hat nichts als Liebe verdient. Die Liebe ist das Band, das Tote und Lebende zusammenhält. Es ist zu zart, zu fragil, als dass man es in Gefahr bringen möchte. Außerdem schickt es sich nicht, auf Tote wütend zu sein. *De mortuis nihil nisi bene.*

Gegen das Schicksal? Das geht immer. Doch leider hat das Schicksal kein Telefon, nicht einmal eine Adresse. Die Wut verlangt nach einem konkreten Ziel. Sie will einen Gegner haben. Das Schicksal taugt nicht recht zum Kontrahenten, unsichtbar und stumm, wie es eben ist.

Die Wut sucht weiter. Und wird fündig.

Als wäre es ein ungeschriebenes Gesetz, kommt es im Zuge von Begräbnisvorbereitungen und Erbverhandlungen immer wieder zu Pannen und Missverständnissen. Eine ganze Familie muss gemeinsam mit einer Situation fertig werden, die jeden Einzelnen allein schon heftig überfordert. Streit ist vorprogrammiert. Der Schmerz, der sich als Wut verkleidet, legt eine Lupe auf jede kleine Unstimmigkeit. Nur zu leicht wird die Lupe zum Brennglas und richtet dauerhafte Schäden an.

Ich habe keine Antwort darauf, wie man als Gruppe von Trauernden gemeinsam durch einen Schmerz gehen kann, der für jeden anders ist und in unterschiedlichem Tempo verläuft. Wie man einander gut bleiben kann in Zeiten, in denen man einander vielleicht gar nicht gut *tut*, weil der eine den Schmerz des anderen verstärkt oder scheinbar missachtet.

Auch in meiner nahen Umgebung gab die Wut ein Gastspiel. Es gab heftige Auseinandersetzungen. Tränen. Vorwürfe. Nur eines, so meine ich, gab es nicht: einen Schuldigen.

Bist du sicher?
So fragt mich die Stimme in meinem Kopf.
Hast du nicht heute noch ein schlechtes Gewissen, weil du Helis Familie verletzt hast?
»Liebe Stimme, du weißt, dass ich es nicht mit Absicht getan habe.«
Das ist keine ausreichende Entschuldigung. Du hast Helis Besitztümer unter deinen Freunden verteilt, ohne seiner Familie Bescheid zu sagen. Helis Urne hast du bei dir zu

Hause aufgestellt und damit seinen Eltern die Möglichkeit genommen, um ihn zu trauern, wie sie es wollten und wie es seit langer Zeit gepflegt wird: auf dem Friedhof. Du hast sie nicht einmal gefragt, wie sie sich das Begräbnis wünschen. Wunderst du dich wirklich darüber, dass sie bis heute nicht mit dir sprechen?

»Nein, ich wundere mich nicht. Du weißt, dass es mir mehr als unangenehm ist, wie egoistisch ich nach dem Tod meiner Familie war.«

Dachtest du wirklich in keinem Moment an Helis Angehörige?

»Nein.«

Wie kann das sein?

»Liebe Stimme, ich weiß es nicht. Darf ich mein Trauma, darf ich den Schock vorschieben, als Entschuldigung und Erklärung? Die Tatsache, dass jeder Gedanke in mir nur dem einen Ziel diente, das Geschehene zu verkraften und den Glauben an mein Leben nicht zu verlieren?«

Eine Erklärung ist das schon. Über Schuld und Entschuldigung werden wir uns allerdings noch zu unterhalten haben. Später.

In meiner Not klammerte ich mich ans Hier und Jetzt. Ebenso wahr ist: Ich klammerte mich an mich selbst und an jedes meiner noch so kleinen Bedürfnisse. Meine Welt drehte sich um mich und mein Überleben, für etwas anderes fand ich keinen Platz in meinem Kopf.

Wenn ich zurückblicke, scheint es mir so, als wäre ich auf einer stark schwankenden, gefährlichen Hängebrücke unterwegs gewesen:

Der Steig führt über eine tiefe Schlucht, in der Krokodile lauern. Die Tiere geben heisere Laute von sich, die sich in meinen Ohren zu Worten formen wie *Einsamkeit*, *Verzweiflung* oder *Zusammenbruch*.

Schritt für Schritt taste ich mich vorwärts. Blicke weder nach rechts noch nach links und schon gar nicht nach unten. Das Einzige, was zählt, ist der nächste Schritt. Immer wieder. Der nächste Schritt.

Wenn mir die Kraft ausgeht, richte ich meine Aufmerksamkeit auf das weiche Moos, das auf den Brettern wächst, auf das Zwitschern der Vögel und den Geruch der frischen Luft. Über mir scheint warm die Sonne. Ab und zu halte ich inne und lasse mich von ihren Strahlen streicheln. Zum Weinen nehme ich mir keine Zeit. Nur kein Risiko eingehen, den Blick nicht mit Tränen trüben. Ein Sturz wäre fatal.

In höchster Konzentration setze ich einen Fuß vor den anderen. Beginne dabei, ein Liedchen zu summen, und merke, dass es mir hilft. Versuche ein Lächeln und stelle fest, dass es meinen Schritt beschleunigt. Erreiche endlich die andere Seite. Drüben warten Menschen auf mich. Sie freuen sich mit mir, sie applaudieren und schießen Fotos. Ich werde als Heldin gefeiert.

Abends am Lagerfeuer setzt sich ein Kind neben mich. Es ist weizenblond, sieht ähnlich aus wie Thimo oder wie der kleine Prinz von Saint-Exupéry – da gibt es fast keinen Unterschied.

»Warum hast du den Fuchs nicht gegrüßt, der hinter dir ging?«, will der Junge wissen. »Warum hast du dem Vogel, der hungrig neben dir flog und doch so schön sang,

Heli und ich – Zwei Clowns bei der Arbeit

»Engalein is!«

Glücklicher
Kinderalltag

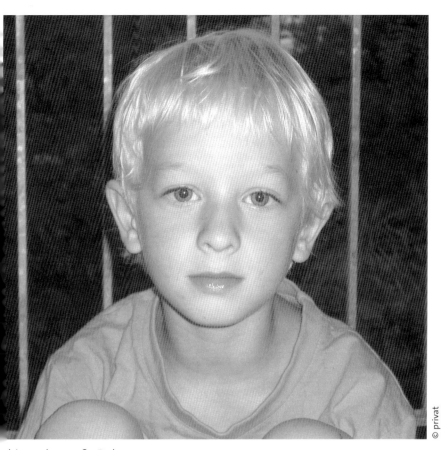

himo, der große Bub

Weiwilein, Lausi, Gurke: Fini, der Sonnenschein

Fast so schön wie im Himmel

Clown – die Kunst des Nicht-Verstehens

Barbara mit Heli
im Herzen –
Sommer 2009

Papa, Clown, geliebter Mann: Helmut Eberhart

Takern, Bahnübergang

© Ulrich Reinthaller

Helis Worten lauschen

© Ulrich Reinthaller

Amiras Brief

An meinem neuen Schreibtisch

Leading Ladies Award 2009, an der Seite von Ulrich Reinthaller

nichts von deinem Brot gegeben? Und ... warum hast du mir nicht gewunken, als ich dich rief?«

»Liebes Kind, weißt du denn nicht, wie schwierig es ist, auf einer Hängebrücke zu balancieren?«

»Ich gehe oft über eine Hängebrücke in meinem Dorf. Sie ist zwischen zwei Bäumen aufgespannt, und es macht allen Kindern Spaß, auf ihr zu spielen.«

Das Kind sieht mich erwartungsvoll an.

»Unter *meiner* Hängebrücke war ein tiefer Abgrund, und es lauerten Krokodile.«

»Wie gut, dass der Abgrund so tief war. So konnten dich die Krokodile wenigstens nicht ins Bein beißen. Erklärst du mir jetzt, warum du mir nicht gewunken hast?«

»Weil ich Angst hatte.«

»Wenn ich Angst habe, schaue ich mich immer um, wo meine Mama ist. Sie winkt mir und hilft mir. Du hättest nur zu uns hinüberschauen müssen, dann wäre deine Angst gleich kleiner geworden.«

Ich weiß nichts mehr zu erwidern und schweige lieber still.

Es sollte viel Zeit vergehen, bis ich wieder an andere denken konnte. Wochen, Monate.

Dabei blieb es nicht aus, dass ich Menschen kränkte. Einige schwankten selbst auf einer Hängebrücke und hätten mein Winken gebraucht und meinen Gruß, um besser mit ihrer Angst fertig zu werden. Andere standen am Rand der Schlucht und hatten schwere Seile und Haken angeschleppt in der festen Überzeugung, dass ich sie brauchen würde. Sie waren enttäuscht darüber, dass ich ihre Hilfe nicht annahm.

Der Weg durch den Schmerz ist eine einsame Reise, die, wenn überhaupt, nur ausgewählte Begleitung zulässt. Ich war mitunter überrascht davon, wer sich als hilfreich und angenehm erwies und wer nicht. Neue Freunde tauchten auf, scheinbar aus dem Nichts, mit passenden Worten auf den Lippen und einer Ausstrahlung, die mir wohltat. Einige alte Freunde hingegen kamen mit mir nicht mehr zurecht. Oder ich mit ihnen? Wir wussten es nicht, stellten nur betrübt fest, dass wir einander im Augenblick nicht guttaten. Insbesondere, wenn sie Heli sehr nahegestanden hatten, mussten manche Menschen ihren eigenen Trauerpfad beschreiten. Ihr eigenes Tempo wählen. Andere Abzweigungen nehmen, andere Um- und Irrwege ausprobieren.

Sollte ich noch einmal ein Seelenfest ausrichten, würde ich dieser Tatsache in irgendeiner Weise Tribut zollen. Vielleicht würde ich einen Pakt mit allen Anwesenden schließen:

> »Wir treffen uns als Freunde, wenn wir unseren Weg durch den Schmerz gefunden haben. Vielleicht auch früher, dann allerdings ohne Erwartungen und ohne Garantie auf Erfolg. Wenn wir unterwegs etwas brauchen, liegt es an uns, es auszusprechen. Wir erwarten von niemandem, dass er unsere Gedanken liest.«

Vielleicht wäre es einfacher, wenn der Weg durch die Trauer für alle gleich verliefe. Wenn wir im Gleichschritt dahinmarschieren würden und jeder Schritt, jede Gefühlsregung vorhersehbar wäre.

Vielleicht. Und doch ist es andererseits gut so, wie es ist. Verworren, unberechenbar, herausfordernd. Denn auf diese Weise können wir lernen, jeden einzelnen Weg, jeden Menschen, der mit uns oder neben uns trauert, in jedem Moment neu anzuschauen und Menschen nach ihren Bedürfnissen zu fragen, ohne sie schon im Voraus in eine Schublade zu stecken.

Ich weiß nicht, was du brauchst. Ich bin dennoch da und lasse mich davon überraschen, was ich dir heute geben darf. Vielleicht läuft sogar alles anders als erwartet, und ich darf bemerken, dass du mir etwas gibst. Mir, die ich dachte, helfen zu können. Auch für diese Erfahrung will ich offen sein. Lass uns sehen, was unser Zusammensein uns heute schenkt.

»Wäre es nicht schön, wenn wir jedem Menschen so begegnen könnten – egal, ob er trauert oder nicht? Was meinst du, liebe Stimme?«

Ja, das wäre schön. Ein Idealzustand. Der Himmel auf Erden. Erstrebenswert, aber kaum zu erreichen. Wir sind eben Menschen und machen Fehler.

»Das weiß ich selbst nur zu gut. Es lässt sich nicht vermeiden.«

Aus meinem Tagebuch

> *28.4.2008*
> *Ich glaube, der Schmerz, den man empfindet, wenn ein Mensch stirbt, ist ähnlich groß wie die Summe aller Schmerzen, die man diesem Menschen zu Lebzeiten zugefügt hat. Es dauert lange, bis dieser Schmerz verblasst, wenn man nicht mehr die Chance hat, zu sagen:*
> *›Es tut mir leid‹.*

Freitag, der 16. Mai 2008, elf Uhr

Eine Stunde bei Elisabeth, meiner Therapeutin. Thimos Therapeutin, eigentlich. Zumindest hatten Heli und ich sie vor einem Jahr für unseren Sohn ausgesucht.

Thimo war so dünn und zerbrechlich, gleichzeitig unruhig und süchtig nach Süßigkeiten. Elisabeth sollte sich darum kümmern. Gekümmert hat sie sich schließlich um Heli und um mich, einzeln und als Paar. Thimo wurde trotzdem mit jeder Stunde ruhiger. Mit jeder Stunde, die seine Eltern in Elisabeths Praxis verbrachten.

Nun sitze ich wieder bei Elisabeth. Allein. Zuletzt haben wir uns beim Seelenfest gesehen, heute bin ich da, weil ich dringend ihre Hilfe brauche. Ich kann zurzeit nämlich nicht gut an Thimo denken. Es tut zu weh.

Wann immer ich mir Thimo vergegenwärtige, fühle ich, wie seine Liebe über mich hereinbricht, so groß, so unendlich groß. Ich bin ihr nicht gewachsen, dieser Liebe. Sie

füllt mich aus, sprengt meine Grenzen und zerreißt mir dabei das Herz.
Ich habe diese Liebe nicht verdient. Ich bin es nicht wert, so geliebt zu werden. Ich war keine gute Mutter. Ich habe zu viele Fehler gemacht. Ich brauche Thimo hier auf Erden, damit er mir verzeihen kann.
»Wieso meinst du, dass du keine gute Mutter warst?«, fragt Elisabeth.
»Ich muss dir etwas Furchtbares erzählen.«
Elisabeth reicht mir vorsorglich eine Packung Taschentücher und lehnt sich zurück, um mir zuzuhören.
»Irgendwann vor ein paar Monaten waren wir alle gemeinsam im Auto unterwegs. Thimo hat auf der Fahrt mit meinem Lieblingskuli gespielt, obwohl ich ihm das streng verboten hatte. Der Stift ist ihm runtergefallen und war plötzlich unauffindbar.
Es tat ihm so schrecklich leid, dem kleinen Kerl, aber ich konnte mich trotzdem nicht überwinden, zu sagen: ›Das macht nichts.‹
Ich war traurig wegen dieses Kulis und habe ihn das ordentlich spüren lassen. Thimo hat mir sein ganzes Taschengeld angeboten, aber den Kuli hatte ich in Holland gekauft, der war nicht wiederzubekommen. Ich habe mich damals auf diese Trauer, mit der ich ihn strafen oder ›erziehen‹ wollte, so richtig draufgesetzt und Thimo in seiner Hilflosigkeit einfach stehen lassen.
Und jetzt kommt das Schlimmste:
Kurz nach Thimos Tod fand ich den Kuli. Er war zu Hause hinter ein Kästchen gerutscht. Der Stift, der damals im Auto runtergefallen ist, war wohl irgendein anderer, beliebiger!

Es tut mir so leid. Wie konnte ich nur so selbstgerecht sein und Thimo so wehtun!«

Ich heule Rotz und Wasser, habe schon das vierte Taschentuch durchnässt. Meine Trauer durchlebt Geburtswehen. Verkrampfung und Schmerz, dann wieder Tränenfluss, die Wellen kommen in stetigem Wechsel. Ein Ende ist nicht abzusehen. Elisabeth hört zu, ruhig wie immer, ihre sanften Augen vermitteln mir dabei eine wertvolle Botschaft.

Alles ist gut. Es ist wichtig, was du sagst. Ich bin da und lasse dich nicht allein.

Nach meiner Beichte bin ich erschöpft. Ich brauche eine Pause. Die Packung Taschentücher ist leer, ich steige auf Klopapier um.

»Die Einzige, die dir jetzt noch verzeihen kann, bist du.«

Elisabeths erste Worte seit einer Viertelstunde. Leise. Warm. Bestimmt.

Wie soll ich mir jemals verzeihen, wenn ich meine Fehler nicht mehr gutmachen kann? Wenn ich Thimo nicht mehr sagen kann, wie leid mir jedes einzelne ungeduldige, ungerechte, böse Wort tut, das ich je an ihn gerichtet habe?

»Ich habe mir diese große Liebe nicht verdient.«

»Das stimmt. Du hast dir diese große Liebe nicht verdient.«

Stille. Meine Augen haben sich in zwei große Fragezeichen verwandelt. Vor Schreck vergesse ich sogar zu weinen.

Was soll das heißen? Sind wir alle unwürdig? Hat die Schuld denn nie ein Ende?

»Kein Mensch hat sich diese große Liebe, die du durch Thimo spürst, verdient. Die Liebe ist da. Wir müssen sie uns überhaupt nicht verdienen, genau das ist es, was sie auszeichnet. Wir sind als Menschen auf die Erde gekommen, auch um Fehler zu machen. Keinen von ihnen können wir ungeschehen machen, aber wir können aus unseren Fehlern lernen und an ihnen wachsen.

Wenn du willst, ist das eine Möglichkeit, deine Fehler gutzumachen. Wachse und lerne, Thimo wird dir dabei zuschauen und sich darüber freuen. Aber die Liebe ist in jedem Fall da. Du hast sie dir nicht *verdient*. Und du musst sie dir nicht verdienen.«

Ich lausche Elisabeths Worten, die mir revolutionär vorkommen und gleichzeitig unendlich logisch. Ich merke, wie es leichter wird, an Thimo zu denken. Beginne zu begreifen, was es bedeuten kann, sich selbst zu verzeihen. Es ist nicht bloß der erste Schritt, sondern der einzige, der einzig wichtige.

Gott muss uns nicht verzeihen und auch die Toten nicht, denn sie haben uns niemals einen Vorwurf gemacht. Ich bin es, die mich schuldig spricht. Nur ich kann es sein, die mir verzeiht.

»Weißt du was? Bei mir zu Hause steht eine Schale mit Tonperlen, die Thimo vergangenen Sommer getöpfert hat. Wir sind nie dazu gekommen, sie zu bemalen. Es sind ungefähr vierzig Stück. Wann immer ich mich Thimo gegenüber schuldig fühle, werde ich ab jetzt eine dieser Perlen bemalen und sie auf eine Kette fädeln. Beim Tragen der Kette werde ich an das denken, was ich heute begriffen habe.«

Elisabeth lächelt warm.

»Das ist eine großartige Idee.«

Die Stunde ist aus. Ich fahre heim, mit leerem, ruhigem Kopf und warmem Bauch.

Am Nachmittag gehe ich lange im Wald spazieren. Ich beende meine Wanderung auf meinem Lieblingsplatz. Ein Baumstumpf, von dem aus ich über eine Lichtung blicken kann. Hinter mir steht eine Baumgruppe, von der ich mich beschützt fühle.
Sechs Bäume.
Drei davon bilden eine Einheit für sich. Sie stehen, so beschließe ich jetzt, für meine Vergangenheit.
Heli, Thimo, Fini.
Daneben wachsen zwei Stämme gemeinsam aus einer Wurzel heraus.
Ich und mein Leben.
Der sechste Baum erinnert mich daran, dass noch etwas auf mich wartet. Eine Zukunft, von der ich noch keine Ahnung habe.
Ob da noch ein Mensch in mein Leben treten wird? Ein Partner? Für später, für irgendwann? Gib mir noch Zeit …
Spontan umarme ich Thimos Baum, so lange, bis ich meine, mit ihm zu verschmelzen. Dann setze ich mich wieder auf den Baumstumpf. Ich habe etwas zum Schreiben mitgebracht.

> *Thimo!*
> *Das Bedürfnis, mit dir zu sprechen, war immer groß. Vieles von dem, was ich dir sagen wollte, konntest du nicht verstehen, vieles habe ich ja selbst kaum verstanden.*

Ich war auch einmal ein Kind wie du, vielleicht ebenso zart, wahrscheinlich ebenso voll Liebe. Wenn man seine Liebe so offen in die Welt zu tragen bereit ist, wie wir es tun oder getan haben, kann es sein, dass manche Menschen noch nicht so weit sind, diese Liebe anzunehmen, in der sich die Ganzheit von allem, also auch Schmerz, Trauer, Fröhlichkeit und sogar der Tod offenbart. Unserem offenen Herz tut das weh, und nach und nach lernt es, sich zu schützen. Es macht »zu«. Aber es erinnert sich an das, was wehtut. Und wenn dann jemand uns eine solche Liebe schenken will, wie wir sie einst in unserem Herzen trugen, tut es umso mehr weh.

Thimo.

Es ist schwer zu verstehen, dass du, der du so voller Liebe bist, mir genau damit manchmal so wehgetan hast.

Nein, nicht du hast mir wehgetan. Sondern die Tatsache, dass meine eigene Liebe sich hinter Angst und Zweifeln versteckt hat, und ich es durch dich bemerkt habe.

Ich wünsche mir so sehr, dass du diese Zeilen liest und hörst und dass deine Seele sie verstehen kann.

Ich wollte dir nie wehtun und wenn ich es getan habe, tut es mir unendlich leid. Du kannst nichts für den Schmerz in mir, der mich dir manchmal wehtun ließ. Du hast mir die Möglichkeit gegeben, diesen Schmerz überhaupt erst einmal zu

spüren, und erst dadurch kann ich ihn anschauen und vielleicht sogar heilen. Das könnte ich nicht, wenn du mir nicht dabei geholfen hättest. Thimo, ich bin dir so dankbar. Du hast eine sehr große Aufgabe auf dich genommen, deine Mama im Innersten zu heilen und deinen Papu gleich dazu. Du große Seele!
　Hörst du meinen Dank?
　Ich habe dich unendlich lieb, du Kind der unendlichen Liebe.
　Thimo, du fehlst mir sehr!
　Deine Mama

Immer wieder habe ich Briefe an Thimo geschrieben. Ebenso an Fini. Ich habe sogar einen E-Mail-Account eingerichtet, auf Thimos und Finis Namen. Als Postadresse gab ich bei der Anmeldung »Im Himmel« ein, was mein Computer leider nicht akzeptierte.
　So wohnen Thimo und Fini nun, meinem Computer zuliebe, im »Himmelweg 8« und bekommen dorthin meine elektronische Post geliefert, mit der immer gleichen Unterschrift:
　Eure Mama.

Komisch. An Heli habe ich fast nie geschrieben, höchstens ein paar Zeilen im Tagebuch.
　Warum?
　Vielleicht, weil ich nie aufgehört habe, mit Heli zu *sprechen*. Helis Stimme, die Wahl seiner Worte, sein Dialekt und seine Späße sind mir fast so vertraut wie meine eigene Sprache.

Meine Stimme und die meines Mannes befinden sich in ständigem Dialog miteinander. Wenn ich ihm etwas erzählen möchte, spreche ich es laut aus. Fast so, als würde er neben mir stehen. Gelegentlich haben wir richtig Spaß miteinander. Heli ist mein zweites Ich geworden, ein humorvolles Ich, das die Welt nicht immer so ernst nimmt. Das sich lustig macht über dies und jenes. Das mit den Schultern zuckt, wenn es etwas nicht versteht, und sich daran erinnert, dass darüber die Welt nicht untergeht.

»Alte, scheiß dir nix!«

Wie oft hat Heli mich so aufgemuntert, wenn ich mir wieder einmal Sorgen machte oder Probleme wälzte! Heli, ich nehme dich ernst in all deinem Humor. Ich höre dir zu, ich lerne von dir.

Ich scheiß mir nix.

Wann immer es geht.

Lebenspost

Im März 2009, Spurensuche

Briefe nach dem Unfall, so steht es auf der großen Schachtel, die ich aus dem Regal gezogen habe. Ihr Inhalt liegt großflächig über den Teppichboden ausgebreitet. Mehr als dreihundert Papierbögen, Karten, Billets, ausgedruckte Mails in buntem Durcheinander. Beileidschreiben, selbstgemalte Bilder, gebastelte Präsente. Geschichten, Erinnerungen. Hilfsangebote. Briefe von Freunden und Fremden. Von Menschen, die sich getröstet und in ihrem Glauben bestärkt fühlten durch die Worte, mit denen ich versucht hatte, das Unfassbare zu beschreiben und begreifbar zu machen. So viele nahmen Anteil an meinem Schicksal.

»Es gibt keine passenden Worte.«

Viele Briefe beginnen so oder so ähnlich. Wieder einmal danke ich den Schreibenden in Gedanken dafür, dass sie zumindest diese Worte gefunden haben.

Wochenlang füllte sich mein Briefkasten in der Zeit nach dem Unfall mit immer neuen Kuverts, fast so, als würde er aus einem magischen Füllhorn gespeist. Das sorgsame

Öffnen der Umschläge wurde zum täglichen Ritual. Ich las langsam, niemals zwei Briefe hintereinander, verteilte die Lektüre über den Tag. Freitags hob ich mir ein paar verschlossene Kuverts auf, damit das Wochenende nicht zu lang würde.

Zwischen den Briefen lugten immer wieder gelbe Zettel hervor, Postbenachrichtigungen mit der freudigen Botschaft:

Ein Paket wartet auf dich!

Die Beamten auf der Post kannten mich schon und begrüßten mich jedes Mal mit freundlich-aufmunternden Worten.

»Na, heute ist wohl schon wieder der Weihnachtsmann vorbeigeflogen, mal sehen, was er gebracht hat.«

Es schien mir so, als würde der Geburtstag, den ich abgesagt hatte, nachträglich darauf bestehen, gefeiert zu werden. Meine Begeisterung angesichts der vielen Geschenke stand der eines Geburtstagskindes nicht nach.

Die Freude begann langsam wieder in meinem Herzen Fuß zu fassen. Behutsam, auf zarten, leisen Sohlen. Ich nahm sie gern wieder bei mir auf, meine guten alten Freunde. Das Lächeln, das manchmal sogar zum Lachen wurde. Die strahlenden Augen. Das warme Gefühl im Bauch.

Irgendetwas in mir schien hungrig, auf der Suche nach Anlässen, Schönes zu erkennen. Dankbar zu sein, lachen zu können und sich zu freuen. Die Freude war mein Überlebensmotor. Ich brauchte sie, um weiterzumachen. Ihretwegen stand ich morgens auf.

Und als hätte sich diese Tatsache herumgesprochen, als hätten sich alle verabredet und den Plan gefasst, mir möglichst dauerhaft und regelmäßig Vergnügen zu schenken, kamen die Briefe und Pakete in einem fast beabsichtigt scheinenden, verblüffenden Rhythmus. Zwei, drei pro Tag trudelten ein und waren für mich wie Tropfen aus einer Wasserleitung, die stetig und im richtigen Maß das Wasser des Lebens schenkt.

»Ich fand erst jetzt den Mut zu schreiben.«

»Ich schreibe spät, hoffentlich nicht zu spät.«

Mit Worten dieser Art beginnt so mancher Brief. Noch heute muss ich beim Lesen lächeln. Nein, kein Brief kam je zu spät. Jeder erreichte mich zur rechten Zeit, in dem einen Moment, der für ihn passend und genau richtig war.

An Barbara
Meine liebe Babsi ... seit ich denken kann, habe ich mich unglaublich zu dir hingezogen gefühlt, ich hatte als Kind quasi »einen Narren an dir gefressen.« Ich habe dich unglaublich bewundert, wollte immer so sein wie du – vielleicht bin ich dir damit das eine oder andere Mal ziemlich auf die Nerven gegangen ...

Ich habe mich nie gefragt, was mich so zu dir hinzieht oder warum ich dich so bewundere. Es war auch nicht wichtig für mich.

In der letzten Zeit habe ich Antworten erhalten auf die Fragen, die ich nie gestellt habe ... In der schwersten Zeit deines Lebens findest du noch tröstende Worte für andere. Du strahlst eine Stärke aus, dass man fast gegen das Bedürfnis ankämpfen muss, sich auf dich zu stützen, statt dir eine Stütze zu sein. Ich habe dich angesehen und so viel Liebe und Wohlwollen in deinem Gesicht gelesen, dass ich mich meiner eigenen Trauer und vor allem meiner Wut auf das Schicksal ein bisschen geschämt habe.

Nie hätte ich geglaubt, dass in einer so kleinen, zierlichen Person eine solch unfassbare Kraft stecken kann – und ich wünschte (leider bin ich so kleinlich), das alles wäre nie passiert und ich wüsste nichts von all der Kraft, die mich schon immer so angezogen hat …

Du warst eine tolle Mutter und bestimmt auch eine großartige Begleiterin für deine Familie und
Du bist ein guter Mensch, Charly Brown
Und ich hab dich unendlich lieb.
Deine Kusine Valerie

»Weißt du noch …?«

Wie selten machen wir einander dieses Geschenk: einander mitzuteilen, was man im anderen sieht. Was man an ihm schätzt, was ihn für uns auszeichnet.

Meine Kusine, meine Tante und einige alte Freunde schenkten mir wertvolle, wertschätzende Erinnerungen an längst vergangene Zeiten. Briefe, in denen ich mich wiederfinden durfte, erkannt, gesehen durch die liebenden Augen eines anderen Menschen. Zeilen, die mich innerlich wachsen und strahlen ließen.

Ich lege den Brief meiner Kusine auf meinen Schreibtisch, neben drei munter flackernde Kerzen, die ich ebenfalls wenige Tage nach dem Unfall geschenkt bekommen habe und deren warmes Licht mich stets mit der Gegenwart meiner drei Engel verbindet.

Ich schaue in die Flammen und träume ein wenig vor mich hin, in Gedanken bei all den Engeln im Himmel und bei jenen auf Erden, die so wunderschöne Briefe schreiben und Herzensgeschenke machen.

Ein Schluck Tee, dann wende mich wieder der bunten Unordnung auf meinem Fußboden zu.

Ein Bündel Briefe und Postkarten, zusammengehalten von einer großen Büroklammer, fällt mir ins Auge. Es mögen an die dreißig sein. Sie alle stammen von derselben Absenderin, einer alten Freundin, die ich in den letzten Jahren etwas aus den Augen verloren hatte.

Karin schrieb mir, seit sie vom Tod meiner Familie erfahren hatte, in regelmäßigen Abständen. Monatelang. Oft schickte sie nur wenige Zeilen, verziert mit selbstgemalten Smileys, dann wieder verfasste sie lange Schreiben, voll von Gedanken und Erinnerungen.

In ihren Briefen erzählt Karin, wie der frühe Tod ihrer Mutter ihr Leben geprägt hat. Sie beschreibt die Stationen auf ihrer Reise, die sie begann, als sie plötzlich eine »Hinterbliebene« wurde, im Alter von zwölf Jahren.

Hinterblieben.
So wollte ich das Buch, an dem ich nun schreibe, anfangs nennen. Das Wort war mir dann doch zu sperrig.
Hört sich an wie zurückgeblieben.
Gar nicht so unpassend, vor allem, wenn ich daran denke, welches Schnippchen mein überlastetes und traumatisiertes Hirn mir bisweilen schlug.

Hinterblieben, das klingt außerdem nach Stehenbleiben. Die Hinterbliebenen stehen am Grab und schauen ins Loch. Nehmen Beileid in Empfang. Und dann? Wie lange ist man hinterblieben? Und, fast noch wichtiger: Wenn man es nicht mehr ist, was ist man dann?

Ich werde immer, für immer die Frau sein, die Mann und Kinder verloren hat. Der Tod meiner Familie hat mich mehr als alles andere geprägt und wird meinen Lebensweg noch lange beeinflussen. Sogar dann noch, wenn ich es selbst gar nicht mehr bemerke. Falls das überhaupt je möglich ist.

Man sollte ein Wort für diesen Zustand erfinden. Oder auch nicht. Denn dieses Wort, das es zu erfinden gälte, würde uns früher oder später ja alle betreffen. Wir alle werden eines Tages *Hinterbliebene* sein, und doch wird keiner von uns stehen bleiben, dort, am Rande des Grabes. Wir alle werden verändert weitergehen. Als Mutige. Gehende. Als Menschen.

Eines schönen Tages werden wir uns sogar auf der anderen Seite wieder treffen. Dann werden wir darüber lachen, wie kurz doch die Zeit auf Erden war.

Die Briefe meiner Freundin Karin beginnen allesamt mit denselben Worten:

Ich schreibe dir und tue es für mich. Du musst nicht antworten.

Noch heute bin ich froh und erleichtert über die Absolution, die Karin da aussprach. Ich hatte sie bitter nötig.

Man stelle sich vor: Es waren über dreihundert Briefe, die sich in den Wochen nach dem Unfall in meinem Briefkasten befanden. Im selben Zeitraum überwiesen mehr als siebenhundert Menschen Geld auf ein Spendenkonto, das der Sozialverein meines Heimatortes am Tag nach dem Unfall in weiser Voraussicht für mich eingerichtet hatte.

Tausend Menschen! Sie alle hatten etwas für mich getan und ihnen allen war und bin ich zu Dank verpflichtet! Noch heute wird mir etwas schwindlig bei dieser Zahl. Wie vielen von ihnen habe ich wirklich meinen Dank ausgesprochen? Zwanzig? Dreißig? Hundert? Ich weiß es nicht mehr.

Irgendwann einmal verfasste ich einen Brief, kopierte ihn fünfzig Mal auf schönes Papier, unterschrieb jeden einzelnen mit der Hand. Kaufte fünfzig Kuverts und fünfzig Marken.

Fühlte mich unendlich dumm, als ich dachte:

Ich sende ihn an alle, die mir mehr als 50 Euro gespendet haben.

Fühlte mich gleich darauf noch dümmer bei der Vorstellung, eintausend Kopien in eintausend Kuverts zu stecken und diese mit eintausend Marken zu bekleben.

Kapitulierte und verschickte den Brief wahllos, nach dem Zufallsprinzip.

Einige der präparierten Kuverts stehen noch immer in meinem Regal. Vielleicht wäre es besser, ich würde sie verbrennen.

Etwas schuldig zu sein, und sei es nur ein Dankeschön, ist kein schönes Gefühl. Selbst heute noch erinnert mich die Stimme in meinem Kopf gelegentlich daran, dass die Rechnung zwischen Geben und Nehmen noch nicht ausgeglichen ist.

Ich hoffe, dass ich der Welt eines Tages all das zurückgeben kann, was ich bekommen habe.

So schrieb ich in dem fünfzig Mal kopierten Dankesbrief. Ein erster Versuch, mit der Schieflage klarzukommen, mit der ich konfrontiert war. Der Wunsch, mich irgendwann, möglichst bald, revanchieren zu können für all das Gute, das ich bekam, setzte mich allerdings gehörig unter Druck. Ich hatte keine Ahnung, wie ich das anstellen sollte.

Ich wünsche euch, dass das Glück, das ihr geschenkt habt, in vielfacher Weise zu euch zurückkommt.

Auch dieser Satz wurde fast fünfzig Mal verschickt. Konnte ich das, was ich nicht schaffen würde, vielleicht an das Universum delegieren?

Ich wollte nicht so recht daran glauben, was mir so viele Menschen schrieben:

Du hast mir mit deiner Mail so viel gegeben. Mein Geschenk soll ein Dankeschön an dich sein, dafür, dass ich durch deine Worte den Wert des Lebens neu begriffen habe.

Ich hatte gegeben und erhielt als Dank etwas zurück? Wie gern hätte ich die Angelegenheit so betrachtet. Doch die Stimme in meinem Kopf, die manchmal ganz schön streng sein kann, gab sich damit nicht wirklich zufrieden.

Als du die Mail an deine Freunde schriebst, hast du es nicht vor allem für dich selbst getan? Das Schreiben hat dich keine Mühe gekostet. Kein Geld. Nichts. Wagst du wirklich, zu behaupten, du hättest dafür eine Gegenleistung verdient?

Vielleicht entstehen ja die größten Geschenke, die man zu geben hat, am ehesten dann, wenn man sich *nicht* anstrengt? Vielleicht sind die Gaben die wertvollsten, bei denen Geber und Empfänger in gleichem Maß Beschenkte sind?

Möglicherweise.

Ich darf nur ahnen, dass diese Gedanken berechtigt sind. Viele meiner Freunde habe ich inzwischen gefragt, ob ich ihnen noch etwas schuldig bin. Die meisten haben nicht einmal meine Frage verstanden.

»Schuldig? Wie kommst du denn auf diese Idee? Natürlich nicht!«

Es tut gut, diese Antwort immer wieder zu hören.

Die strenge Stimme taucht trotzdem noch auf, ab und zu. Am liebsten nachts, wenn es sonst nichts zu denken gibt. Wenn sie allzu lästig wird, schlage ich ihr eine Betrachtungsweise vor, die ich vor einiger Zeit von meinem Therapeuten geliehen habe und, wenn es nach ihm geht, gern behalten darf:

Die Menschen, die mir etwas schenkten, haben es freiwillig *getan. Ihr Lohn besteht in der Freude, die es ihnen machte, dass sie einem Menschen in Not Gutes tun konnten.*

Das Wort »Danke«, es will trotzdem über meine Lippen, und es soll hier, an dieser Stelle, seinen besten, endgültigen Platz finden. Möge es alle erreichen, die je im Stillen Gutes getan haben.

Karins Briefe wandern zurück in die große Kiste.

Beim Aufräumen schlage ich noch einmal den Ordner der Bank auf, in dem ich die Überweisungsbelege der vielen Spenden gesammelt habe. Viele sind mit kleinen Notizen versehen:

»Ich schicke dir Geld mit einer einzigen Auflage. Du darfst es nur für sinnlose Dinge ausgeben, die dir Freude machen.«
»Tu, wonach dir ist! Mach alles, wozu du Lust hast.«
»Gib auf dich acht, das ist das Wichtigste!«

Geld.
Währung. Nährung.
In der langen Zeit, in der ich fast ausschließlich von Luft und der Liebe zu meiner unsichtbaren Familie zu leben schien, erquickte ich mich nicht zuletzt an der täglich wachsenden Gewissheit, dass ich vorläufig in finanzieller Sicherheit war.

»Ihnen ist das Schlimmste passiert, was einem Menschen passieren kann.«
Oft hörte ich Sätze wie diesen.
Nein, dachte ich immer wieder, *das kann man so nicht sagen*.
Was, wenn ich im Unfallwagen gesessen hätte und heute behindert wäre oder von Schmerzen geplagt? Würde ich ein solches Leben ebenso annehmen können, in Dankbarkeit und Demut? Könnte ich immer noch behaupten:
»Das Leben ist schön«?
Was, wenn Heli und ich am Morgen vor dem Unfall gestritten hätten? Wenn ich eines meiner Kinder gescholten hätte, in der Früh, in Eile? Ein Abschied im Bösen, ein letztes Wort, das nicht mehr rückgängig zu machen wäre?
Ich habe Glück gehabt.
Das äußerte ich einmal in einem Interview, vor laufender Kamera, ohne darüber nachzudenken, wie ironisch dieser Satz wirken könnte.

Glück.
Ich bezog mich auf den Frieden, in dem wir auseinandergingen. Kein schwelender Konflikt. Nichts, was unausgesprochen geblieben war.

Es hätte anders sein können. Und alles, *alles* wäre anders gewesen.

Es wäre, so vermute ich, ungleich schwerer gewesen, Frieden zu schließen mit mir selbst. Mir Fehler und Versäumnisse zu verzeihen, Rechnungen zu begraben, die offen geblieben wären.

Das Schlimmste, was einem Menschen passieren kann.
Sind es die Vorwürfe, die man sich selbst macht? Oder ist es vielleicht die Angst?

Wie hätte ich mich gefühlt, wenn meine langsame, behutsame Rückkehr ins Leben von Angst überschattet worden wäre? Von der Sorge, die Miete nicht mehr bezahlen zu können, den Strom, die Versicherung? Wenn das Ringen um die eigene Existenz das Tempo vorgegeben hätte, in dem ich mich der Welt wieder öffnen hätte müssen?

Auch davor war ich verschont geblieben.

Da waren zwar keine dicken Sparbücher in Helis und meinem Kleiderschrank. Keine Lebensversicherung und auch keine sonstigen Reserven. Heli und ich hatten von der Hand in den Mund gelebt. Die Zeit mit unseren Kindern war uns wichtiger gewesen als das Geldverdienen. Die Zukunft, um die wollten wir uns später kümmern. Dann, wenn die Kinder groß waren. Zu diesem *Später* sollte es nicht mehr kommen.

Unsere Zukunft hatte sich mit einem großen Knall in Luft aufgelöst.

Und doch brauchte ich keine Angst zu haben. Ich hatte Zeit. Es war für mich gesorgt. Denn drei Tage nach dem Unfall, als ich noch im Spital bei meinen Kindern saß, beschlossen ein paar Frauen aus meinem ehemaligen Heimatort, eine Hilfsaktion ins Leben zu rufen. Sie eröffneten ein Spendenkonto auf meinen Namen und tätigten eine erste Einzahlung.
Sozialverein St. Marein bei Graz.
Sie verteilten die Kontonummer an alle, die Anteil an meinem Schicksal nahmen. Schließlich informierten sie die Zeitung, die in ihrem Chronikteil täglich über den Zustand meiner Kinder berichtete. Als dieselbe Zeitung wenig später das Interview veröffentlichte, in dem ich selbst über mein Schicksal sprach, kam die Kontonummer ans Ende des Artikels.

Meine Freundin Andrea, die in meinem Namen über das Spendensparbuch wachte, lief zweimal am Tag auf die Bank in unserem Heimatort, um mir den aktuellen Kontostand durchzugeben.

Es war ein Spiel, das uns beide entzückte. Ein Spiel, das nur stattfinden konnte, weil so viele Menschen mitspielten. Die Gewinnerin war ich. Ich, die gerade erst so viel verloren hatte, nahm das, was mir zuteil wurde, umso dankbarer entgegen.

Es waren in den meisten Fällen keine großen Beträge. Solidaritätsbekundungen, kleine Zeichen.
Mein Taschengeld. Fünf Euro.
Eine kleine Hilfe. Zehn Euro.
Doch auch die eine oder andere große Summe war dabei:

Wir haben das Geld bei unserer Hochzeit gesammelt, statt der Geschenke.
Ich spende jedes Jahr für einen guten Zweck, heuer sind Sie dran.
Geld kann nichts heilen. Aber es kann helfen.
Was ich erhielt, war weit mehr als nur Geld.
Ich hatte *Zeit* geschenkt bekommen. Die Möglichkeit, mir die eine oder andere Freude zu machen. Die Freiheit, Dinge zu kaufen, die sich später vielleicht als unnötig herausstellen würden. Vor allem durfte ich ohne Angst in die Zukunft blicken, zumindest für ein paar Monate.

Für jeden Euro, den ich bekam, bin ich unbeschreiblich dankbar. Jeder einzelne hat seinen Zweck erfüllt.

Geld ist nicht alles, es ersetzt keine Nähe, keine Umarmung, kein liebes Wort. Doch Zuwendung tut auf allen Ebenen Not, wenn man Schreckliches erlebt hat. Die Währung des Herzens verliert nicht an Wert, wenn sie ein Eurozeichen trägt.

Meine Teetasse ist leer. Mein Rücken schmerzt schon ein wenig. Ich kann mich dennoch nicht losreißen von den vielen, vielen Bögen, die noch gelesen werden möchten. Ich habe versucht, sie ein wenig zu ordnen.

Einer der Stapel, die ich gerade angelegt habe, besteht aus etwa zwanzig Briefen. Verfasst von mir unbekannten Menschen. Ihre Geschichten erscheinen mir dennoch vertraut. Sie handeln von der Begegnung mit dem Tod, von Partnern und Kindern, die früh – zu früh – gestorben sind.

Diese Briefe wurden geschickt, um mir mitzuteilen:

Auch ich habe Ähnliches erlebt. Auch ich durfte erfahren, dass das Sterben eines geliebten Menschen nicht nur furchtbar sein muss, sondern zugleich ein wertvolles Geschenk sein kann, weil es uns das Tor zu einer anderen Welt öffnet. Zu einer Welt, die wir Himmel *nennen können oder* bedingungslose Liebe *oder* Vertrauen in das Schicksal.

Einer der Briefe stammt von einer Frau, die ihren Mann bei einem Flugunglück verlor. Sie beschreibt, dass der Tod sich auch bei ihm einige Wochen zuvor angekündigt hatte. Er wollte das Haus, das sie gerade bauten, eilig »fertig machen«. Auch er hatte Frieden mit alten Bekannten gesucht. Am Tag des Unfalls, so schreibt die Frau, war ihr Mann aufgekratzt und fröhlich, als stünde ihm etwas Herrliches bevor.

Ich bin verblüfft über die Parallelen.

In einem anderen Schreiben berichtet mir eine Mutter vom seltsamen Gefühl der Leichtigkeit, das sie erfüllte, als ihr ungeborenes Kind in ihrem Bauch verstarb und sie es in einem hellen Lichtball lächelnd entschweben sah. Eine große, warme Sonne blieb im Körper der Frau zurück.

Ja, diese Blase, diese Sonne kenne ich auch.

Einen letzten Brief halte ich lange in Händen. Darf ich die Geschichte, die er erzählt, weitergeben? Sie ist sehr intim. Scheint mit zitternder Hand geschrieben. Gleichzeitig ist sie mir unendlich wertvoll, zeigt sie doch, wie wichtig es ist, über den Tod und die Tabus, die ihn begleiten, zu sprechen.

Es ist die Autorin dieses Briefes, für die ich immer wieder meine Kraft zusammensammelte, wenn ich bei der

Niederschrift meiner Erlebnisse zu verzweifeln drohte. Ihr Brief ist es, von dem ich Menschen erzählte, wenn sie nicht verstehen wollten, warum ich öffentlich über mein Schicksal spreche. Nicht zuletzt für sie schreibe ich dieses Buch.

Für sie und alle anderen, die Erleichterung und Austausch suchen im Umgang mit dem Tod geliebter Menschen.

Liebe Frau Barbara!

Ich möchte mich gern bei Ihnen bedanken, da Sie mir, in Ihrem großen Schmerz, geholfen haben, über meinen Schmerz nach 30 Jahren hinwegzukommen – durch die Tagebucheintragung über Valentinas Tod. Auch ich hatte Gedanken wie Sie. Mein Sohn war 6 Jahre alt, er war nur kurz krank, aber wir wussten, es gibt eigentlich keine Rettung. Zwei Tage betete ich: »Lieber Gott, lass ihn wieder gesund werden.« Aber als es ihm immer schlechter ging und sein »Leben« eigentlich nur mehr qualvoll war, betete ich: »Lieber Gott, lass ihn einschlafen, Dein Wille geschehe.«

Ich hatte immer irgendwie ein schlechtes Gewissen, dass man als Mutter »so« beten kann. Sie haben mir jetzt gezeigt, dass es doch richtig war. Eines weiß ich ganz gewiss, ohne Glauben hätte ich das alles nicht so gut verarbeitet. Gott weiß immer, was er uns zu-»mut«-en kann, irgendwann erkennen wir seinen Willen.

Ich wünsche Ihnen Gottes Segen und viel Kraft für Ihr weiteres Leben.

Behutsam lege ich den Brief wieder auf seinen Stapel. Die Kerzen auf meinem Schreibtisch flackern unverändert hell, und doch muss ich das Licht aufdrehen. Es ist Abend geworden. Zeit, die vielen Bögen wieder in ihrer Schachtel zu verstauen und ihnen eine gute Nacht zu wünschen.

Beim Zusammenräumen fällt mein Blick doch noch auf ein letztes Blatt, das auf keinem der Stapel Platz gefunden hat. Zwei ausgedruckte Mails auf einer Seite:

Von: Walter Pachl
Gesendet: Montag, 7. April 2008
Betreff: Wunsch meiner Tochter

Sehr geehrte Damen und Herren,
   ich bin der Vater von Barbara Pachl-Eberhart, die bei dem Unfall in Takern II am Gründonnerstag Ehemann und beide Kinder verloren hat.
   Meine Tochter würde gern mit dem Fahrer des Zuges sprechen – keineswegs um ihm Vorwürfe zu machen, sondern eher, um ihn zu trösten.
   Ich weiß nicht, ob Sie so ein Gespräch vermitteln können.
   MfG,
   Walter Pachl

An: Walter Pachl
Gesendet: Mittwoch, 9. April 2008
Betreff: AW: Wunsch meiner Tochter

Sehr geehrter Herr Pachl,
 wir nehmen großen Anteil an Ihrem schweren Schicksalsschlag. Ein aufrichtiges Beileid an Ihre Tochter sowie an alle Angehörigen.
 Der betroffene Mitarbeiter ist aufgrund des tragischen Vorfalles in therapeutischer Behandlung. Aus Sicht des zuständigen Therapeuten ist eine Kontaktaufnahme mit Angehörigen der Unfallopfer nicht zumutbar.
 Wir hoffen auf Ihr Verständnis und verbleiben
 mit freundlichen Grüßen.
 ...

Es war damals nicht einfach für mich, die Antwort der Transportgesellschaft hinzunehmen. Ich verspürte den dringenden Impuls, dem Zugführer Trost zu spenden oder ihm zumindest zu versichern, dass ich keinerlei Vorwurf an ihn richte.

Meiner Meinung nach war er genauso wie ich Opfer einer schrecklichen Konstellation von Umständen. Ich hoffte so sehr, dass meine Worte ihm helfen könnten. Umso mehr enttäuschte und entsetzte es mich, dass ich diesem armen Mann nach Meinung seines Therapeuten *nicht zumutbar* sein sollte.

Warum war ich so getroffen? Glaubte ich etwa, ein Recht darauf zu haben, den Zugführer zu trösten? Meinte ich, dass mein Trost wirklich nötig und hilfreich war?

War es nicht vielmehr ich, die sich damit einen Wunsch erfüllen wollte, den Wunsch, wenigstens einem Menschen aktiv helfen zu können, wo ich doch selbst so sehr von der Hilfe anderer abhängig war?

Möglicherweise. Vermutlich wollte ich das Gefühl haben, helfen zu können. Und genauso wie ich viele Anrufe von Menschen, die mit mir sprechen wollten, um mich zu trösten, nicht annahm, wurde nun ich in meinem Bedürfnis, Trost zu spenden, zurückgewiesen.

Man braucht den Trost, den andere schenken wollen, nicht immer. Gerade ich musste das doch am besten wissen.

Ein kleiner Stachel bohrt dabei in mir: Es war offenbar der Therapeut des Lokführers, der über mein Ansinnen entschied, und nicht der Betroffene selbst.

Macht das einen Unterschied? Für mich schon. Ich habe bis heute nicht aufgehört, darüber nachzudenken, wie es dem Fahrer des Unglückszuges wohl gehen mag. Es scheint mir, als ob uns ein magisches Band verbindet. Zwei Opfer ein und desselben Unfalls, beide am Leben und unverletzt, beide für immer geprägt von dem, was geschah.

Ich habe oft darüber nachgedacht, welches Schicksal mir schwerer erscheint: seine Familie zu verlieren oder jemanden, wenn auch schuldlos, bei einem Verkehrsunfall zu töten. Vermutlich wird diese Frage für mich ohne Antwort bleiben.

Ich vermute, dass der Schmerz, die Verzweiflung, die Trauer auf beiden Seiten ähnlich groß sind. Ich ahne aber auch, dass ich als Hinterbliebene weitaus mehr Mitgefühl, mehr Trost, mehr Unterstützung erfahren durfte als der Lenker des Zuges.

Hat er Päckchen bekommen? Briefe? Hat er einen Weg gefunden, das Geschehene in Frieden abzuschließen? Erntet er Verständnis, wenn er heute, nach vielen Monaten, immer noch in Verzweiflung oder Trauer verfällt?
Ich hoffe es.
Und ich hoffe, dass er meine Worte, falls er sie doch brauchen kann, eines Tages liest:

Sehr geehrter Herr Lokführer!

Ich weiß weder, wie Sie heißen, noch wie Sie aussehen. Ich habe Sie nie kennengelernt, und doch hat uns das Schicksal miteinander in Verbindung gebracht – leider durch Umstände, die wir wohl beide lieber ungeschehen machen würden.
Doch was passiert ist, ist passiert, und unser beider Leben geht weiter.
Wir werden einander auch in Zukunft nicht begegnen. Wir werden den Tag nicht gemeinsam verbringen, an dem wir zum ersten Mal wieder aus vollem Herzen lachen, an dem wir vollkommen entspannt und ohne Sorgen den Sonnenschein genießen werden. An dem wir für einige Momente das, was jetzt ist, genießen werden, ohne an das zurückzudenken, was geschehen ist.
Ich möchte Ihnen so vieles sagen und versuche doch, mich kurz zu fassen. Ich will Ihre Aufmerksamkeit nicht zu lange auf das Thema lenken, das Sie vermutlich ebenso schmerzt wie mich.
Nur so viel:

Die Tatsache, dass mein Mann und meine Kinder an jenem Gründonnerstag tödlich verunglückt sind, ist – so glaube ich – kein Zufall. Ich glaube fest daran, dass es das Schicksal ist, das bestimmt, wann wir uns von der Erde verabschieden. Vielleicht entscheidet irgendetwas in uns sogar ein bisschen mit. Vielleicht gehen wir mit dem vagen Gefühl, dass wir unsere Aufgaben hier auf der Erde erfüllt haben, möglicherweise sogar im Bewusstsein, dass uns dort, wo wir als Nächstes hingehen, ebenso wichtige und schöne Aufgaben erwarten.

Mein Mann hat im Leben viele Aufgaben erfüllt. Er hat so viele Menschen glücklich gemacht und zum Lachen gebracht, nicht zuletzt und vor allem mich. Womöglich war sein plötzlicher Tod seine letzte, große Lebensaufgabe, auch wenn er sie sicher nicht freiwillig gewählt hat.

Mein Mann hat durch sein Sterben vielen, vielen Menschen die Augen geöffnet. Er hat uns gelehrt, wie wertvoll jeder Augenblick ist. Wie wichtig das Lachen und die Lebensfreude sind. Wie froh wir sein dürfen über alles, was wir haben. Er hat uns gezeigt, dass wir nichts, gar nichts auf Dauer besitzen und dass uns selbst unsere liebsten Menschen nur für eine Zeit geliehen sind. Wir wissen nicht, für wie lange.

Ich möchte, dass Sie wissen, dass mein Mann sehr glücklich war an dem Tag, als er in den Himmel fuhr. Wenn ich mir einen Zeitpunkt für mei-

nen Tod aussuchen könnte, würde ich mich vielleicht für einen ebenso glücklichen, fröhlichen Tag entscheiden. Die Tatsache, dass mein Mann in seinem Clownbus verunglückt ist, passt zu ihm, fast möchte ich sagen:

»Typisch Heli.«

Ich zeichne hier ein sehr vereinfachtes Bild von dem, was geschehen ist, das weiß ich. Ich habe mir das Bild von der Himmelfahrt eines fröhlichen Clowns ausgedacht, weil es das, was geschehen ist, für mich erträglich macht. Die meisten Menschen, die von dem Unfall erfuhren, konnten sich zu einem gewissen Grad selbst aussuchen, wie sie sich die Szene ausmalen – in fröhlichen, hellen Farben oder in schrecklichen, dunklen Tönen.

Auch ich habe dieses Privileg und nutze es zu meinem Besten.

Im Gegensatz dazu konnten Sie die Bilder, die Sie gesehen haben, nicht frei wählen. Sie waren dabei und haben vielleicht nicht gesehen, wie ein Clown in den Himmel sauste, weil sie gerade auf den Körper des Mannes geschaut haben, der einmal dieser Clown war. Sie mussten vermutlich so vieles sehen, was sie nicht sehen wollten, und es wird lange brauchen, bis diese Bilder gut in Ihrer Erinnerung verstaut sind und nicht mehr wehtun. Ich habe von einer Mitarbeiterin Ihrer Firma erfahren, dass Sie mit dieser Aufgabe nicht allein sind und dass Sie Hilfe bekommen. Ich hoffe, dass diese Hilfe ausreicht, und ich wünsche Ihnen alle Kraft der Welt.

Ich möchte jetzt etwas aussprechen, das ich völlig ernst meine, obwohl es vielleicht eigenartig klingen mag:

Wenn der Tod meines Mannes – und davon bin ich überzeugt – nicht zufällig geschah, wenn er vielleicht sogar so etwas wie einen Sinn gehabt hat (auch wenn wir diesen Sinn heute noch nicht oder nur zum Teil erkennen), wenn er aus irgendeinem Grund so geschehen musste, wie er geschah ... dann musste es dafür auch einen Menschen geben, der die schwere Rolle des Lokführers übernahm.

Dann musste es Sie geben.

Wenn dem so ist, dann gebührt Ihnen, ja, ich wage es jetzt einfach: Es gebührt Ihnen Respekt. Respekt dafür, dass Sie sich, wenn auch sicher nicht freiwillig, für diese Rolle zur Verfügung gestellt haben.

Ich ziehe meinen Hut vor dem Schicksal, das Sie tragen und verarbeiten werden, genauso wie ich meine Rolle annehme und in mein weiteres Leben integrieren werde. Wir sind beide Teil eines größeren Spiels, und ich maße mir nicht an, darüber zu urteilen, wer in diesem Spiel das schwerere Los gezogen hat. Eines jedenfalls weiß ich sicher: Wir tragen beide keine Schuld, niemand trägt Schuld.

Zuletzt möchte ich Ihnen nur noch eines sagen:

Ich bin sicher, dass meine Kinder dort, wo sie sich aufhalten, sehr, sehr glücklich sind. Sie haben sich dafür entschieden, gemeinsam mit ihrem Vater die Ebene zu wechseln. Die drei haben bestimmt viel Spaß miteinander und vermutlich wird ihnen die Zeit, bis ich wieder bei ihnen bin, bei Weitem nicht so lange vorkommen wie mir. Wahrscheinlich stellt sich dieses Thema für meine Familie gar nicht, denn sie ist sowieso in meiner Nähe. Auch jetzt.

Und ich bin sicher, dass die drei auch auf Sie aufpassen werden, wohin auch immer das Leben Sie tragen wird.

Ein Letztes: Ich bitte Sie, meinem Mann nicht böse zu sein. Er war es, dessen Fehler zu dem Unfall führte. Doch er hat es bestimmt nicht absichtlich gemacht.

Ich wünsche Ihnen eine leichte, frohe Zukunft. Viele Begleiter. Viel Glück. Und das Gefühl, gebraucht zu werden.

Mit freundlichen Grüßen,
Barbara Pachl-Eberhart

Vieles geht mir nun durch den Kopf. Vor allem die Frage, ob ein solcher Brief wirklich hilfreich gewesen wäre. Wie hätte der Lokführer ihn aufgenommen? Hätte er meine Sicht der Dinge begreifen können, oder hätte er mich für verrückt gehalten? Glaubt er an ein Leben nach dem

Tod und daran, dass das Schicksal uns führt, wenn auch manchmal mit schmerzhaftem Griff?

Wie würde ein Mensch, der diesen Glauben ablehnt, meine Zeilen lesen – würde er sie als Hohn verstehen oder als Ausdruck eines verwirrten Geistes, der sich in seinem Schmerz nicht anders zu helfen weiß?

Ich hatte immer wieder Gespräche mit Menschen, die das, woran ich so fest glaube, nicht teilen wollten oder konnten. Anfangs mied ich diese Auseinandersetzungen lieber. Mein Glaube erschien mir fragil wie ein Kartenhaus, gerade erst erbaut aus neuartigem, noch nicht vertrautem Material:

Meine Erlebnisse und Visionen in den Stunden und Tagen nach dem Unfall. Die Geschichten und Erklärungen, die ich in Büchern fand. Meine Träume. Mein sechster, siebter, achter Sinn.

Ich zweifelte nicht an den Bausteinen. Ob allerdings die Statik des ganzen Gebäudes, das ich mir selbst zusammengezimmert hatte und vertrauensvoll *meinen Glauben* nannte, den Stürmen der Kontroverse und des Zweifels standhalten würde, das wusste ich nicht. Ich ahnte, dass mein Kartenhäuschen, das mir so lieb und unverzichtbar war, gewisse Sätze kaum vertragen würde.

»Das gibt es doch alles nicht.«

»Das bildest du dir doch nur ein.«

Solche Behauptungen taten weh, erschütterten mich und ließen mich meist sprachlos und verwirrt zurück. Und das Schlimmste: Während ich mehr und mehr Übung darin bekam, im Außen Gespräche dieser Art zu vermeiden, nahm ich gleichzeitig wahr, dass die zweifelnden Stimmen begannen, meinen eigenen Kopf zu besetzen und nicht aufhören wollten zu plappern.

Ich konnte niemandem beweisen, was es war, das ich fühlte. Nicht einmal und schon gar nicht mir selbst. Noch heute bin ich in gewisser Weise zweigeteilt. Ich laufe durchs Leben mit einem unsichtbaren, warmen Mantel aus Liebe. Und zur gleichen Zeit mit einem Kopf, der denkt, zweifelt und unangenehme Fragen stellt. Ich erlebe täglich, dass ich von gütiger Hand geführt werde und darauf vertrauen darf, dass das Schicksal es gut mit mir meint. Zugleich habe ich manchmal auch Angst, vor dem Tod, vor der Vergänglichkeit. Davor, dass ich mir Helis, Thimos und Finis Nähe vielleicht nur einrede, so sehr ich sie auch als echt empfinden mag.

Ich bin aufgewachsen in einer Zeit und einer Gesellschaft, in der nur das Gültigkeit hat, was man sieht. Mein Verstand hat gelernt, sich für sehr wichtig zu halten. Er will *sehen*. *Wissen*. Er will *Beweise* haben. Er sitzt hämisch grinsend in meinem Nacken und hört mit gespitzten Ohren zu, wenn ihn jemand anspricht.

Zum Beispiel der Mitarbeiter, der am Karfreitag in der Kinderklinik zur Visite kam und mit kühlem Lächeln konstatierte:

»Schön, dass Sie Ihrem Sohn Lieder vorsingen. Ich hoffe, Sie wissen, dass Sie das nur für sich tun. Sie tun es nicht für seine Seele. Denn die Seele sitzt im Gehirn, und das Gehirn Ihres Sohnes ist leider tot. Aber singen Sie ruhig weiter, wenn es Ihnen hilft.«

Mein Verstand packt mein Herz und schüttelt es fest.
Ha! Was sagst du jetzt?

Mein Herz hält still. Erst in der Ruhe, wenn der Verstand schweigt, findet es seine Antworten.

Es dankt den Menschen, die daran glauben, dass Biologie das Einzige ist, was zählt. Ohne diese Menschen gäbe es all die Medikamente und Maschinen nicht, die meine Kinder drei, vier Tage lang am Leben erhalten haben. Ohne sie hätte ich die wichtige Zeit im Krankenhaus nicht erleben dürfen, in der mein Herz Zwiesprache hielt mit zwei Seelen, die längst kein Gehirn mehr brauchten, um über den Himmel zu schweben.

Mein Herz fragt sich, was diese Menschen, deren Verstand so groß und klug ist, am Bett ihrer sterbenden Kinder fühlen würden. Würden sie einen Weg aus der Verzweiflung finden? Könnten sie noch einen Sinn im Leben erkennen?

Ja, meint mein Herz.

In der Liebe zu den Menschen, die noch leben. In der Liebe zur Erde und ihren Geschöpfen. Sie würden Trost finden darin, dass auch ihr Leben irgendwann vorbei ist und dass es dann kein Ich mehr gibt, das Schmerz empfindet. Sie würden gerade deshalb beschließen, die verbleibende Zeit möglichst gut und sinnvoll zu nutzen.

Mein Herz verneigt sich vor diesen Menschen und ihrem Mut. Dann blickt es nach oben, dorthin, wo es die Engel vermutet, die sich nicht fangen und nicht beweisen lassen. Es dankt dafür, dass es glauben kann und darf. Schließlich nimmt es den Verstand sanft an der Hand und flüstert ihm leise ein Geheimnis ins Ohr.

Weißt du, was mir auffällt? Im Grunde glauben wir doch beide an etwas.

Du glaubst daran, dass es nur das gibt, was man sieht. Ich glaube daran, dass es mehr gibt als das, was wir sehen können. Das, woran wir glauben, scheint uns zu trennen. Verbunden sind wir dennoch: durch die Tatsache, dass wir gern an etwas glauben.

Und noch etwas verbindet uns, etwas, das mir wichtiger scheint als alles, was uns unterscheidet: die Liebe. Wir kennen sie beide, und beide glauben wir an sie. Du weißt, wie und wo sie sich zeigt, wie sie sich ausdrückt und wie sie sich beweisen lässt. Ich weiß, wo sie ist, wenn man sie gerade nicht sehen kann.

Wie gut, dass es uns beide gibt, dich und mich!

schwellenangst

Aus meinem Tagebuch

16.4.2008
Heute ist ein komischer Tag. Es ist etwas Eigenartiges passiert. Irgendwie habe ich das Gefühl, dass eure Seelen beginnen, zur nächsten Stufe weiterzugehen. Ein bisschen weiter weg vom ganz Irdischen.
Eure Fotos erscheinen mir momentan so surreal. Ich versuche, hinter den Bildern, hinter dem konkreten Gefühl des »Eben wart ihr doch noch ...« eure Seelen zu sehen, aber ich sehe vor allem die Diskrepanz zwischen dem, wie ihr wart, als ihr noch konkret wart, und dem nicht weniger realen, aber doch so anderen Jetzt.
Ich wünsche und hoffe so sehr, dass sich eure Seelen nicht schneller wandeln, als ich es fassen kann. Ich brauche eure Begleitung so sehr!

Der 21. Mai 2008

Eine Stunde beim Osteopathen.

Ich bin schon wieder in Therapie. Im Moment brauche ich alle Hilfe, die ich bekommen kann. Das Leben will so viel von mir!

In meinem Keller hat es zu schimmeln begonnen. Im Garten steht das Gras kniehoch, der Rasenmäher springt nicht an. Zu allem Übel ist mir vor drei Tagen mitten in der Nacht ein Betrunkener ins parkende Auto gefahren. Totalschaden. Die Versicherung will mir nur einen läppischen Restwert bezahlen für meinen alten Mazda, der mir neun Jahre lang tapfer die Treue gehalten hat und noch vor einer Woche mit Bravour durch die TÜV-Prüfung gekommen ist.

Es scheint mir, als hätte sich das ganze Universum gegen mich verschworen. Als würde es sich rächen wollen, dafür, dass ich es mir allzu lange in meinem Bett gemütlich gemacht habe.

Aber ich habe keine Kraft! Ich bin noch nicht so weit! Was soll ich tun?

Der Osteopath wartet, bis ich zu Ende erzählt habe, bis kein Wort mehr übrig ist in meinem Mund. Eine Weile ist es still. Mein Gegenüber macht sich Notizen, dann schaut er mir in die Augen.

»Ich sehe deine Aura. Es kommt mir so vor, als ob sie über deinem Körper schweben würde wie ein Luftballon. Sie ist nicht da, wo dein Körper ist, sie zieht nach oben.«

Wieder einmal beginne ich zu weinen, wieder einmal hat jemand ins Schwarze getroffen.

»Wir werden versuchen, dich wieder ein wenig auf die Erde zu bringen.«

Er deutet auf seine Behandlungsliege, ich lege mich darauf, gespannt, was passiert. Ich war noch nie bei einem Osteopathen.

Zunächst passiert … gar nichts. Ich liege da. Entspanne mich. Mein Therapeut beobachtet meinen Atem und fordert mich auf, dasselbe zu tun. Ich schließe die Augen. Irgendwann spüre ich, wie zwei Finger auf meine Beckenknochen gelegt werden, ganz sacht, federleicht. Die Finger der anderen Hand berühren meine Schulter. Ich atme weiter.

Der Kontakt ist leicht und sanft, und doch scheint er mir fast unerträglich. Er quält mich, je länger er andauert. Mein Körper möchte sich aufbäumen. Ich fühle mich, als wäre ich ein Vogel, der fliegen möchte und von einem zentnerschweren Gewicht auf einer Unterlage festgehalten wird. Ich möchte schreien.

Das alles erzähle ich dem Osteopathen. Er aber lässt die Finger, wo sie sind.

»Achte weiter auf deine Atmung. Versuche, auf der Unterlage anzukommen.«

Ich will nicht ankommen! Nicht auf der Unterlage und nicht auf der Erde!

Ich konzentriere mich darauf, nicht laut zu schreien. Zwinge mich dazu, heftig in den Bauch zu atmen. Mit einem Mal beginnen meine Tränen zu fließen. Ich weine bitterlich, wie ein kleines Kind.

»Die Tränen sind ein Geschenk. Stell dir einen großen Wasserfall vor, während du weinst. Wasser tut dir gut, im Moment. Es spült die Dinge weg, die dich belasten.«

Ja, das Bild des Wasserfalls wirkt. Mein Körper kommt mehr und mehr auf der Unterlage an. Es wird richtig gemütlich. Schließlich meine ich sogar, meine Aura zu spüren. Rund und rosa, eine Blase, die mich umhüllt.

Der Therapeut gibt mir eine Hausaufgabe mit. Ich soll mir einen Platz suchen, auf dem ich einen guten Ausblick habe und der mir im Rücken Schutz bietet.

Diesen Platz habe ich schon: mein Baumstumpf im Wald!

Außerdem soll ich in der Erde graben und mich mit viel Wasser umgeben.

Wie gut, dass ich so gern in der Badewanne liege! Und meinen Garten, ja, den wollte ich schon lange in Angriff nehmen. Der Rest wird sich schon fügen.

Eine Mail

Von:	Barbara Pachl-Eberhart
Gesendet:	Donnerstag, 1. Mai 2008 12:35
An:	Alle Kontakte
Betreff:	Nachrichten aus dem Kokon

Liebe Freunde!
Eine Welle aus Energie ist durch die Welt geströmt in den letzten Tagen. Ein Kokon aus Menschen hat sich um mich gelegt und ein dichtes Netz gewoben aus lieben Worten, Hilfsangeboten, Geschichten, Gedichten und Getextetem.

So viel Kunst liegt in der Luft.
So viele Mails liegen in meiner Mailbox.
Ich liege im warmen Kokon und befinde mich in einer großen Wandlung, brauche momentan sehr viel Ruhe und Stille.
Nebenher spinnt mein Computer. Und noch daneben muss ich flix-flux meine St. Mareiner Wohnung renovieren, da es einen Kaufinteressenten gibt, und das wäre großartig! Ich habe viele Helferlein bzw. muss diese noch organisieren.
Und bei alledem kann es passieren, dass ich eure Mails nicht so schnell und ausführlich beantworten kann, wie ich es gern täte, weil es ja jedem von euch so viel zu sagen gäbe. Ich muss mich jetzt trotzdem zurückziehen (selbst mein Handy hebe ich nicht immer ab). Das heißt nicht, dass ich eure Kraft nicht spüre und mich irgendwann, Stück für Stück, wieder aus meinem Kokon herausschälen werde.
Inzwischen danke ich euch für alles, was ihr mir geschickt und geschenkt habt. Möge die Energie im Fluss bleiben!
Ein »Bis bald« aus dem tiefsten Inneren des kuscheligen Hängematten-Kokons schickt Euch
Eure Barbara

Das Bild vom Kokon habe ich nicht erfunden. Aus der Kinderpsychologie weiß man, dass der Schmetterling mit seiner Metamorphose gern im Zusammenhang mit dem Tod genannt wird. Sterbende Kinder malen sich selbst oft als Schmetterling.
Eine meiner Clownkolleginnen wählte bei Beginn ihrer Tätigkeit im Krankenhaus intuitiv ein Schmetterlingskostüm. Erst viel später erfuhr sie von der Psychologin der Onkologie, warum gerade Kinder auf der Krebsstation

die Frau Dr. Flora Flatterhaft, den Schmetterlings-Clown, so besonders liebten.

Ich hörte vor einigen Jahren eine Geschichte über den Prozess der Verwandlung, den die Larve des Schmetterlings in ihrem Kokon erfährt. Ich weiß nicht, ob die Beschreibung wissenschaftlich haltbar ist. Die Metapher, die in der Geschichte verborgen liegt, gefällt mir aber in jedem Fall.

Man erzählt, wenn eine Raupe im Kokon schläft, um ein Schmetterling zu werden, wird ihre gesamte Struktur aufgelöst und von Grund auf umgebaut. Dabei bleibt keine einzige Zelle des Raupenkörpers bestehen. Nach und nach formt sich alles um, das gesamte Zellmaterial wird eingeschmolzen und neu zusammengesetzt.

Nach dem Entpuppen dürfte sich der Schmetterling eigentlich gar nicht daran erinnern, was er früher war, denn keine seiner ursprünglichen Zellen ist noch übrig, wenn er sich aus seinem Kokon befreit. Dennoch sucht der Schmetterling nach seiner Metamorphose schon bald den Platz auf, an dem er als Raupe geschlüpft ist, und er erinnert sich an so manches Erlebnis aus der Zeit vor seiner Verwandlung.

Das Sterben ist in meinen Augen nichts anderes als eine solche Metamorphose. Unsere Gestalt ändert sich, wir schlüpfen in einen anderen Seinszustand, aber das, was wir eigentlich sind, was uns ausmacht, geht nicht verloren.

Auch für mich, die ich am Leben geblieben bin, begann durch den Tod meiner Familie ein Verwandlungsprozess, der bis heute nicht abgeschlossen ist. Die Metamorphose verläuft langsamer und folgt anderen Gesetzmäßigkeiten als das Sterben. Der Wandel ist dennoch sehr deutlich. Langsam, aber sicher organisiert sich mein Innerstes ebenso um wie mein Leben im Außen. Ist es vielleicht das, was manche Trauerforscher meinen, wenn sie vom Phänomen des *Mitsterbens* sprechen?

Es gibt ein Lied, das ich etwa ein Jahr vor dem Tod meiner Familie für meine Freundin Sabine geschrieben habe. Sie war damals frisch geschieden und befand sich in einer Art Schwebezustand zwischen ihrem alten Leben, das sie abzuschließen suchte, und einem neuen Leben, das noch nicht so recht Form annehmen wollte.

Das »Lied für Sabine« kam mir ein paar Tage nach dem Seelenfest plötzlich wieder in den Sinn, als ich mit einer Freundin spazieren ging. Ich sang es ihr spontan vor, ohne ersichtlichen Grund. Als der letzte Ton verklungen war, schwiegen wir lange. Schließlich war ich es, die zuerst aussprach, was auf der Hand lag.

»Wie eigenartig, das Lied für Sabine passt jetzt eigentlich genau zu mir.«

Lied für Sabine ... und nun auch für mich

*Zwischen heut' und irgendwann,
an einem Tag voll Wolkensonnenschein
auf aner grünen Straßn
zwischen Mittag und April:*

Am Wegrand geht a Frau, die kommt
und des »Woher«, des flüstert ihr die Richtung
ein,
sie macht a weite Reise
mit dem »Warum« als nächstes Ziel.

Sonne badet, Regen scheint, es is no weit,
wer Fragen findet, kennt die Antwort, aber no
ned heut', no ned heut'.

Das Jetzt sucht gestern schon sein' Raum,
was morgen war, wird bald scho sichtbar
sein,
die Zeit versteht's, zu warten,
und steht dabei doch niemals still.

Der Tag, der setzt sich langsam hin,
auf an nassen Kieselstein
und er erzählt die Gschichtn,
die das Leben hören will.

Sonne badet, Regen scheint, es is no weit,
wer Fragen findet, kennt die Antwort, aber no
ned heut', no ned heut'
– no ned heut'.

Es war alles andere als einfach für mich, den Prozess der Verwandlung zu akzeptieren.

Ich hatte mich in einen selbsterschaffenen Kokon zurückgezogen. Dort fühlte ich mich wohl. Doch würde ich jemals ein Schmetterling werden? *Wollte* ich es überhaupt?

Mein Leben war so schön gewesen. Und ich mochte mich doch so, wie ich war. Geändert hatte sich ohnehin schon genug – ausreichend für den Rest meines Lebens, so meinte ich.

Um jeden Preis versuchte ich alles, was noch da war, zu erhalten. Die Bausteine meines Lebens erschienen mir vor meinem inneren Auge wie eine Reihe sorgfältig arrangierter Dominosteine. Ein Stein war umgefallen. Der wichtigste, zugegeben. Der erste.

Ich wollte, durfte nicht zulassen, dass andere Steine zu purzeln beginnen würden. Was würde sonst aus mir werden?

Mein Haus im Grünen. Mein Beruf, meine Freunde. Singen, Theater spielen. Im Garten arbeiten. Es war an der Zeit, meine alten Lebensfäden wieder aufzunehmen, und ich wollte es lieber bald tun, bevor sich da draußen zu viel verändern konnte. Plötzlich hatte ich es eilig.

Ich kontaktierte meine Vermieterin und versuchte sie dazu zu überreden, mir das Haus zu verkaufen, in das ich mit Heli und den Kindern erst vor zwei Monaten gezogen war.

Der Obfrau von Thimos Privatkindergarten erklärte ich, dass ich weiterhin die Buchhaltung des Vereins übernehmen und zu allen Vorstandssitzungen kommen wolle.

Meine Clownkollegen überraschte ich mit dem Wunsch, dass ich schon bald wieder arbeiten würde, und tatsächlich fuhr ich schon Ende April mit ihnen auf eine sechstägige Fortbildung zu einem Clowntrainer.

Am 4. Mai trat ich zu ersten Mal wieder als Clown auf und hatte tatsächlich Spaß dabei. Meine Reflexe funktionierten wunderbar.

Alles bestens.

Oder?

perspektivenwechsel

Freitag, der 13. Juni 2008

Thimos siebenter Geburtstag.
Sommerfest im Kindergarten »Bunte Knöpfe«.

In Thimos Kindergarten wird gefeiert. Anna wird dort sein, Sabine und natürlich auch Nelli.
 Als Anna mich fragte, ob ich kommen wollte, musste ich nicht lange überlegen.
 Natürlich würde ich kommen. Der Kindergarten war doch ein wichtiger Teil meines Lebens. Nur weil meine Kinder neuerdings unsichtbar waren, brauchte ich ja nicht zu Hause zu bleiben.
 Der Dominostein muss stehen bleiben.
 Also stehe ich inmitten der Elternschar. Mit einigen Müttern bin ich seit dem Unfall in regelmäßigem Kontakt, sie wissen, wie es mir geht. Wir sprechen angeregt über alles Mögliche. Bloß nicht über das Eine.
 Ab und zu kommt jemand auf mich zu, der mich lange nicht gesehen hat, und drückt mir fest die Hand. Einige wenige umarmen mich. Wie gut, dass ich mittlerweile

schon ein wenig Übung darin habe, die unvermeidliche Frage zu beantworten:

Wie es mir geht?

»Danke, es geht.«

»Heute gerade gut.«

»Mal so, mal so.«

Ich bin erleichtert, als Nelli das Triangel schlägt. Sie lädt uns ein, in den Turnsaal zu kommen, wo die Kinder zeigen werden, was sie vorbereitet haben. Ich setze mich in die letzte Reihe.

Eine Geschichte wird erzählt, die Kinder untermalen den Text mit Musik. Die Kleinen spielen mit Rasseln, Glocken, Klanghölzern. Linda, Thimos beste Freundin, darf das Becken schlagen. Zwei Buben spielen stolz einen Rhythmus auf dem Xylophon. Eine Aufgabe für Große! Die beiden werden nächstes Jahr in die Schule kommen.

Hätte Thimo auch das Xylophon spielen dürfen? Oh, wie stolz wäre er gewesen!

Aus meinem Auge kullert eine erste Träne.

Die Geschichte ist aus, die Kinder nehmen Aufstellung vor der Wand. Mit verteilten Rollen tragen sie ein Gedicht vor.

»Der Löwe reckt die Löwenbrust und ruft: ›Ich habe Lust!‹

›Lust wozu?‹, fragt die Kuh.

›Zum Verreisen?‹, fragen die Meisen.

›Oder zum Tanzen?‹, fragen die Wanzen.«

Ich kenne dieses Gedicht. Thimo hat es oft zu Hause vor sich hin gemurmelt, beim Spielen, in der Badewanne. Vortragen wollte er es mir nie, so etwas hat ihn immer verlegen gemacht. Einen bestimmten Satz hat er jedoch immer wieder laut geübt, sogar vor mir.

»›Aber wo?‹, fragt der Floh.«

Halt! Stopp!
Da war er – Thimos Satz!
Dieser Satz gehört Thimo und nicht Leonie, merkt das denn keiner?!
Ich erstarre, innen wie außen. Höre nicht mehr zu. Thimos fröhliche Stimme klingt in meinem Kopf, sie wiederholt den ständig gleichen Satz.
Aber wo?, fragt der Floh. Aber wo?, fragt der Floh.
Der helle Klang seiner Stimme. Die Musik, die in seiner Sprache lag.
Nie wieder, nie wieder werde ich sie hören!

Die Kinder haben ihr Gedicht beendet und bilden nun wieder einen Sitzkreis. Ein Lied wird angestimmt. Ein Lied, das ich allzu gut kenne.
Wie schön hat Thimo es gesungen! Wie schön hat Thimo überhaupt gesungen, kein Kind singt so schön wie Thimo!
Ich sitze immer noch regungslos da, starre auf die Kinder, die alle nicht so süß, so wundervoll, so begabt sind wie mein lieber Schatz. Ich bräuchte ein Taschentuch, habe aber keines. Die Tränen rinnen mit dem Schleim aus

meiner Nase um die Wette. Endlich bemerkt es meine Sitznachbarin und reicht mir eine Serviette. Ich schnäuze mich, doch davon wird nichts besser. Überhaupt nichts.

Als die Vorführung zu Ende ist, schließe ich mich dem Strom der Eltern an und gehe mit in den Garten.

Nur nicht auffallen! Nur nicht reden!

Ich klammere mich an Sabine, sie kennt mich gut genug, um nicht zu fragen, was los ist. Nach einem Glas Orangensaft flüchte ich aufs Klo. Im Kindergarten ist es still. Alle sind im Garten. Ich gehe in den leeren Turnsaal und setze mich noch einmal auf meinen Platz in der letzten Reihe.

Die Stille tut mir gut. Ich meine, Thimos Gegenwart zu spüren. Mit mir allein darf er nun seine Sätze vorsagen, sein Lied singen. Für mich. Ich bin stolz auf ihn, unendlich stolz.

Ich höre Stimmen, die näherkommen. Gleich darauf tritt meine Freundin Anna in den Turnsaal, in Begleitung von Maria, Thimos Kindergärtnerin. Sie haben mich gesucht, haben sich Sorgen um mich gemacht.

»Es war schlimm für dich, oder?«, fragt Anna.

Ich nicke. Und versuche zu beschreiben, wie ich mich fühle.

»Ich habe heute zum ersten Mal seit dem Unfall diese schreckliche Lücke gespürt, die meine Familie hinterlassen hat. Hier im Kindergarten scheint alles zu sein wie früher, nur Thimo fehlt. Ich konnte die ganze Zeit nur auf die Lücke schauen, nur an die Lücke denken!

Es ist so, wie wenn in einem Mund ein Zahn fehlt, man sieht nur das schwarze Loch. Wenn ich bei mir zu Hause bin, mit mir allein, bin ich wie ein einzelner Zahn in einer leeren Mundhöhle. Der einzelne Zahn sieht keine Lücke, er sieht nur sich selbst und ist froh, dass er da ist. Aber ihr, hier im Kindergarten, ihr seid täglich mit dieser Lücke konfrontiert! Vielleicht ist es für euch dadurch sogar schmerzhafter als für mich!«

»Thimo fehlt uns sehr.«

Maria nimmt mich an der Hand und führt mich zu einem Tischchen an der Wand des Gruppenraums.

»Hier brennt jeden Tag eine Kerze für Thimo. An der Wand hängen Bilder von ihm. Die Kinder stehen oft da und schauen sich die Bilder an, immer wieder. Die Auseinandersetzung mit seinem Tod ist Teil unseres Kindergartenalltags geworden, und doch tut es immer noch schrecklich weh.«

Im Kindergarten, an Thimos Geburtstag, begriff ich, dass der stechende, bittere Schmerz der Einsamkeit überall dort lauern würde, wo Heli und die Kinder ihren unverwechselbaren Platz innegehabt hatten. Einen Platz, der plötzlich leer geworden war.

Der Chor, in dem Heli und ich gesungen hatten. Die Bühne im Kindermuseum, auf der wir so oft gemeinsam gestanden haben. Die Feste bei unseren Freunden, Lagerfeuerabende, Gartenpartys, Gesprächsrunden. Der Kindergarten. Die Plaudereien mit Finis Tagesmutter. Das Kinderfußballtraining in unserem Heimatort, Dienstag, nachmittags, siebzehn Uhr...

Bei all diesen Gelegenheiten würde ich der Lücke begegnen. Dem klaffenden Loch, das der Tod in mein Leben gerissen hat.

Heli. Thimo. Fini.

Die Plätze, die sie ausgefüllt hatten, waren vakant. Irgendwann würde sich, zumindest äußerlich, die Lücke schließen. Die Stellen würden neu besetzt werden. Vielleicht schon bald.

Ich jedoch würde allein zurückbleiben, mit einem klaffenden Loch in meinem Herzen, das außer mir keiner mehr spüren würde.

Der 20. Mai 2008

Ein Clownworkshop für Schauspieler und Laien.

Der Kurs beginnt um zehn. Ich bin schon früher gekommen, sitze mit den anderen Teilnehmern beim verabredeten Frühstück im Kursraum. Manche kennen einander schon. Ich kenne nur einen Teilnehmer, er ist gerade in ein Gespräch vertieft. Ich höre dem üblichen Smalltalk zu.

Wer bist du, was machst du?

Gespräche übers Studium, über Theaterträume, über die Zugfahrt nach Graz. Ich schweige und vermeide Augenkontakt. Ich fürchte mich vor Fragen, will meine Geschichte nicht preisgeben. Ich weiß aber auch nichts anderes zu erzählen, habe nichts in meinem Kopf als Engel, Gott, Nahtoderlebnisse und Neulebenserfahrungen, Blümchen, Rehe, Waldspaziergänge. Werde ich jemals wieder teilnehmen können an ganz normalen Unterhaltungen? Oder bin ich ein sonderbarer Kauz geworden, mit einer Art Behinderung, die mich schwer beeinträchtigt und doch für niemanden sichtbar ist?

Beim Mittagessen nach der ersten Einheit sitze ich neben dem Clownlehrer. Er hat uns gut beobachtet an diesem Vormittag und gibt uns Feedback. Auch mir.

»Du versteckst sehr viel. Ich finde dich sehr verschlossen.«

Scheiße.

Am nächsten Tag beteilige ich mich hier und da am Frühstücksgespräch.

»Was machst *du* eigentlich beruflich?«

Ich erzähle von meinem Beruf als »Rote Nasen Clowndoctor«.

»Wow, machst du das täglich?«

»Nein, zwei Mal die Woche.«

»Und sonst?«

Tja, und sonst.

Vor Kurzem hatte ich noch zwei Kinder und einen Mann, da war genug zu tun. Jetzt laufe ich zwischen Notar, Wohnungsmakler und Bestattungsinstitut hin und her, dabei wird mir nicht langweilig.

Ich will die Stimmung nicht zerstören.

»Nicht viel«, antworte ich. Und fühle mich unendlich blöd.

»Ich will Teil des ganz normalen Lebens bleiben.«

So war es mein Wunsch gewesen. Ich hatte meine Freunde darum gebeten, mich mit dem Leben zu konfrontieren. Mich ja nicht zu vergessen. Mich mitzuschleppen, bis ich wieder in der Lage sein würde, eigene Schritte zu tun.

Meine Wünsche gingen in Erfüllung, sogar um einiges früher, als es mir lieb war. Schon bald war das Leben meiner Freunde wieder weitgehend normal geworden. Der Tod meiner Familie wurde zur Erinnerung. Zu einer traurigen Geschichte, die man hier und da erzählte. Zu einem Stück Vergangenheit. Das Leben ging weiter wie zuvor, es hatte sich gar nicht so sehr geändert. Und, ja, meine Freunde luden mich ein, das normale Leben mit ihnen zu teilen. Ich war gern gesehen. Willkommen.

Wie gern wäre ich per Anhalter mitgefahren, auf der Autobahn des Alltags. Hätte mich chauffieren lassen, so lange, bis ich die Stelle finden würde, an der ich meinen eigenen, neuen Lebensweg wieder aufnehmen konnte. Doch es wollte nicht so recht klappen. Irgendetwas war verkehrt. *Ich* war verkehrt, ganz und gar anders als die anderen.

Auf meinen Schultern lastete ein unsichtbarer Rucksack, der mir jeden Schritt beschwerlich machte. Er war voll bepackt mit alten Gewohnheiten, die keinen Sinn mehr machten. Mit Geschichten, die keiner mehr hören wollte. Mit Worten der Liebe, auf die ich keine Antwort mehr erhielt. Ein Rucksack, in dem drei Engel steckten, die, sobald ich sie auspackte und den anderen zeigen wollte, zu Toten wurden.

Der 10. Juni 2008, zehn Uhr vormittags,
im Morgenverkehr

Ich habe einen Termin in einem Vorort von Wien und leiste mir ein Taxi. Die Menschenmengen in den öffentlichen Verkehrsmitteln überfordern mich noch zu sehr. Ich sehne mich nach Stille.

»Wohnen Sie in Wien?«

Nur kein Gespräch.

Ich antworte mit einem knappen »Ja«, auch wenn es nicht der Wahrheit entspricht. Das geht schneller, erfordert keine weitere Antwort.

»Mit Mann?«

Noch einmal versuche ich es mit einer Lüge.

»Ja.«

»Haben Sie Kinder?«

Eine dritte Lüge schaffe ich nicht.

»Meine Kinder sind bei einem Autounfall gestorben«, presse ich mit verkniffenem Mund hervor. Ich hoffe auf ein *Oh, das tut mir leid* und das Schweigen, das üblicherweise danach einkehrt.

Doch ich werde überrascht.

»Ich weiß, wie es Ihnen geht.«

Aha?

»Sie glauben mir vielleicht nicht, aber ich weiß es. Meine Frau hat auch ein Kind verloren, bei einem Unfall. Vor fünf Jahren. Sie ist psychisch krank, seit damals. Sie sind auch psychisch krank. Glauben Sie mir.«

Was will er nur von mir hören?

»Das tut mir leid, für Sie und Ihre Frau.«

»Glauben Sie mir, von so etwas erholt man sich nie. Man wird psychisch krank, glauben Sie mir.«

Wäre ich psychisch krank, würde ich vielleicht einfach bei der nächsten roten Ampel aussteigen, um mich aus der Affäre zu ziehen. Ich könnte laut zu schreien beginnen. Ich könnte hysterisch werden oder verstummen. Aber ich bin nicht krank, habe all meine Sinne beieinander und bin ein höflicher Mensch obendrein. Einfach nicht zu antworten fände ich grob.

»Wissen Sie, ich habe das Glück, dass ich immer noch die positiven Dinge sehen kann. Vielleicht hilft mir das.«

»Nein, nein. Das hilft nicht. Sie sind psychisch krank, glauben Sie mir.«

Ich wüsste gern, woran man das sieht.

Habe ich etwa Zuckungen? Oder wirke ich zu entspannt? Zu ... normal?

Draußen ist Stau. Nachmittagsverkehr. Die Fahrt wird noch lange dauern. Ich habe den Moment längst verpasst, in dem ich das Gespräch hätte beenden können. Der Fahrer ist in seinem Element. Nach zwei Kilometern, für die wir zwanzig Minuten gebraucht haben, weiß er alles über den Unfallhergang, über meinen Rechtsanwalt, über die Fernsehdokumentation, die über mich gemacht wurde, und über die Einladung, in einer Talkshow des ORF über meine Trauerarbeit zu sprechen.

»Das müssen Sie machen, glauben Sie mir!«

»Ich glaube nicht, dass ich das will. Ich will lieber meine Ruhe haben.«

»Sie müssen ins Fernsehen. Sehen Sie, der Bahnübergang war ohne Schranken. Sie müssen in der Öffentlichkeit sprechen und durchsetzen, dass an jeden Bahnübergang Schranken kommen!«

»Ich glaube nicht, dass speziell das meine Aufgabe ist.«

Immer noch winde ich mich bei jedem Satz. Es gäbe so viel zu diskutieren, aber doch nicht hier, doch nicht mit diesem Mann, der jeden Satz mit »Glauben Sie mir ...« unterstreicht!

Der Taxifahrer schaut mir durch den Rückspiegel eindringlich in die Augen. »Glauben Sie mir, Sie müssen das machen. Wenn Sie nicht durchsetzen, dass an alle Bahnübergänge Schranken kommen, dann gibt es noch mehr solche Unfälle, und dann sind Sie schuld daran, dass noch mehr Kinder sterben!«

Es verschlägt mir die Sprache.

Auf der Rückfahrt nehme ich mir fest vor, kein einziges Wort mit dem neuen Fahrer zu wechseln. Ich steige ins Auto, nenne das Ziel und gebe vor, eine SMS in mein Handy zu tippen.

Der neue Fahrer hat ein freundliches Lächeln.

»Haben Sie Kinder?«, fragt er ohne Umschweife, ich weiß nicht, warum. Vielleicht steht auf meiner Stirn etwas, wovon ich nichts weiß?

»Nein.«

Nein!

Das kleine Wort rammt mir gnadenlos drei Messer in den Bauch.

Ich schaue starr zum Fenster hinaus, lasse den Schmerz von meinem Körper Besitz ergreifen, ohne mich noch zu wehren. Endlich, endlich kann ich weinen.

wiederkehr nicht ausgeschlossen

Ich war zerrissen. Setzte alles daran, mein altes Leben wieder aufzunehmen und wusste doch, dass meine Bemühungen sinnlos waren. Die Grundmauern meines Daseins waren eingebrochen. Das Fundament zerborsten. Das Gebäude war nicht mehr stabil. Da halfen alle kosmetischen Maßnahmen nichts. Ich konnte mir die Tage noch so sehr vollstopfen mit gewohnten Ritualen, mit Clowneinsätzen, Vorstandssitzungen und Gartenarbeit. Das Vakuum in meinem Herzen ließ sich damit nicht füllen. Es wartete. Schmerzte. Und schrie.

Was konnte ich tun?

Neue Inhalte, die wollte ich mir allzu gern suchen. Ich übertraf mich selbst.

Was wollte ich immer schon machen? Jetzt ist der Moment. Ich will alles, und das sofort.

Ich nahm Trommelstunden. Sprechtechnikunterricht. Besuchte Seminare. Tanztheater, Schreibwerkstatt, Töpfern. Selbsterfahrung durch Tanz. Improvisationstheater. Ich kaufte mir sogar eine Jahreskarte für ein Fitnessstudio, in dem ich jeden zweiten Vormittag trainierte, bis ich nicht mehr konnte.

Daneben durchforstete ich das Internet nach Ausbildungen. In meinen Tagträumen wurde ich Shiatsutherapeutin. Physiotherapeutin. Psychotherapeutin. Tänzerin. Schriftstellerin. Musiktherapeutin. Opernsängerin. Trauergruppenleiterin. Am liebsten alles zugleich.

Das Träumen gab mir Energie. Meine Aktivitäten halfen mir, die Zeit zu vertreiben. Doch sie konnten mich nicht wirklich erfüllen. Immer noch hatte ich das Gefühl, über der Erde zu schweben, an nichts wirklich teilzuhaben. Zuschauerin zu sein bei einem Stück, das *Mein Leben* hieß.

Ich sehnte mich nach Sinn.

»Ich trommle, weil ...«

... ich dann vergesse, wie traurig ich bin.

»Ich tanze, weil ...«

... ich sonst meinen Körper verliere, irgendwo zwischen Himmel und Erde.

»Ich trainiere, weil ...«

... mir, ehrlich gesagt, gerade nichts Besseres einfällt.

»Ich will Therapeutin werden, weil ...«

... ich möchte, dass andere etwas von mir haben. Ich allein weiß nämlich nichts mehr mit mir anzufangen.

Keine guten Antworten. Jedenfalls keine, die mich zufriedenstellten.

Früher, da war alles einfacher gewesen. Ich hatte gearbeitet, um Geld für meine Familie zu verdienen. War morgens aufgestanden, um meinen Kindern das Frühstück zuzubereiten. Hatte gekocht, weil es Heli so gut schmeckte. Hatte bei Freunden gesessen, um mit ihnen über Erziehungsfragen zu diskutieren.

Familie. Das war der einzige Sinn, den ich mir überhaupt vorstellen konnte. Weiter reichte mein Horizont nicht. Ich musste mir die Zeit vertreiben, bis ich wieder Familie hatte. Vorher durfte ich nicht nach einem Sinn fragen.

Doch woher sollte ich eine Familie nehmen, wo ich doch den Kontakt zu Menschen scheue? Wieder einmal suchte ich Halt an einem Strohhalm. Genauer: An einem Traum, in dem mir Fini erschienen war, wenige Tage vor dem Seelenfest:

Ich bin bei meinem Kollegen Hannes zu Besuch, in seinem Haus, das ganz aus Holz besteht. Es ist warm und schön, ich fühle mich geborgen.

»Komm mit, ich gebe dir Kuchen und Tee.«

Manuela, Hannes' Frau, führt mich in den Keller. Ich spüre ihre Hand fest in meiner. Ihre Finger streicheln mich. Ich schweige erwartungsvoll.

»Komm! Weiter nach hinten.«

Ich lasse mich in einem dunklen Winkel nieder. Manuela geht, um Kuchen zu holen.

Der Keller verwandelt sich. Ich sitze in einer Bienenwabe. In einem ganzen Bienenstock. Tausend Waben. Honig. Goldenes Licht. Ich scheine zu fliegen, schwebe durch das Gebäude, werde in den hintersten Winkel getragen, an die Stelle, wo sonst die Bienenkönigin sitzt. Ich fühle mich wie in einem Mutterbauch.

Plötzlich erscheint mir ein Lichtwesen. Ein Engel? Eine Fee?
Fini!
Meine Tochter, die gar nicht mehr klein ist, kein Kind, vielleicht nicht einmal ein Mensch, legt mir behutsam die Hand auf den Kopf. Segnet mich. Lächelt mir zu und spricht mit warmer, weiser Stimme:
»Ich habe die Erlaubnis bekommen, zu dir zurückzukommen, wenn du das möchtest.«

Mein Herz klopfte so laut, dass ich davon aufwachte. Das Echo der Prophezeiung klang mir noch lange in den Ohren.
Wenn ich das möchte? Natürlich möchte ich das! Was sonst könnte ich lieber wollen? Ich werde alles tun, damit du wiederkommen kannst. Verlass dich drauf!

Konnte mein Traum wahr werden? Würde Fini wiederkommen? Reinkarnieren, noch in diesem, meinem Leben?

Der 16. Juni 2008, elf Uhr dreißig

Wieder einmal sitze ich in Elisabeths Therapieraum, auf dem Sofa, eingewickelt in eine warme Decke. Wieder einmal weine ich, was das Zeug hält. Ich habe Elisabeth gerade von meinem Traum erzählt.
»Kann es sein, dass Fini tatsächlich zurückkommt?«
»Ja, es kann sein«, meint Elisabeth.
»Aber warum mussten sie dann überhaupt gehen? Warum musste Heli gehen, wo er doch gerade angefangen hat, so richtig glücklich zu sein?«
»Manchmal will eine Seele nur zu diesem Punkt kommen. Es reicht ihr, zu wissen, wie sich das Glück anfühlt. Dann kann sie zufrieden gehen. Heli hat erlebt, was er erleben wollte. Das Glück mit dir.«
»Und Thimo?
»Ich weiß es nicht. Man weiß nicht immer, was sich eine Seele vorgenommen hat. Thimo hat seine Aufgabe offenbar erledigt.«
»Ich muss dir etwas ganz Schreckliches sagen. Ich hoffe so sehr, dass Fini noch einmal kommt. Gleichzeitig wünsche ich mir manchmal, es könnte Thimo sein, der zu mir zurückkommen darf. Bei ihm muss ich mich viel mehr entschuldigen. Bei ihm habe ich viel mehr Fehler gemacht. Fini war noch so klein und so glücklich, alles lief so gut. Ich möchte es bei Thimo auch noch einmal so gut machen.«
Meine Stimme versagt. Auch Elisabeth schweigt.
Das Schicksal wird schon wissen, was es tut. Es ist gut, egal, wie es kommt.

27. Juni 2008

Dr. P. ist homöopathische Ärztin. Sie kennt Thimo, Heli, Fini und mich. Ich sitze in ihrem Sprechzimmer, weil ich wissen will, wie es meiner Familie geht. Die zarte alte Dame kann mir, so hoffe ich, eine Antwort geben. Sie hat einen guten Draht zur geistigen Welt, so heißt es.

Auch sie frage ich:

»Wird Fini wiederkommen?«

»Ich sehe zwei Seelen, die möglicherweise durch Sie geboren werden wollen. Wenn es die Umstände erlauben. Ob eine der Seelen zu Fini gehört, kann ich noch nicht erkennen. Aber es besteht in jedem Fall die Möglichkeit, dass Sie noch Kinder bekommen, falls Sie einen lieben Mann finden.«

Einen Mann? Muss das wirklich sein?

»Wie geht es Heli? Muss ich Angst haben, dass er in einer Zwischenwelt hängengeblieben ist? Ich habe gelesen, dass das manchmal passiert, wenn jemand sehr plötzlich stirbt. Dass er dann gar nicht kapiert, dass er tot ist.«

»Mal sehen.«

Dr. P. schließt die Augen. Sie fällt nicht in Trance, gibt keine esoterischen Brummlaute von sich. Eigentlich sieht sie ganz normal aus, als würde sie ein Bild betrachten, das nur sie sehen kann.

»Ja, es scheint, dass Heli noch nicht ganz drüben ist.«

Die alte Dame, die so vertrauenerweckend ist, dass ich sie am liebsten hier und jetzt als meine Großmutter adoptieren würde, beginnt mit leiser Stimme ein Gebet zu sprechen.

»Heilige Jungfrau Maria, ich bitte für Heli Eberhart ...«

Wow! Man darf sogar katholisch sein, wenn man mit Engeln spricht!

»... möge er den Weg ins Licht finden und eingehen in das ewige Leben – Oh, ich werde unterbrochen.«

Sie stutzt. Lauscht überrascht. Ein Lächeln erscheint auf ihrem Gesicht.

Machen etwa auch Engel manchmal Witze?

»Heli. Er möchte mitreden, es sei wichtig. Wir sollen uns keine Sorgen um ihn machen. Er ist *freiwillig* noch nicht weitergegangen, möchte bloß noch ein wenig in Ihrer Nähe bleiben, um auf Sie aufzupassen. Im Übrigen soll ich Ihnen ausrichten, dass er sehr stolz auf Sie ist.«

Für mich besteht kein Zweifel, dass diese Botschaft von Heli stammt. Ich erkenne ihn in jedem Wort. Er fühlt sich verantwortlich. Er will nicht, dass man ihm dreinredet. Er ist stolz auf mich.

Oh, Heli, Geliebter, wenn du wüsstest, wie stolz ich auf dich bin! Wenn du wüsstest, wie viele Menschen durch deinen Tod etwas lernen durften!

»Können Sie auch sehen, wo Thimo ist?«

Dr. P. schließt die Augen. Eine Weile ist es ganz still.

»Thimo war doch schon immer ein Seelenanteil von Ihnen.«

Wie bitte?

»Haben Sie gewusst, dass gewisse Seelengruppen immer wieder gemeinsam inkarnieren? Sie können sich das so vorstellen wie eine Baumgruppe, die ganz nah beieinander steht. Die Bäume senken jeweils einen Ast zur Erde, so entstehen verschiedene Leben. Der Stamm ist immer gleich, egal, welcher Ast gerade zu Boden geht. Manchmal senkt ein Baum zwei Äste gleichzeitig herab. Dann inkarnieren zwei Menschen, die aus einer Seele stammen. So war es bei Thimo und Ihnen. Thimo ist ein Teil *Ihrer* Seele.«

Gott, ist das schön. Ist das der Grund, warum Thimo mich immer schon am meisten herausgefordert hat? Ist das der Grund, warum ich durch ihn lerne, mir selbst zu verzeihen?

»Thimo kann Ihnen nicht fehlen. Er ist da.«

Das Bild von der Baumgruppe gefiel mir sehr. Ich stellte mir vor, dass wir uns alle wiedersehen würden, im nächsten, übernächsten Leben. Vielleicht würde ich ja Helis Mutter sein, das nächste Mal. Oder Thimos Tochter? Finis Schwester? Alle Varianten waren reizvoll. Hauptsache, wir wären wieder zusammen.

Ich hatte mir nicht viele Gedanken über Reinkarnation gemacht, früher, vor dem Tod meiner Familie. Windeln, Babybrei und Hausarbeit: Ich war viel zu beschäftigt gewesen, um über Glaubensfragen nachzudenken.

Nun allerdings war ich bereit, einfach alles zu glauben, was mir Hoffnung schenkte. Egal ob es aus dem Buddhismus stammte, aus der Bibel oder aus parawissenschaftlicher Forschungsliteratur. Es wäre nicht sinnvoll gewesen, zu zweifeln. Ich hatte am eigenen Leib erfahren, dass es zwischen Himmel und Erde mehr gab, als sich beweisen ließ. Ich hatte Fini in einer Lichtblase am Himmel gesehen, am helllichten Tag. Ich hatte Traumbotschaften empfangen. Ich trug Helis unsichtbaren Mantel.

Manche Dinge kann man nicht beweisen. Man kann aber genauso wenig beweisen, dass es sie nicht *gibt. So liegt es an mir, ob ich sie glauben will oder nicht. Ich entscheide mich dafür, alles zu glauben, was mir Hoffnung schenkt. Wem soll das schaden?*
So dachte ich. Und glaubte an Engel. An Wiedergeburt. An Klarträume und Visionen. An Karma und Paralleluniversen. Und an Finis Versprechen.
»Ich habe die Erlaubnis bekommen, zu dir zurückzukommen, wenn du das möchtest.«
Bis heute hat mir noch niemand bewiesen, dass es all das nicht gibt. Daher glaube ich weiter und genieße die Freude, die mir mein Glauben bringt. Irgendwann werde ich erfahren, ob ich Recht gehabt habe. Dann werde ich über all meine Irrtümer lachen – oder darüber, dass ich jemals zweifelte.
Dass es nach meinem Tod ein *Ich* geben wird, das lachen kann, daran jedenfalls habe ich noch nie gezweifelt.

An Engel glauben

In meiner blondgelockten Fantasie
da hüpfen sie.
Da hören sie.
Da helfen sie.

Hüpfen über Wolkendecken,
leicht und barfuß durch die Luft,
schweben sacht an mir vorbei.

*Hören mich in allen Ecken,
hören jeden, der sie ruft,
am Tag, in der Nacht – ganz einerlei.*

*Auch wenn ich nichts mehr weiß, nicht einmal wie
ich sie um Hilfe bitten soll –
ihr Flügelhorn voll Himmelsmelodie,
ihr Hilfspaket ist immer voll.
Voll Eifer überlegen sie
für mich stets neu die beste Strategie.*

*Ich pfusche oft genug hinein mit meinem
»Willen«.
Sie sind nicht bös mit mir, und könnten's niemals sein,
und wollen jede Wunde, jeden Schmerz mir stillen.*

*Und eine Tages möcht ich selber wieder einer werden
und möcht auf einer riesenweißen Wolke hocken.
Und wünsch mir, dass Ihr an mich glaubt, die Ihr dann wohnt auf Erden –
vielleicht sogar an meine blonden Locken.*

So lag ich wieder einmal im Gras neben dem Bahnübergang und sprach mit Fini über ihre mögliche Wiederkehr. Ich versicherte ihr, dass ich alles tun würde, um sie auf gute Weise wieder zu empfangen. Dabei wurde mir bewusst, dass mein Bauch eine ganz wichtige Rolle dabei spielen würde, und ich begriff auch, dass ich endlich wieder anfangen musste, regelmäßig zu essen.
»Ich baue dir ein warmes Nest in meinem Bauch.«
Ich nahm dieses Versprechen ernst. Wann immer sich der Hunger in meinen Bauch einschlich – dieses süße Gefühl der Schwäche, der Schwerelosigkeit, des *ich bin noch nicht so weit* – wann immer ich vergaß, zu essen, und dabei den Notausgang in Richtung Himmel einen Spalt breit zu öffnen begann, dachte ich an das warme Nest, das ich für Fini bauen wollte. Der Gedanke an Fini motivierte mich sehr.
Wenn du wiederkommen willst, dann esse ich. Ich richte das Haus schön her für dich. Ich werde wieder Geld verdienen, damit wir es gut haben. Ich mache mein Leben bereit. Für dich.

Theoretisch war alles klar. Fini brauchte ein Nest in meinem Bauch, dann würde sie wiederkommen.
Doch wie sah es in der Praxis aus? Wie sollte ich ein Kind empfangen? Ich – eine alleinstehende Frau, von einer Lichtblase umgeben, von einem warmen Mantel umhüllt mit ziemlich wenig Kontakt zu dem, was man Realität nennt?
Ernsthaft widmete ich mich meinem selbstgeschaffenen Problem. Ich war glücklich, eine konkrete Aufgabe zu haben.

Meine Therapeutin erklärte mir einmal anhand einer Metapher, wie der Prozess der Erdung nach einem Trauma vonstatten geht:

»Wenn dir etwas Schreckliches geschieht, ist es nur logisch, dass du ein wenig von der Erde abhebst. Da oben, wo du fliegst, ist alles gut und schön, du fühlst dich leicht und sorgenfrei. Das Landen auf der Erde kannst du dir so vorstellen, als würdest du mit einem Paragleiter auf einer abschüssigen Wiese landen. Ab und zu kommt dein Hinterteil am Boden auf, was nicht gerade angenehm ist. Der Wind hebt dich wieder in die Luft. Du fliegst ein Stück. Doch bald schon berührst du wieder den Boden.

Jedes Mal tut es ein bisschen weh, aber immer nur so sehr, wie du gerade vertragen kannst. Irgendwann landest du vollständig. Dann kannst du aufstehen und weitergehen.«

Finis mögliche Reinkarnation – die Nuss, die ich unbedingt knacken wollte – forderte mich dazu heraus, die Erde zu berühren. Irgendetwas in mir wollte herausfinden, ob ich schon bereit war zu landen. Ich streckte mein Hinterteil hoffnungsfroh in Richtung Boden. Kam auf. Und holte mir blaue Flecken. Denn da unten auf der Erde lief es nicht gerade so, wie ich es mir vorgestellt hatte.

Frau + X = Baby.
Ich brauche einen Mann!
Die Gleichung war einfach. Und doch war mir das Ergebnis gar nicht recht. Was sollte ich mit einem Mann anfangen, der nicht Heli war? Heli war mein Geliebter, mein

Ehemann, mein Lebenspartner, mein Seelenfreund. So sollte es am besten für immer bleiben. Fini zuliebe würde ich eventuell eines Tages ein Auge zudrücken und einen Abend lang das Nötige tun, um sie zu empfangen. Aber Beziehung? Partnerschaft?
Oh Gott!

Aus meinem Tagebuch

17.6.2008
Heli, ich werde irgendwann einen neuen Mann brauchen. Ich habe keine Ahnung, wie das gehen soll. Du bist mein Mann, mein Seelenpartner, mein Alles!
Kannst du mir eine irdische Vertretung schicken? Nur kurz, bis wir uns wiedersehen?
Meine Liebe zu dir wird stets ungebrochen sein!
Ich bin dermaßen stolz auf dich, Heli. Ich bin stolz, deine Frau zu sein. Es erfüllt mich mit großer Ehre, dass du mein Weggefährte warst und nun in anderer Form bist. Ich werde deinen Platz stets ehren und achten. Das verspreche ich dir!

18.6.2008
Heli, jetzt habe ich schon zwei Mal etwas Komisches geträumt. Du hast im Traum darauf bestanden, ein eigenes Haus zu haben oder ein eigenes Zimmer. Du brauchst deinen eigenen Raum, das war dein Wunsch.

Ich wollte immer noch näher zu dir, du aber wolltest allein sein.
Ich bin verzweifelt.
Bitte sende mir das Gefühl der Verbundenheit ebenso. Getrennt sind wir ohnehin schon genug, oder?
Darf ich dich lieben? Bitte!

Natürlich wünschte ich Fini einen Vater, der sich um sie kümmern sollte. Aber hatte dieser Vater denn gleich mein Partner zu sein? Nein – es musste eine andere Lösung geben.

Es sollte doch zum Beispiel möglich sein, einen Mann zu finden, der sich ein Kind wünscht, aber genau wie ich keine Lust auf Beziehung hat. In Gedanken schrieb ich bereits eine Zeitungsannonce:

Kinderlieber Kindsvater gesucht. Kein Beziehungsstress. Keine Verpflichtungen. Kontakt zum Kind jederzeit möglich. Ansonsten völlige Freiheit. Verzicht auf Alimentenzahlungen garantiert.

Wie viele Männer würden sich auf eine solche Anzeige melden? Hunderte? Tausende? Mein Angebot müsse doch ähnlich attraktiv sein wie ein Sechser im Lotto. Dachte ich.

Die Männer, denen ich von meiner Idee erzählte, fanden sie nicht besonders toll. Na, so etwas! Ich hatte immer geglaubt, dass der männlichen Hälfte unserer Gattung die Freiheit als höchstes Gut über allem anderen steht. Stattdessen outeten sich nun diverse Exemplare als bindungsfreundliche, nähebedürftige Herdentiere mit Nestbautrieb!

Ein befreundeter Rechtsanwalt wies mich zudem darauf hin, dass mein Plan einen weiteren Haken hatte: Eine Mutter kann nicht auf Alimente verzichten. Es ist das Kind, dem die Alimente zustehen, und dieses könnte spätestens an seinem achtzehnten Geburtstag den Vater mit einer Nachforderungsklage an den Rand des Ruins treiben.

Das schöne Bild vom mittellosen, blondgelockten, kinderlieben Marlboro-Man, der nichts lieber wollte als mit mir ein Kind zu zeugen, zerbröckelte gnadenlos vor meinem inneren Auge. Doch aufgeben kam nicht in Frage. Ich hatte Fini doch ein Versprechen gegeben!

Frau – Mann + X = Baby.
Letzte Rettung – Samenbank!
Warum war ich denn nicht gleich auf diese Idee gekommen? Gut, eigentlich hätte ich Fini einen echten Vater gewünscht. Aber was sollte ich denn machen, wenn die Herren der Schöpfung das Spiel nicht mitspielen wollten?

Fini würde eben mit einem Engels-Papa namens Heli aufwachsen. Im Ausgleich dafür hätte sie die glücklichste Mama der Welt. Genügend Freunde waren da, sie alle würden mir ein Kind gönnen und mich unterstützen, wo immer ich Hilfe brauchte. Meine Tochter würde Teil einer wunderbaren Gemeinschaft sein.

Samenbank.

Euphorisch tippte ich das Wort in das Suchfenster von Google ein. Tatsächlich: Allein für Österreich fand ich 3270 Ergebnisse. Ich wählte das erstbeste Institut und kam auf eine ansprechende Startseite, ganz in rosa. Die Überschriften des Menüs klangen etwas sperrig.

Indikationen. Risiken. Juristisches. Zyklusablauf.
Vergeblich suchte ich nach Slogans, nach ermutigenden Türöffnern:
So kommen Sie zu Ihrem Kind. Befruchtung noch heute. Wählen Sie einen passenden Spender.
Ganz so einfach war es allerdings nicht.
»Patienten«.
Damit war vermutlich ich gemeint. Also dann. Ich klickte, sah, und meine Euphorie versiegte.
Schon durch die ersten Zeilen wurde klar, dass Samenbanken medizinische Einrichtungen sind. Mann muss zeugungsunfähig sein. Mindestens. Ein Erbschaden gilt auch, zur Not. In jedem Fall muss man zu zweit sein, Männlein und Weiblein, erfolglos bei der natürlichen Paarung, verheiratet oder in eheähnlicher Lebensgemeinschaft und einhellig gewillt, ein Kind großzuziehen. Damit hatte ich überhaupt nicht gerechnet. Bevor ich es zu glauben bereit war, besuchte ich sieben weitere Seiten. Deutschland, Italien, die Schweiz. Überall das Gleiche.

In den darauffolgenden Tagen mussten meine Freunde eine wutschnaubende, lamentierende Barbara über sich ergehen lassen.

Was soll das heißen! Ich könnte noch heute einen Mann verführen und schwanger werden, ohne dass er es weiß, könnte dann sogar Alimente verlangen. Aber auf rechtlichem Weg, ganz offiziell, kann ich mich nicht befruchten lassen? Wie viele Kinder erleben täglich Scheidungen? Kein Mensch regt sich darüber auf. Aber wenn man ein Kind ganz friedlich allein großziehen will, darf man es nicht.

Ich war Feministin. Aktionistin. Politikerin. Alles zugleich.

Meine Freunde ließen mich toben und wüten. Sie gaben keinen Kommentar ab. Das mussten sie auch nicht. Ich ahnte selbst, dass es da noch eine andere Sichtweise gab.

Wie mag es einem Kind gehen, das nicht weiß, wer sein Vater ist? War es außerdem nicht vielleicht gut, dass ich keine überstürzte Schwangerschaft eingehen konnte? Was, wenn ich schwanger wäre und mich plötzlich doch verlieben würde? Würde ich es bereuen?

»Ich glaube, in Amerika gibt es Samenbanken, wie du eine suchst.«

Dieser Hinweis einer Bekannten, die ich nur zufällig bei einem Sommerfest traf, kam leider – oder Gott sei Dank – etwas spät. Nein, ich würde zu keiner Samenbank gehen. Ich würde dem Schicksal eine Chance geben, mir ein Kind mit zugehörigem Vater zu verschaffen. Irgendwann. Wir hatten ja noch eine Weile Zeit, das Schicksal und ich.

Die Feministin in mir war dennoch glücklich über den Notnagel. Ja, es gibt sie – Samenbanken für Alleinerziehende. In Kalifornien. Dänemark. Holland. Samen kann man bekommen. Die Verantwortung muss man selbst tragen.

Ich suchte inzwischen nach einem anderen Weg. Theoretisch. Auch wenn ich mir noch Zeit lassen würde.

Es ist nie zu früh, einen Plan zu haben.

Aus meinem Tagebuch

> *19.6.2008*
> *In der Nacht die Bitte an dich nach einem Traum der Verbundenheit. Der Traum war ganz klar: Ein neuer Mann, der in mein Leben tritt. Heli, ich nehme es als Erlaubnis, dass ich mich wieder verbinden darf.*
> *Und, ja, Fini, ich werde wieder Kinder haben und wenn ich darf, möchte ich deine Seele wieder empfangen.*
> *Es wird nur noch eine ganze Weile dauern.*
> *Heli, es gibt keinen Mann, der dir und unserer Liebe auch nur annähernd das Wasser reichen kann.*
> *Und wenn ich Pimmel sehe, wird mir SCHLECHT!*
> *Vielleicht könnt ihr mir da helfen?*
> *Ganz allein möchte ich nicht bleiben. Bitte!*

Mann + Frau – Beziehung = Baby.

Eine geniale Lösung.

Meine fixe Idee begleitete mich schon seit mehr als zwei Wochen. Zwanzig, dreißig Freunden hatte ich in den Ohren gelegen mit meinem Wunsch nach einem Kind ohne zugehöriger Paarbeziehung. Geduldig hatten sie mir zugehört, oft genug hatten sie dabei doch etwas verstört gewirkt.

»Ich bin euch so dankbar, dass ihr mir zuhört und so tut, als würde ich das alles ernst meinen.«

So rettete ich mich einmal, nachdem ich es offensichtlich zu weit getrieben hatte mit meinen Fantasien. Das Lachen meiner Freundinnen zeigte, wie erleichtert sie waren, und ich lachte gleich mit. So ganz war mir die Fähigkeit zur Selbsterkenntnis also noch nicht verloren gegangen!

Doch es gab auch Menschen in meiner Umgebung, die mich ernst nahmen, ernster noch als ich mich selbst. Menschen, mit denen ich alle gedanklichen Tabus brechen konnte, ohne ein schlechtes Gewissen zu haben. Mit denen ich neben der Kinderfrage auch andere Themen diskutieren konnte.

Wer freut sich über die Kleider der toten Fini? Soll ich im Keller ein Kinderzimmer einrichten? Wie könnte ich Helis Urne knacken, damit Helis Eltern die Hälfte der Asche bekommen können? Wird ein neues Kind eines Tages die Asche seiner Geschwister sehen wollen?

Ein Kollege aus meiner Impro-Theatergruppe war bei diesen Fragen der Unerschrockenste von allen. So war es auch ein Gespräch mit ihm, über Gott, die Welt im Allgemeinen und Männer im Speziellen, in dem mir die Lösung für mein Kinderproblem plötzlich sonnenklar vor Augen stand.

Natürlich! Warum denn nicht gleich? Es gibt Männer, wie ich sie suche, und sie sind ... homosexuell!

Andreas, zwar sehr kinderlieb, aber leider hetero und bereits vergeben, brachte mir sogleich einen gemeinsamen alten Freund in Erinnerung.

»Soll ich ihn einmal fragen?«

Moment. Nicht so schnell! Zuerst noch ein paar Details. Wie soll das überhaupt funktionieren, schwanger zu werden von einem Mann, der nichts mit Frauen am Hut hat?

Auch das war kein Tabu für Andreas, den Mutigen.

»Ich hab das schon einmal gehört. Der Mann muss auf andere Weise zu einem Orgasmus kommen. Den Samen fängt man in einem Schüsselchen auf und versucht dann, ihn möglichst schnell und keimfrei in die Scheide der Frau zu bringen. Meistens funktioniert es allerdings nicht beim ersten Mal.«

Das war denn nun sogar für mich zu viel. Zu technisch, zu unromantisch. So hatte ich es mir auch wieder nicht vorgestellt. Außerdem kränkte mich der Gedanke, dass mich der Vater meines zukünftigen Kindes kein bisschen attraktiv finden sollte, doch mehr, als mir lieb war.

»Ähm, vielleicht sollten wir uns diese Variante für den Notfall aufheben«, druckste ich herum.

»Okay, sag mir einfach, wenn es so weit ist. Und jetzt lass uns kochen. Was hältst du von Risotto?«

Ich nicke, froh über den Themenwechsel.

ausblick

Der 29. Juni 2008

Der Wahrsager, bei dem ich mich angemeldet habe, hat sein Büro in einem ganz normalen Einfamilienhaus. Kein Türschild, keine Hinweistafel. Werbung hat der Mann offensichtlich nicht nötig.

Sabine hat ihn mir empfohlen. Er hat ihr schon öfters sehr treffend die Zukunft vorhergesagt. Was meine Zukunft angeht, so habe ich guten Rat dringend nötig.

Ich brauche einen Dolmetscher, der mir die Zeichen, die mir der Himmel schickt, übersetzt, bis die Engel endlich gelernt haben, mit großen Lettern auf Hauswände zu schreiben. Ich brauche schleunigst ein paar Antworten.

Hat es etwas zu bedeuten, dass mir ein Betrunkener ins parkende Auto fuhr? Was soll es heißen, dass meine Vermieterin den Kaufvertrag für das Haus zunächst unterschrieb und ihn plötzlich wieder annullieren lassen möchte? Befinde ich mich in einer Pechsträhne, oder hat das alles einen tieferen Sinn? Ach ja, und das Wichtigste: Wann kommt Fini?

Im Vorraum stehen drei Stühle. Sie sind leer. Gott sei Dank. Ich bin nervös, als würde ich auf den Zahnarzt warten. Hoffentlich geht es schnell.

»Bitte sehr.«

Kann vielleicht die Empfangsdame bereits meine Gedanken lesen? Unbeholfen stehe ich auf. Meine Beine fühlen sich an wie Wackelpudding.

Wieso bin ich so aufgeregt? Ich habe doch bloß ein Rendez-vous mit meiner eigenen Zukunft, nichts weiter.

Das Zimmer des Hellsehers ist unmöbliert, abgesehen von einem unscheinbaren Stuhl, dem Bürosessel des Hausherrn und einem großen Glastisch. Darauf ein Stapel abgegriffener Spielkarten. Und eine Packung Kleenex.

Hinter dem Tisch sitzt ein Sir in schwarzem Anzug. Er trägt eine goldene Krawatte.

Sehr ernsthaft. Sehr förmlich. Mit dem Schicksal wird hier wohl nicht gespaßt.

»Bitte teilen Sie den Stapel in drei Teile.«

Ich zittere so stark, dass mir ein Teil der Karten aus der Hand fällt. Der erste Stapel entsteht somit von selbst. Den Rest teile ich in zwei Hälften, dann lehne ich mich zurück, schweißgebadet. Erschöpft von der verantwortungsvollen Aufgabe. Immerhin habe ich gerade über meine Zukunft entschieden.

Hoffentlich habe ich nicht die falschen Karten genommen. Können es überhaupt die falschen Karten sein? Mein Zittern, die Karten, die hinuntergefallen sind – sind auch sie Teil des Spiels?

Der Mann in Schwarz verteilt die Karten auf dem Tisch. Vier Reihen, acht Spalten. Er sieht mich eindringlich an.

Irgendwie erinnert er mich an den Herrn vom Bestattungsinstitut.
»Was möchten Sie wissen?«
Ich will ihm nichts über mich erzählen. So habe ich es schon vor Tagen entschieden. Ich will, dass *er* mir erzählt, wer ich bin. Ich weiß es ja selbst nicht mehr so genau.
»Ich möchte wissen, was mich im kommenden Jahr erwartet, auf allen Ebenen.«
Warum bebt meine Stimme so?
Der Blick des Wahrsagers wandert zu den Karten. Seine rechte Hand greift zum Pik-Buben, schiebt die Karte ein wenig nach rechts. Ein langer Blick, die Hand bleibt auf der Karte liegen.
»Haben Sie Kinder?«
Mein Gott, wieso gerade diese Frage?!
Die Schachtel Kleenex ist mir plötzlich sehr willkommen.
Ich bin wohl nicht die Erste, die hier heult.
Mit einem Mal lösen sich all meine Vorsätze in Luft auf.
Was bringt es, etwas zu verheimlichen? Dieser Mann weiß doch sowieso alles.
Schniefend erzähle ich also vom Tod meiner Familie. Ich jammere, dass ich nicht weiß, was aus mir werden soll. Dass ich mein Haus behalten will. Und mich gern wieder verlieben würde, irgendwann.
»Sie werden Ihr Haus *nicht* behalten, und das ist das Beste, was Ihnen passieren kann. Ich sehe einen Ortswechsel. Sie werden in eine andere, große Stadt ziehen, schon bald, und Ihre Wohnsituation wird sich sehr verbessern.«
Hä? Wo soll ich denn hin? Ich arbeite doch in Graz, da werde ich doch nicht umziehen!

»Sie arbeiten in einem künstlerischen Beruf, oder?«
Woher weiß er das bloß?
Ich nicke.
»Es warten neue Aufgaben auf Sie. Diese sind auch künstlerischer Natur, aber sie fordern Sie in einem anderen Bereich heraus als bisher. Es wird eine schöne Aufgabe, die Ihnen viel Geld bringen wird.«
Geld? Das gefällt mir. Ich muss meine Gesangslehrerin anrufen, vielleicht wird ja doch noch etwas aus der großen Karriere ...
Ich habe aufgehört zu zittern. Fühle mich mutig. Stark. Das Schicksal ist auf meiner Seite.
»Werde ich jemals wieder einen Mann finden?«
Die Hand des Kartenlegers wandert zum Herz-König.
»Ja, er ist schon in ihrer Nähe. Er ist um einiges älter als Sie, und Sie werden sehr wichtig für ihn sein. Sie werden gut für ihn sorgen.«
Moment! Ich will keinen alten Mann, ich möchte mich doch nicht um einen Tattergreis kümmern!
»Der Mann wird für Ihre Zukunft sehr wichtig sein. Haben Sie noch eine Frage?«
Lieber nicht. Oder? Doch!
»Werde ich wieder Kinder haben?«
Der Wahrsager seufzt und studiert lange das Kartendeck.
Denkt er nach? Oder will er mich vor einer schmerzhaften Antwort bewahren?
»Sie sollten wissen, dass Sie, wenn Sie noch einmal ein Kind bekommen, immer, in jedem Augenblick Angst haben werden, es wieder zu verlieren.«

Mist! Hätte ich ihm lieber doch nichts vom Unfall erzählt!
»Das glaube ich nicht.«
Er muss ja nicht in allem Recht haben.
Der Herr in Schwarz übergeht meinen Einwand geflissentlich.
»Ich muss Ihnen jetzt noch etwas sehr Wichtiges auf Ihren Weg mitgeben. Merken Sie es sich gut.«
Sein eindringlicher Blick tut mir fast schon weh.
»Sie sind im Begriff, einen sehr ungewöhnlichen Weg zu gehen. Sie werden auf diesem Weg mit viel Unverständnis konfrontiert werden. Viele Menschen werden Ihnen Knüppel zwischen die Beine werfen. Jeder dieser Knüppel, jeder einzelne, soll Sie stets daran erinnern: Sie sind auf dem *richtigen* Weg! Vergessen Sie das nicht.«
Donnerlittchen!

»Und, was hat er gesagt?«
Sabine. Ich habe ihre Nummer schon im Treppenhaus gewählt. Brühwarm erzähle ich ihr alles, was ich seit ein paar Minuten von meiner Zukunft weiß.
Ein Ortswechsel. Eine neue Herausforderung. Der richtige Weg.
»Aber, ein alter Mann! Ich glaube nicht, dass ich das will.«
»Vielleicht ist er ja gar nicht so alt, wie du denkst. Vielleicht ist er ja erst ... vierundvierzig?«
»Wieso gerade vierundvierzig?«
»Ich finde, du solltest dich endlich entspannen. Es gibt bestimmt einen Mann, der dich lieben und gern ein Kind

mit dir bekommen wird. Ich habe da sogar einen ganz bestimmten im Kopf. Gib ihm einfach noch ein bisschen Zeit.«

Moment. Soeben habe ich eine runde Summe beim Wahrsager ausgegeben, und nun unterbreitet mir meine beste Freundin, ganz nebenbei, dass sie den Mann meines Lebens bereits kennt?!

»Wer soll denn das sein? Ich kenne keinen einzigen Mann, mit dem ich mir vorstellen könnte ...«

»Nein, *du* kennst ihn nicht. Aber ich.«

»Und wie heißt er, dieser Mann?«

»Ulrich.«

Ulrich.

Ich weiß sofort, wer gemeint ist. Sabine hat mir vor längerer Zeit von ihm erzählt. Er ist ein Freund ihres Lebensgefährten, ein Schauspieler aus Wien. Begeistert schwärmt sie nun von seinem feinfühlenden Wesen, von seinem Interesse an Philosophie und Spiritualität und, nicht zuletzt, von seiner gescheiterten Ehe.

Es gefällt mir, was Sabine da erzählt. Es ist fast zu schön, um wahr zu sein.

»Aber ich bin doch noch nicht so weit!«

»Wenn es passt, werdet ihr euch schon kennenlernen. Irgendwann kommt er uns einmal besuchen, das hat er fest versprochen, und wenn du willst, dann lade ich dich dazu ein.«

Ich lege auf. Schaue gedankenverloren auf das Display.

Was mache ich da? Streichle ich tatsächlich mein Handy?

»Ulrich.«

Der Name klang gut in meinem Mund. Auf der Heimfahrt im Auto hatte ich genügend Zeit, mir aus den sechs Buchstaben in Gedanken ein rosarotes Päckchen zu basteln. Ich füllte es mit all meinen Hoffnungen, meinen Träumen und Worten wie *Zukunft* und *Liebe*. Verschloss es sorgsam mit einer großen, bunten Schleife. Noch bevor ich zu Hause angekommen war, hatte ich es schon gut verstaut, in einem entlegenen Winkel meines Kopfes. Sicherheitshalber.

Denn meine innere Stimme, die es doch so gut mit mir meinte, konnte nicht davon lassen, mich zu warnen.

Pass auf! Dein Lebenswille hängt an einem seidenen Faden. Mache nicht den Fehler, deine Hoffnungen auf einen Namen zu setzen. Auf einen Mann. Was ist, wenn er deine Erwartungen nicht erfüllt? Was wird dir dann die Kraft geben, weiterzumachen?

Im Grunde gab ich der Stimme Recht. Ich kannte ihn ja gar nicht, diesen Mann. Und doch …

Es muss ja nicht unbedingt dieser Ulrich sein. Aber an das »Prinzip Ulrich«, daran will ich gern glauben. An die Idee, dass es da draußen irgendwo einen Mann gibt, der mich eines Tages lieben wird und den ich in mein Herz einlassen werde. Irgendwann.

Mein Kopf gab sich damit zufrieden. Er gewöhnte sich an den Unbekannten. Und ich begann, Ulrich auf meine Waldspaziergänge einzuladen, bei denen ich zuvor nur die Begleitung meines unsichtbaren Mannes zugelassen hatte. Ich sprach mit Heli, dann wieder mit Ulrich, oder mit beiden zugleich. Erzählte ihnen von meine Sorgen, Hoffnungen und Träumen.

Ab und zu sprach ich auch mit dem Schicksal:

Du weißt, dass ich dir immer vertraut habe. Ich bin sicher, dass du dir etwas dabei gedacht hast, als du mich verschont hast. Damals, an dem Tag, als der Unfall passierte. Ich habe nie mit dir gehadert, nie böse Worte gegen dich gerichtet. Ich will dir weiter vertrauen, denn ich glaube nicht, dass du es böse mit mir meinst.

Das »Prinzip Ulrich« habe ich für dich erfunden. Nun sorge du dafür, dass es Wirklichkeit wird. Wie und wann, das überlasse ich ganz dir.

In der Zwischenzeit wollte ich mich erst einmal weiter daran machen, ein hübsches Nest zu bauen. Für Fini. Für das Prinzip Ulrich. Und, ja, zur Not auch ganz für mich allein.

Nestbaubetrieb

Ein Sonnentag Anfang Juli

Mein Heim ist in keinem besonders guten Zustand. Viel zu lange schon habe ich ihm keine Beachtung geschenkt. So etwas rächt sich.
Ein Haus muss gepflegt werden wie ein lebendiger Organismus, das hat Heli immer schon gewusst.
Ich bin auferstanden. Energiegeladen. Das Leben hat mich wieder. Das bisschen Hausarbeit werde ich schon in den Griff bekommen.
Ich sehe mich um. Erstelle eine Bestandsaufnahme.
Die Küche: etwas staubig, aber immerhin schön warm, denn draußen sind es bereits mehr als zwanzig Grad.
Fenster auf, ja, das ist besser.
Mein Schreibtisch: voll mit Formularen, Bürokratie ohne Ende, Helis Steuererklärung wartet auf mich, offene Rechnungen, ein dicker Fragebogen von der Sozialversicherung.
Ja, ihr kommt auch noch dran, aber nicht heute. Heute muss ich erst einmal Ordnung machen.
Ich schaue vom Fenster aus in den Garten. Der Rasen! Auch hier muss etwas geschehen. Was genau? Keine Ah-

nung, Mähen vermutlich. Wie das geht, das werde mal meine Nachbarin fragen. Später. Zuerst muss ich mir einen vollständigen Überblick verschaffen. Weiter geht's.

Der Keller: verschimmelt. Die Wäsche: ungebügelt. Die Speisekammer: voller Mäusekot.

Viel zu tun.

Ich rufe meine Mutter an.

»Kommst du putzen?«

Natürlich kommt sie, gleich nächste Woche, sie ist überglücklich, dass ich endlich etwas von ihr brauche. Wunderbar. So kann ich mich also den wichtigeren Dingen zuwenden. Zum Beispiel ... den Vorhängen im Wohnzimmer. Irgendwann im März habe ich bunte Stoffbahnen bei IKEA gekauft, seither warten sie darauf, endlich aufgehängt zu werden.

Oh, wird das schön aussehen!

Die Sache hat nur einen Haken. Über den Fenstern gibt es keine Vorhangstangen. Kein Problem für mich, »Mrs. 1000 Volt in der Lichtblase«.

Aus meinem Tagebuch

2.7.2008

HELI EBERHART!! Weißt du, wo der Akkubohrer ist?! Ich brauch' den jetzt!!!!!

Ich werde Holzhacken lernen. Und Lagerfeuer machen! Und ich werde Haken aufhängen im Schlafzimmer! Und ich bin ganz fröhlich, wenn ich daran denke. Ich werde dabei mein Kopftuch aufsetzen und lachen und wieder so ausschauen wie damals beim Ofensetzen. Du hast immer wieder in so großer Liebe das Bild von mir als Handwerkerin, als dein »Stift«, beschrieben. Ich werde handwerken und dich lieben!

Ich krame in meinem Wäschekasten und finde tatsächlich das kleine Kopftüchlein, das ich vor Jahren trug, als ich Heli half, einen Kachelofen zu bauen. Ich binde es mir um den Mund und steige hinunter in meinen Keller, in dem es modrig riecht und feucht, und an dessen Wänden grüne, flaumige Schimmelpilze wuchern. Den Akkubohrer finde ich nicht. Ist er vielleicht im Bus gewesen, an jenem Tag im März? Ist er längst zerquetscht und auf der Mülldeponie gelandet?

Blitzschnell fasse ich einen Plan. Ein schöner, sonniger Nachmittag. Ich habe Zeit, alle Zeit der Welt. Warum setze ich mich nicht einfach ins Auto und mache einen Ausflug zum Baumarkt?

Heli, ich werde uns einen neuen Bohrer kaufen. Einen, auf den du stolz sein wirst. Komm, lass uns fahren!

Ich setze mich in mein neues grünes Auto, das ich erst vor ein paar Tagen von meinen Eltern geschenkt bekommen habe. *Schnecke* habe ich es genannt. Nicht, weil es so langsam ist, sondern weil in seinem hinteren Wagenraum eine gemütliche Futonmatratze liegt, mit einem grasgrünen, freundlichen Leintuch überzogen.

Ich trage mein Haus ständig bei mir.

Im Clownbus hatten wir auch eine Matratze gehabt. Ich liebte die Vorstellung, immer und überall stehen bleiben und in den eigenen vier Autowänden übernachten zu können. An manchen Tagen habe ich um unseren Clownbus fast so getrauert, als wäre er ein weiteres Familienmitglied gewesen. Seine fröhliche Farbe. Sein großer, immer voller Kofferraum, der Platz bot für Spielzeug, Babykleidung, Kinderwagen und Go-Kart, Werkzeug und Clownsrequisiten. Das Gefühl der Geborgenheit, wenn wir in ihm mit Sack und Pack auf Reisen gingen.

Da sitze ich also in meinem winzigkleinen Kombi, einer Clownbus-Miniaturausgabe sozusagen, und gemeinsam fahren wir nach Graz, zum größten Baumarkt, der uns einfallen will.

Die Halle ist riesig und die Abteilung für elektrisch betriebenes Werkzeug geradezu ein Eldorado für Nestbauhandwerker. Die Fülle des Angebots erschlägt mich förmlich.

Ich lese ein paar Beschreibungen, vergleiche Preise, doch nach zehn Minuten weiß ich kaum mehr als vorher. Nur eines vielleicht:

Ich habe keine Ahnung von Werkzeug.

Auf meiner Schulter sitzt ein wohlmeinender Heli-Engel, der mir Ratschläge gibt.

Kauf gute Qualität. Aber lass dich nicht ausnehmen wie eine Weihnachtsgans. Das Teuerste ist nicht unbedingt das Beste!

Soll ich einen Verkäufer um Rat fragen? Was wird er über mich denken?

Eine Frau Anfang dreißig. Braucht plötzlich Werkzeug. Sie ist also noch nicht lange Single. Wo ist ihr Mann? Ist sie frisch geschieden?

Ich winke einen jungen Mann in orangefarbener Arbeitskleidung zu mir. Widerstehe dem Drang, ihm zuallererst, *nur um das klarzustellen*, vom Tod meiner Familie zu erzählen. Stattdessen lasse ich lieber Heli durch mich sprechen.

»Ich brauche einen ordentlichen Akkubohrer, mit dem man gut in Wände bohren kann. Der Preis spielt keine Rolle, aber natürlich möchte ich im Zweifelsfall ein günstiges Modell.«

Nach fünf Minuten habe ich den teuersten Bohrer in meinem Einkaufswagen, den das Geschäft zu bieten hat. Dazu zwei Packungen mit Bohraufsätzen, für Holz und Stein, ebenfalls von bester Qualität. Meine Wangen sind rot. Ich bin erleichtert. Am liebsten möchte ich dem Herrn in Orange um den Hals fallen, weil er sich gar so nett um mich kümmert.

»Wissen Sie, ich habe seit Kurzem ein Haus auf dem Land. Ich bin noch ein wenig überfordert.«

Nach weiteren fünf Minuten habe ich dem Verkäufer erzählt, dass ich kein Holz hacken kann. Dass ich nicht weiß, wie man einen Ofen anzündet. Dass mein Rasenmäher Faxen macht, mein Keller schimmlig ist und die Mäuse meine Vorratskammer plündern. Der Experte hört mir geduldig zu.

Klar, das kenne ich, diese Probleme sind doch ganz normal, lese ich in seinem mitfühlenden Blick. Ich würde ihm am liebsten seinen ganzen Lagerbestand abkaufen, so dankbar bin ich für sein Verständnis.

An der Kasse bezahle ich mein Werkzeug. Dazu noch Anti-Schimmel-Spray. Drei Flaschen Unkrautvertilgungsmittel (*Reste nicht ins Abwasser schütten – giftig!*). Eine Sprühflasche und eine Mundschutzmaske. Mäuse-Ex. Mottenfallen. Grillanzünder. Eine Motorsense, dazu Schutzhelm und Brille. Die große, elektrische Werkbank, auf der man Holzscheite zerkleinern kann, die hole ich dann das nächste Mal. Sie passt leider nicht in meine grüne Schnecke.

Die ersten Julitage vergingen wie im Flug.
 Meine Mutter kam und putzte mein Haus, bis es glänzte. Annas Mann mähte meinen Rasen. Eine Nachbarin schenkte mir eine Autoladung feingehacktes Holz.
 Raimund, ein befreundeter Installateur, kam, um den verstopften Abfluss zu reinigen. Für gewöhnlich ein einfaches Unterfangen. Nicht so in meinem Knusperhäuschen, das sich nicht gerade von seiner besten Seite zeigte, seit es keinen Hausherren – keinen Heli – mehr gab. Plötzlich wurde jede Reparatur zum Abenteuer.
 In den Keller. Abflussrohre begutachten, Gefälle überprüfen. Mist, die Rohre laufen ja bergauf statt bergab! Eine Gewindezange muss her, ah, da, in Helis Werkzeugkasten. Eine Hand hält die Nase zu, die andere schraubt am Rohr. Ein Eimer, schnell ...
 Oh Gott! Wie alt ist diese braune Brühe bloß, die hier auf meinen Kellerboden spritzt?!
 Raimund zeigte Gott sei Dank Humor. Und hatte immer noch ein Lachen übrig, sogar, als es mir schon längst vergangen war.
 Ich nahm die Hilfe meiner Freunde dankbar an, denn ich hatte sie bitter nötig. Was selbstverständlich klingen mag,

wurde für mich zu einer ausgesprochen schwierigen Lektion: Ich musste lernen, um Hilfe zu bitten, immer wieder.
»Brauchst du etwas, kann ich dir helfen?«
In der ersten Zeit hatte ich diese Frage fast immer verneint und auch nun wollte mir nur selten einfallen, was ich gerade brauchte. Abends saß ich oft genug mit Tränen in den Augen am Küchentisch, um wieder einmal vor einem alltäglichen, kleinen und doch scheinbar unüberwindlichen Problem zu kapitulieren. Es kam mir unendlich blöd vor, dann zum Telefon zu greifen und in den Hörer zu murmeln:
Äh, doch, jetzt weiß ich, was ich brauche. Weißt du zufällig, wie man bei einem Fernseher die Sender einstellt? Einen Rasenmäher von Aldi zusammenschraubt? Ein Regal montiert?
Ich fühlte mich behindert, amputiert.
Ich bin zu klein. Zu schwach. Ich sitze in einem unsichtbaren Rollstuhl. Jede kleine Schwelle ist ein Problem. Allein, um von einem Zimmer ins nächste zu kommen, muss ich schon um Hilfe rufen. Ich scheitere an den banalsten Kleinigkeiten. Meine Autonomie hat sich in Luft aufgelöst.
Seit je schon trug ich den Reflex in mir, mich für Hilfestellungen, und seien sie noch so klein, zu revanchieren. Genau das war nun plötzlich nicht mehr möglich. Die Rechnung von Geben und Nehmen ging nicht mehr auf. Ich brauchte Hilfe, sehr viel Hilfe, und ich hatte nichts zu geben.
Geld? Wie gerne hätte ich mich von all meinen Minderwertigkeitsgefühlen freigekauft.
Wir sind quitt.

Ich sehnte mich nach diesem Satz. Doch es war unmöglich, zu peinlich, meinen Freunden Geld zu geben für das Anschrauben eines Kleiderhakens. Für ein Loch in der Wand. Für einen gemähten Rasen. Sie wollten es ja auch gar nicht annehmen.

»Aber Barbara, du gibst uns so viel, durch deine Mail, durch deine Art, dein Schicksal zu tragen. Du bist ganz toll, und wir tun es gern.«

Irgendetwas in mir hatte sogar damit Probleme.

Ich habe also die Hilfe verdient, weil ich toll bin? Weil ich selbst etwas gebe? Was, wenn ich eines Tages zusammenbreche und nicht einmal mehr schöne Worte zustande bringe, nichts mehr zu geben vermag? Was dann?

Und selbst diese düsteren Gedanken hatten noch eine Steigerungsform, die mich quälte:

Jeder sieht, wie bedürftig ich bin. Man hilft aus Mitgefühl. Aber was, wenn es mir irgendwann wieder GUT geht? Wenn ich wieder bei Kräften bin? Dann kann ich immer noch kein Regal schleppen. Dann weiß ich immer noch nicht, wie man Holz hackt. Wie lange werden mir die Menschen helfen, bevor ich ihnen auf die Nerven gehe?

Mein Mund formte indes ein ums andere Mal das Wort »Danke«. Es schien mir viel zu wenig, viel zu banal, aber mehr hatte ich nicht zu bieten.

Mein »Danke« galt oft auch Heli, meinem unsichtbaren, lieben, großartigen Mann. Ich erkannte erst jetzt, wie groß die Stütze gewesen war, die er mir täglich, selbstverständlich und ungefragt gegeben hatte. Mir wurde klar, wie viel er geleistet hatte.

Nun konnte er kein Feuer mehr entzünden, keine Autofahrt für mich erledigen. Nichtsdestotrotz vertraute ich auf seine Hilfe. Mehr als jemals zuvor.

wendepunkt

6. Juli 2008

Ich sitze am Computer und versuche, meine Steuererklärung fertigzustellen.
Dafür brauche ich keine Bohrmaschine. Keinen Rasenmäher. Keine Muskeln. Wenigstens irgendetwas, das ich noch selbst machen kann.
Ich bin ungeduldig. Die vielen Zahlen überfordern mich. Zeit für eine Pause. Ich schließe das Formular und klicke auf einen Ordner aus der Rubrik *Privat*.
»Fotos Familie« – ich zögere nicht, den ersten Unterordner zu öffnen.
Es fällt mir doch nicht schwer, Bilder meiner Kinder anzuschauen. Die Collagen hängen seit Wochen an der Wand.
Ich betrachte Bild um Bild, im Großformat. Streichle den Bildschirm. Lächle sogar.
Was ist das? Ein Video?
Thimo hüpft vor meinen Augen auf und ab. Fröhlich, lachend. Entzückend wie eh und je. Ich kann meinen Blick nicht mehr abwenden. Zu spät bemerke ich, dass mir das, was sich vor meinen Augen abspielt, gar nicht guttut.

Thimo! Da bist du ja!
Meine Augen saugen sich am Bildschirm fest.
Wie komme ich zu dir? Thimo, du bist so nah und doch so unendlich weit weg! Wie soll ich bloß die unsichtbare Wand durchbrechen, die uns trennt?
Am liebsten würde ich den Bildschirm aufschlitzen. Könnte ich Thimo bloß aus seinem Computergefängnis befreien!
Tränen schießen mir in die Augen. Das Video ist zu Ende. Wie ferngesteuert starte ich es noch einmal.
Play.
Es tut weh, sehr weh. Ich erleide Phantomschmerzen. Man hat mir ein Kind amputiert. Noch eines. Und einen Mann obendrein. Ich beiße in meine Fingergelenke. Fester, immer fester.
Der echte Schmerz lenkt mich ein wenig ab von der inneren Pein, die ich kaum noch ertrage. Wenn ich meine Zähne in meine Fingerknöchel bohre, kann ich selbst steuern, wie weh es tut. Ich kann mir einbilden, so etwas wie Kontrolle zu haben. Mein Biss legt eine Leitung von innen nach außen. Die Schmerzen werden abgeleitet in die Peripherie, die unerträgliche Qual wird verwandelt in etwas Bekanntes.
Vor ein paar Tagen habe ich einen Film angesehen: »Drei Farben: Blau«. Er handelt von einer Frau, die Mann und Tochter bei einem Autounfall verloren hat. In einer Szene schabt die Frau in ihrer Verzweiflung ihre Fingerknöchel an einer rau verputzten Wand, so lange, bis sie bluten.
Na, das ist wohl doch etwas übertrieben, habe ich gedacht und kritisch den Kopf geschüttelt.

Siehst du, jetzt bist du selbst mittendrin, bemerkt nun die Stimme in meinem Kopf.
Ja, plötzlich begreife ich, was ich schon oft im Fernsehen sah. Mütter reißen sich die Haare aus. Witwen zerkratzen sich das Gesicht. O, süßer Schmerz.
Mit dem letzten Fünkchen Verstand, das mir bleibt, schalte ich den Computer aus. Atme tief durch. Ich muss mich ablenken. Mein Blick fällt auf die Vorhangstangen, die in der Ecke lehnen und immer noch auf die Montage warten.
Komm, Barbara, wir wollen es uns schön machen.
Ich hole meine Leiter. Sie ist zu kurz, meine Fenster sind zu hoch, ich bin zu klein, wie auch immer. Eigentlich bräuchte ich schon wieder Hilfe.
Oh Gott! Das darf doch nicht wahr sein, einmal muss ich doch irgendetwas ganz allein schaffen! Ich will meine Vorhänge jetzt! Sofort!
Ich klappe die Leiter aus und stelle sie auf das Sofa, das unter dem Fenster steht. Mit dem Akkubohrer bewaffnet erklimme ich die Sprossen. Die Leiter wackelt. Ich stütze mich an der Wand ab. In wagemutiger Überkopf-Position setze ich den Bohrer an die Wand und lege los. Das Wackeln der Leiter wird stärker – oder wackeln da vielleicht auch meine Knie? Die Wand ist hart, der Bohrer will nicht eindringen. Ich biete alle Kraft auf, die ich habe. Die Kraft der Verzweiflung. Drücke, presse. Meine Arme tun weh.
Da, plötzlich, gibt die Mauer nach. Der Bohrer versinkt in der Wand. Der Verputz rieselt in großen Brocken über meinen Kopf, auf das Sofa, hinter das Sofa, in meinen Ausschnitt. Das Loch ist riesig, viel zu groß. Fassungslos

starre ich auf das hässliche Resultat, das mir mein Heldenmut eingebracht hat. Mit zitternden Beinen klettere ich von der Leiter. Ich setze mich inmitten des Staubes auf die Erde und mache mich so klein wie möglich. Es schüttelt mich vor Enttäuschung, vor Verzweiflung, vor Schmerz. Ein Schrei entringt sich meiner Kehle, heiser, meine Stimme klingt wie die eines verletzten Tieres.

»THIIIMOOOO!«

Ich will nicht mehr! Ich kann nicht mehr! Was soll ich machen? Was soll ich nur machen?

Vor meinen Augen tanzen Bilder.

Ein Messer. Aufgeschnittene Pulsadern. Blut.

Der Weg in die Küche scheint mir jedoch unendlich weit. Zu weit. Ich bleibe sitzen. Hole mir kein Messer. Kein Blut quillt aus mir heraus, nur meine Stimme, in endlosem Fluss, bis auch sie versiegt. Zurück bleiben nur meine Gedanken.

Ich will sterben. Das Leben ist nichts mehr für mich. Ich kann nicht mehr. Ich kann nichts mehr leisten, will nichts mehr schaffen! Kann ich mich nicht einfach in Luft auflösen? Hier, jetzt?

Ich habe nicht den Mut, mich umzubringen. Lieber halte ich weiter still, lasse die Tränen fließen. Langsam lässt der Schmerz nach, die Trauer klopft an die Tür und tritt herein. Sie flüstert mir etwas ins Ohr. Eine leise Botschaft, die Balsam ist für meine Seele und Licht in meine Gedanken bringt:

Wer sagt, dass du etwas leisten musst? Und wie viel? Sieh es doch einmal so: Wenn du dich jetzt umbringst, dann kannst du nichts, gar nichts mehr tun hier auf Er-

den. Wenn du aber bleibst, und wenn du auch die nächsten siebzig Jahre nur in deinem Garten sitzt und deine Gänseblümchen zählst, irgendwann, vielleicht nur EINMAL, wirst du einem Menschen ein Lächeln schenken oder ein freundliches Wort. Dieses EINE Wort ist genug. Es ist mehr als alles, was du geben kannst, wenn du jetzt von der Erde fliehst.

Ein Gänseblümchensamen war in meinem Kopf gesät. Er erinnerte mich sacht daran, dass es die kleinen Dinge sind, die den Sinn des Lebens ausmachen. Ein Lächeln, ein liebes Wort, eine kleine gute Tat genügt. Und, ja, es funktionierte. Ich lächelte. Dankte. Lobte, wann immer ich nach draußen ging. Mehr war nicht nötig, für den Moment, vielleicht für immer.

Um die großen Veränderungen brauchte ich mich ja nicht zu kümmern. Die hatte ich schließlich vor geraumer Zeit an das Schicksal delegiert. Und irgendwo im Universum ahnte man wohl, dass es langsam an der Zeit war, zu handeln.

Das Leben

Es wird ned wehtun, wird ned wehtun,
sicher ned so, wie du glaubst.
Es wird ned wehtun, wie du's willst, und glaub ned, dass
's di an der einen Stell' grad treffen wird,
wo du es gern erlaubst,
weil du dir dort an großen Schutz scho aufbaut hast.

Doch es wird wehtun, in ganz andern Farben,
mit andern Worten, anderm Klang,
und es wird wehtun, immer wieder, des ist gwiss.
Es wird wehtun, es wird wehtun, weil das das Leben is.

Weil das das dumme, echte, blede,
fade, wunderschene,
immer wieder gleiche und trotzdem täglich neiche Leben ist,
in dem du jetzt,
in dem du jetzt grad zu Hause bist.

Es wird ned schön sein, wird ned schön sein,
sicher ned so wie's früher war,
es wird ned schön sein, wie du's tramt hast schon als Kind.
Es wird ned schön sein, weil du's willst, weil du's verdient hast und sogar

wirds ned immer schön sein, weil die andern glücklich sind.

Doch es wird schön sein auf ganz andre Art,
mit andern Karten, anderm Spiel,
und es wird schön sein, immer wieder, des ist gwiss.
Es wird schön sein, es wird schön sein, weil das das Leben is.

Weil das das weise, derbe, zarte, ganz in dich vernarrte,
immer wieder gleiche und trotzdem täglich neue Leben ist,
in dem du jetzt,
in dem du jetzt grad zu Hause bist.

eins und eins

Das Schicksal musste sich gar nicht besonders anstrengen, um seinen Teil der Vereinbarung zu erfüllen.

Das Prinzip Ulrich war reif. Bereit, physisch in mein Leben zu treten.

Nicht nur das, Ulrich selbst, *der* Ulrich kam eines sonnigen Julitags in die Steiermark, um Hannes und Sabine zu besuchen, ganz von selbst. Sabine brauchte mich nur einzuladen, am selben Abend.

So einfach war das.

Gleichwohl will ich meinen Hut ziehen vor dem Schicksal. Vor dem gütigen Puppenspieler, der die Aufgabe übernommen hatte, mich sicher und wohlbehalten in mein neues Leben zu führen.

Die Dramaturgie war perfekt. Die Rolle des Prinzen war eingeführt, ich hatte Zeit gehabt, mich gedanklich auf ihn vorzubereiten. Heli hatte ich eingeweiht, und es schien mir, als hätte mein unsichtbarer Mann kein Problem mit einem irdischen Nachfolger.

Hier war ich – eine Frau, die sich mehr und mehr eingestand, dass sie sich nach Nähe sehnte, nach einem realen Menschen, der zu ihr gehörte. Den Gedanken an eine neue

Beziehung hatte ich sorgsam ausgebrütet, in einem Nest, das aus vielen kleinen Ästen gefertigt war:

Kinderwunsch. Rasenmäher. Lebenssinn, Liebesfähigkeit, Feuerholz.

Der Ruf des Lebens. Meine überzeugte Suche nach Glück. Mein Glaube an bedingungslose Liebe. Meine Sehnsucht nach spirituellem Austausch.

Und nicht zuletzt meine glückliche Ehe, die mich gelehrt hatte: Liebe ist stärker als Konflikte. Stärker sogar als der Tod.

Und da war das Leben – es kam in der Rolle eines sympathischen, klugen, aufmerksamen Mannes, der mich endlich, endgültig herauslocken sollte aus meinem zeitlosen, risikolosen, leblosen Exil. Das Leben reichte mir die Hand – vielmehr: zwei Hände. Hände, die genau wie die meinen Klavier spielen konnten. Die es gewohnt waren, in Buchseiten zu blättern. Die aber auch noch Holz hacken konnten und Tischtennis spielen.

Zärtliche Hände, die ich nur zu gern ergriff. Das Leben hatte mir so viel genommen und ich hatte keine Wahl gehabt, den Verlust zu akzeptieren. Nun wurde ich beschenkt, und es schien mir nur logisch, auch die schöne Überraschung anzunehmen: die Liebe.

Die Tatsache, dass ich schon vier Monate nach dem Tod meiner Familie das Wagnis einer neuen Beziehung einging, ließ kaum jemanden in meiner Umgebung kalt. Viele wünschten mir alles Glück auf Erden:

»Das ist genau das, was du jetzt brauchst!«

Andere waren entsetzt.

»Es gibt schließlich Traditionen, die soll man nicht mit Füßen treten. Trauerjahr ist Trauerjahr, die Toten wollen geehrt sein. Du kannst Heli doch nicht einfach ersetzen!«

Auch wenn sich die meisten eines Urteils enthielten, las ich doch in so manchem kritischen Blick eine Frage, vor der mich auch die kleine Stimme in meinem Kopf nicht ganz verschonen wollte.

Kann das gut gehen?
Ich wusste es selbst nicht.
Vermutlich nicht, dachte ich am Abend vor unserem ersten Kennenlernen.
Ulrich.
So lange habe ich dich in meinem Kopf spazieren geführt. Habe mir aus den Buchstaben deines Namens einen Traummann zusammengebastelt, der verständnisvoll, liebenswert und geduldig genug ist, mich aufzufangen und durchs Leben zu tragen. Der mich liebt und zugleich meiner Liebe zu Heli nicht im Wege steht. Der mich akzeptiert, so wie ich bin, mit einem unsichtbaren Mann an meiner Seite.
Meine Erwartungen sind hoch. Du wirst es nicht leicht haben, der Illusion zu entsprechen, die ich mir von dir gemacht habe.

Ein Fotoalbum. Aufgenommen in den ersten Monaten einer Liebe:

Eins. Das Kennenlernen.
Man sieht vier Menschen an einem Tisch. Zwei davon sind ein Paar. Die anderen beiden sollen eines werden. Lachende Gesichter. Eine fröhliche Unterhaltung. Sie und er lernen einander kennen. Sie hat ihn noch nie gesehen und kennt doch seit Wochen seinen Namen. Sie bemüht sich, keine Erwartungen zu haben. Er weiß nichts von dem Plan der Freunde. Die beiden schauen einander immer wieder lange an. Sie ist glücklich, sie fühlt sich lebendig wie schon lange nicht mehr. Er lacht.

Zwei. Sie allein zu Hause, abends nach dem ersten Kuss.
Sie liegt auf ihrem Bett und schaut in die Luft. Versucht verzweifelt, ihren Mann zu sehen. Ihren Mann, der zwar unsichtbar ist, aber dennoch da. Ihre eigenen, erst vor Kurzem ausgesprochenen Worte klingen ihr im Ohr.
Ich habe ja eine Familie. Sie ist eben nur unsichtbar.
»Heli, wo gebe ich dich jetzt nur hin?«, fragt sie laut in die Luft.
Sie nimmt ihr Tagebuch in die Hand und beginnt zu schreiben:

11.7.2009

> *Ulrich. Die Begegnung unserer Seelen schickt mich auf eine neue, unbekannte Etappe meiner Reise.*
> *Hier stehen sie: ein Himmlischer, der zur Erde blickt und mich geleitet mit sicherer und doch*

zitternder Hand. Ein Irdischer, der den Himmel ahnt und in mir ein Fenster erblickt.
Seht ihr beide durch mich hindurch auf die jeweils andere Seite?
Könntet ihr euch hören, was würdet ihr einander erzählen?
Würdet ihr über mich sprechen? Über den Himmel? Die Erde? Würdet ihr einander meine Liebe beschreiben können? Würde es euch verletzen, wenn meine Liebe zu jedem von euch unterschiedlich wäre? Und was, wenn sie gleich wäre? Was, wenn sie so groß wäre, dass sie euch beide umfängt? Kann ich dabei euch beiden ins Gesicht schauen?
Könnt ihr EINANDER lieben lernen und mich mit eurer Liebe umfangen?
Fangt mich auf!

Spontan malt sie ein Dreieck in ihr Tagebuch. Ulrich – Heli – Barbara heißen die Eckpunkte. Die Linien stehen für die Liebe. Sie schreibt einen letzten Satz.

Wenn Ulrich Heli lieben kann und Heli Ulrich, dann könnte es klappen.

Drei. Ein Hotelzimmer in der Toskana. Wenige Wochen später.

Die beiden Liebenden sitzen vor einem Computer. Er hat ein Programm geöffnet. »Human Design«. Auf dem Bildschirm sieht man eine stilisierte Menschensilhouette. Ein Chart, eine Auswertung der Daten von:

Helmut Eberhart. Geboren am 24.6.1969, 20:15.
Sie schaut gebannt auf den Bildschirm. Er erklärt ihr, was er sieht. Er kennt sich aus mit diesem Programm, das die angelegten Wesenszüge eines Menschen auflistet, nachdem man den Computer mit dessen Geburtsdatum gefüttert hat.
Was liest er nur in all diesen Zahlen und Zeichen?
Er erzählt ihr so manches über den Mann, den er nie kennengelernt hat.
Helmut Eberhart. Geboren am 24.6.1969, 20:15.
Sie weint. Nickt.
»Ja, so ist er gewesen, genau!«
Er gibt Impulse, sie erzählt Geschichten. Er hört zu, fragt nach, hört weiter zu. Sie erzählt mehr und mehr. Nun weint auch er.
»Ich hätte Heli so gern kennengelernt – ich fühle mich ihm so nah und so vertraut!«

Vier. Ihr Garten.
Er steht in kurzen Hosen lachend im hohen Gras und mäht ihren Rasen. Sie schaut durchs Fenster auf die Szene, winkt und lacht.
Wow, er kann sogar das!

Fünf. Ein Streit.
Sie hat nicht damit gerechnet, dass das Thema, das im Raum steht, ihn so verletzen würde. Er hat nicht damit gerechnet, dass sie ihn mit diesem Thema konfrontieren würde. Beide schreien. Beide weinen.
»Ich weiß nicht, ob ich mit dir zusammen sein will.«

Er ist wütend. Verzweifelt. Überfordert.
Sie meint, sie hört nicht recht.
Das kann er MIR doch nicht antun!
Er geht spazieren.
Sie bleibt erstarrt sitzen. Unter den Tränen ihrer Enttäuschung dämmert ihr eine Einsicht: In Beziehung sein heißt, sich einem anderen Menschen zu stellen, mit all seinen Schwächen und Ängsten.
Leben mit aller Konsequenz, das wolltest du doch. Wer leben, wer lieben will, sollte nicht allzu viel Schonung erwarten. Dein Partner hat es verdient, dass du ihn in seiner Ganzheit annimmst. Auch wenn dir manches wehtut.
Noch etwas begreift sie:
Wieder zu lieben heißt auch, wieder Angst zu haben. Die Angst, verlassen zu werden.
Sie liebt. Sie hat Angst. Liebe ist ein Geschenk, aber genauso eine Aufgabe.
Das Trauerjahr, dem sie sich so mutig widersetzt hat, scheint ihr plötzlich mehr zu sein als hohle Tradition.
»Ich habe es ein ganzes Jahr lang allein geschafft«, wie gern würde sie das von sich behaupten können.
Er kommt zurück. Er bleibt. Sie fühlt sich endlich bereit, wirklich in Beziehung zu treten. Zu einem einzigartigen Menschen und allem, was zu ihm gehört.

Sechs. Eine Wärmeflasche.
Sie liegt im Bett und weint. Sie vermisst ihre Kinder. Es tut so weh. Sie zittert. Er hält sie fest umarmt. Sie hat so viele Fragen, über das Leben nach dem Tod, über Gott, über den Himmel. Er hat so viel gelesen und gedacht in

den Jahren vor ihrem Zusammentreffen. Er hilft ihr beim Nachdenken und liest ihr aus seinen Lieblingsbüchern vor. Dann bringt er ihr eine Wärmeflasche und wünscht ihr mit sanftem Kuss eine gute Nacht.

Sieben. Ein Traum.
Sie ist gerade aufgewacht, reibt sich die Augen und erzählt:

»Heute Nacht hatte ich einen wunderschönen Traum. Er spielte in einem Feenwald, irgendwann in einer anderen Zeit. Ich war so etwas wie eine Fee oder eine Priesterin. Im Wald musste ich eine Prüfung ablegen. Ich hatte immer wieder durch den Wald zu gehen, in Form eines Rituals, einem kreisförmigen Weg folgend.

Ich kam immer wieder an denselben Stellen vorbei. Irgendwo im Unterholz lag eine hell leuchtende Tafel, auf der ein Bild gezeichnet war von einem Mann und einer Frau.

Das Ritual bestand darin, so lange immer wiederzukommen, bis das Licht hell genug war, um mich aufzunehmen. Als es soweit war, war ich geblendet, unendlich glücklich, und es war selbstverständlich, in das Licht zu steigen. Und dort, im Bild, da traf ich dich. Ich erzählte dir von meinem Weg. Vom Ritual. Du wusstest, wovon ich spreche, denn derselbe Weg hatte dich zu mir geführt.«

Acht. Familienzusammenführung.
Sie und er stehen in der Küche, bewaffnet mit Tesafilm und Schere. Auf dem Tisch liegen ausgedruckte Fotos seiner und ihrer Kinder. Gemeinsam dekorieren sie die Wand

mit den Bildern. Vier fröhliche Kindergesichter lachen durcheinander.

»Alle Achtung. Wir sind eine ziemlich große Familie.«

Jawohl. Douziwuhl, wie Heli immer sagte.

Neun. Ein Foto in der Zeitung.
Er hat heute Abend Theaterpremiere eines Stücks, in dem er die Hauptrolle spielt. Die Presse wird kommen. Sie hat sich schön gemacht. Sehr schön. Sie will sich nicht mehr verstecken. Sie ist die Frau an seiner Seite. Die beiden lächeln in die Kamera, aber sie bitten:

»Kein Kommentar.«

Ihre Augen strahlen heller als die Blitze der Kameras.

Ein Woche später stehen die beiden im Zeitschriftenladen. Sie sehen sich von Titelblättern lächeln. Die Überschriften bedienen alle Schubladen, die sich der mitfühlende Leser wünscht.

»Die Liebe rettet ihr Leben.« – »Endlich kann sie wieder lachen.« – »Die Liebe ist stärker als der Tod.«

Sie zucken die Schultern. Die Zeitungen schreiben, was gut klingt. Die Wahrheit ist vielschichtiger, differenzierter, doch sie hat keinen Platz auf einer Titelseite.

Die Liebe rettet ihr Leben.
Als ich diesen Satz in der Zeitung las, war ich peinlich berührt. Ich dachte an all die Menschen, die ihren Partner

verloren haben und nicht so schnell wieder bereit sind, eine neue Beziehung einzugehen. Ich fragte mich, wie sie diese Überschrift wohl verstehen würden. Als Hohn? Ein Rezept, das sie möglichst schnell anwenden sollten, um wieder glücklich zu sein?

Mein Leben habe ich schon selbst gerettet, dachte ich beim Lesen, und ich meine es auch heute noch. Die Lebensfreude, das Lachen, sie lassen sich nicht in die Satteltaschen eines Prinzen packen. Sie werden nicht auf einem weißen Schimmel geliefert.

Ich glaube, selbst der herrlichste Märchenprinz auf dem prächtigsten Pferd hätte keine Chance bei mir gehabt, wenn ich nur weinend am Wegesrand gesessen hätte, darauf wartend, dass er mich endlich rettet. Vermutlich hätte ich ihn nicht einmal gesehen.

Natürlich war meine Trauerarbeit nicht abgeschlossen, als ich Ulrich in mein Leben ließ. Doch ich hatte das Glück, dass meine Liebe zu Heli und meine Trauer in der neuen Beziehung Platz fanden. Ich musste kein Gefühl aussparen, konnte über alles sprechen, durfte in Ulrichs Armen um Heli weinen.

Zuweilen denke ich, erst die Geborgenheit, die ich in meiner neuen Beziehung erfuhr, ermöglichte es mir, meine Gefühle in voller Wucht zuzulassen. Gerade weil ich eine neue Liebe an meiner Seite hatte, konnte ich es mir erlauben, mich fallen zu lassen. Schwach zu sein. Zu trauern, bis in die letzte Konsequenz.

Du meinst, dass du dich deiner Trauer erst im Schutz einer neuen Beziehung endgültig stellen konntest?

Die Stimme in meinem Kopf ist manchmal sehr kritisch. Sie will es genau wissen.
Meinst du also, es sollte sich doch jeder, der einen geliebten Menschen verloren hat, bald wieder einen neuen Partner suchen?
»Liebe Stimme, manchmal drehst du mir wirklich das Wort im Mund um. Die entscheidende Frage lautet doch nicht, wie schnell man wieder eine Beziehung eingehen soll. Viel wichtiger war für mich die Qualität meiner neuen Partnerschaft. Darf ich meine Trauer leben? Darf ich den Teil meines Lebens, der unerwartet beendet wurde, in meine neue Beziehung integrieren? Ich brauchte einen Partner, den ich mit all meinen Gefühlen konfrontieren konnte. Mit meinen Erinnerungen. Meiner Sehnsucht. Meinem Schmerz. Einen Partner, der alles annahm, das zu mir gehörte.«
Und du? Warst du überhaupt schon reif für eine neue Beziehung? Oder wolltest du Heli nur ersetzen und das Loch füllen, das in deinem Herzen klaffte?
»Du willst wissen, woran ich merkte, dass ich bereit für eine neue Liebe war? Die Vorbereitung dazu hat wohl auf mehreren Ebenen stattgefunden. Mein Verstand erklärte mir, dass es niemandem schaden würde, wenn ich wieder glücklich wäre. Heli selbst wünschte mir sicher alles Glück auf Erden und hatte kein Problem damit, dass ein neuer Mann mich liebte, hier auf Erden. Meine Seele wusste, dass Liebe zum Leben und zum Sterben gehört. Sie will geteilt werden, mit Lebenden ebenso wie mit Verstorbenen. Die Liebe wird nicht weniger, wenn man sie teilt. Letzten Endes war es wohl mein Herz, das mir sagte: ›Es ist soweit‹.«

Warst du jemals verleitet, Heli und Ulrich zu vergleichen?
»Manchmal habe ich das Gefühl, Heli hatte seine Finger mit im Spiel, als Ulrich in mein Leben geschickt wurde. Auf den ersten Blick scheinen die beiden keine Ähnlichkeit miteinander zu haben, aber nach und nach zeigte sich, dass es in meiner neuen Beziehung um ähnliche Themen geht wie in meiner Ehe mit Heli. Gleichzeitig hat mich das, was geschehen ist, stark verändert. Meine Prioritäten haben sich verschoben, andere Dinge sind wichtig geworden. Nun darf ich als Ulrichs Partnerin erfahren, wie sich die neue Barbara in Situationen verhält, vor die sie in ihrem alten Leben schon gestellt wurde. Wenn ich heute mitunter das Gefühl habe, reifer zu reagieren, vielleicht sogar liebevoller als früher, glaube ich, dass Heli sich mit mir freut.

›Ich bin stolz auf dich‹, das ließ er mir ja schon manchmal ausrichten.

Es ist immer wieder schön für mich, wenn ich feststelle, dass Heli und Ulrich einander ähnlich sind. Schwieriger ist es, sensibel mit dem umzugehen, was die beiden unterscheidet, ohne dabei zu werten.«

Ich erinnere mich an ein Gespräch mit einer Freundin, bei dem ich Ulrich in den höchsten Tönen lobte.

»Ich bin so froh, dass er und ich so gut miteinander reden können. Mit Heli war es oft viel schwieriger, tiefschürfende Gespräche zu führen.«

Meine Freundin war entsetzt.

»Was fällt dir ein, so über Heli zu reden. Heli war ein großartiger Mensch!«

Dieser Angriff erschütterte nun auch mich.

Natürlich war er das! Hatte ich denn irgendetwas anderes behauptet?

Sofort packte mich das schlechte Gewissen am Nacken, doch gleich darauf meldete sich noch etwas: die Wut. Durfte ich etwa nie mehr über das sprechen, was schwierig gewesen war? Musste ich Heli posthum idealisieren? Wem sollte das etwas bringen?

»Ich glaube, dort, wo Heli jetzt ist, verträgt er es auch, wenn ich über die eine oder andere seiner Schwächen rede. Er ist stark und voller Kraft. Nur weil er im Jenseits ist, ist er doch keine Mimose, die man nur mit Samthandschuhen anfassen darf, weil sie sich sonst beleidigt zurückzieht. Das kann und will ich nicht glauben.«

In der Stille, die meinem Ausbruch folgte, in der langen Umarmung, in der meine Freundin und ich verharrten, schien es mir plötzlich, als würde Heli mir von oben zuzwinkern.

Ja, ich bin stark. Klar hatte ich Schwächen, ich war ja auch nur ein Mensch. Vergiss mich nicht, mit allen guten und schwachen Seiten, die ich hatte.

Noch einmal meldet sich das Stimmchen in meinem Kopf zu Wort.

Darf ich dich noch etwas fragen?

»Warum so vorsichtig? Nur zu, liebe Stimme.«

Du hast beschrieben, dass du ein Kind wolltest und nur deshalb die Idee einer neuen Partnerschaft zuließest. War da so etwas wie Pragmatismus im Spiel? Hast du den Mann an deiner Seite nur als Mittel zum Zweck in dein Leben gelassen?

»Liebe Stimme. Es wird dir nicht entgangen sein, dass ich mir diese Frage schon öfters gestellt habe. Es gibt nichts, wovor ich mehr auf der Hut wäre, als davor, meinen Partner in ein Wunschbild zu pressen. Vor der Verlockung, ihn meinem selbstgebastelten Traum anpassen zu wollen. Mit ihm keine Zukunft zu bauen, sondern vielmehr den Rückweg in meine Vergangenheit zu suchen.

Das Schöne ist: Ulrich ist ein Mensch. Kein Abziehbild. Die Liebe zu ihm lehrt mich täglich, ihm, und nur ihm in die Augen zu sehen. Er wird niemals mit mir in meine Vergangenheit zurückkehren, so sehr sich mein Unterbewusstes das auch manchmal wünschen mag.

Zwischen Ulrich und meiner Vergangenheit steht eine gläserne Wand, durch die man blicken kann, die aber für immer undurchdringlich ist. Immer wieder versuche ich sie zu durchbrechen und hole mir dabei blaue Flecken. Mein Partner kann manchmal nicht mehr tun, als mir dabei zuzusehen. Das ist gleichzeitig das größte Geschenk, das er mir machen kann: Zusehen. Beistehen. Trösten. So lange, bis ich wieder bereit bin, mich abzuwenden von der undurchdringlichen Wand und einen weiteren mutigen Schritt in Richtung Zukunft zu machen.«

Glaubst du, dass ihr wieder Kinder haben werdet?

»Ich weiß es nicht. Für ein Kind wäre es noch viel schlimmer, verwechselt zu werden. Bin ich wirklich bereit, für einen neuen kleinen Menschen da zu sein? Oder wünsche ich mir unbewusst meine Kinder zurück und wäre enttäuscht über ein Wesen, das weder Thimo noch Fini ist? Ich kann diese Frage noch nicht mit Sicherheit beantworten. Oft ertappe ich mich dabei, dass ich Kinder auf der Straße beobachte. Keines dieser Kinder scheint mir so schön, so süß zu sein wie die meinen. Wird es nötig sein, Thimo und Fini ein wenig zu vergessen, ehe ich bereit bin für ein neues Kind? Auch darauf habe ich noch keine eindeutige Antwort. Ich vertraue jedoch auf die Zeit und auf mein Herz, das mir schon so oft den Weg gewiesen hat.

Manchmal erzähle ich mir selbst eine Geschichte, dann, wenn die Welt hinter der gläsernen Wand mich allzu sehr lockt. Willst du sie hören?«

Klar.

»Gut. Kennst du die gläsernen Labyrinthe im Vergnügungspark?

Bevor ich Ulrich kennenlernte, stand ich in einem solchen Labyrinth und hatte nur ein Ziel, einen Ausgang vor Augen:

Ich will ein Kind.

Ich probierte alle Wege aus, die ich entdecken konnte, kam jedoch immer wieder zu meinem Ausgangspunkt zurück. Einen einzigen Weg mied ich, und der hieß *Partnerschaft*. Er schien mir nicht sinnvoll, zu unübersichtlich, zu beschwerlich. So weit ich es überblicken konnte, führte er nicht einmal in Richtung des heißersehnten Ziels.

Der Mann, der in mein Leben trat, machte mir Mut, den Weg zu beschreiten, den ich mir selbst verboten hatte. Er nahm mich an der Hand und blieb an meiner Seite. Anfangs konnte ich nicht umhin, auf das Ziel zu schielen.

Halt, ich glaube nicht, dass das hier der richtige Weg ist. Schau doch, wir gehen in die falsche Richtung! Ich glaube, du hast nicht das gleiche Ziel wie ich!

Nach und nach jedoch begann ich mich ein wenig umzusehen auf dem Weg. Er war heller als die anderen, breiter, abwechslungsreicher. Außerdem tat es gut, nicht allein zu gehen. Die Bedeutung des Zieles rückte mehr und mehr in den Hintergrund. Ich wandte mich meinem Begleiter zu und genoss jeden Schritt, den ich mit ihm tat. Nach und nach verlor ich sogar das Gefühl, in einem Labyrinth gefangen zu sein.

Die verschlungenen Pfade führten uns zwischendurch weit weg von dem, was ich ursprünglich für mein Ziel gehalten hatte. Gleichzeitig erkannte ich, dass es viele Ziele gibt und noch viel mehr reizvolle Wege. Wohin sie uns führen werden, wird sich noch zeigen. Manchmal winke ich dem Torbogen mit der Aufschrift *Kind* zu, wenn ich in seine Nähe komme.

Ich komme später wieder vorbei.
Momentan macht mir das Spazieren gar so viel Spaß.«

ein großer schritt

Mit hellem Kerzenschein hatte der Dezember Einzug gehalten.

Seit fast neun Monaten war meine Familie nun tot.

Und ich? War ich wieder am Leben? Hatte das, worauf ich meine Existenz gründete, wieder ein stabiles Fundament erhalten? Wie ging es den wackelnden Dominosteinen, deren Fall ich aufzuhalten versucht hatte, mit aller Kraft? Welche von ihnen waren noch übrig?

Da war mein Haus. Ein Dominostein, der kurz davor war, aus dem Spiel zu verschwinden. Meine Vermieterin hatte den Kaufvertrag zurückgezogen, und mittlerweile war ich darüber eher froh. Der Keller war nass, der Garten zu groß, in den Leitungsrohren nisteten Scharen von Motten, Fliegen, Marienkäfern. Ulrich konnte Rasen mähen, aber ein Haus renovieren, das konnte er beim besten Willen nicht.

Mein Herz wohnte ohnehin seit Monaten in Wien, bei meinem neuen Partner. In Ulrichs Haus war gerade eine helle, freundliche Wohnung freigeworden, gerade groß genug für mich und einige Kisten voller Erinnerungsstücke.

Würde ich mich wohlfühlen in der großen Stadt, die ich vor zwölf Jahren verlassen hatte? Würde es mir gelingen, meine Freunde in der Steiermark nicht aus den Augen zu verlieren? Würden meine drei Engel mich begleiten?

Sei mutig!, flüsterte mir Helis Stimme zu. *Wage einen Neuanfang.*

Ich unterschrieb den Mietvertrag, bevor ich es mir anders überlegen konnte.

Ein neuer Mann. Eine neue Wohnung. Zwei zu Null für den Hellseher.

Meine Arbeit im Krankenhaus. Ein weiterer Dominostein. Ich hatte mein Kostüm gewechselt, eine neue Clownfigur erfunden. Dick, ausgestopft, rasant und fröhlich.

Eine dicke Schicht Watte zwischen mir und den Kindern. Ein Lachen, das die Trauer verscheucht. Ein Tempo, das mir keine Zeit zum Nachdenken lässt.

Mein Umzug nach Wien schien mir nebensächlich. Es musste möglich sein, zweimal die Woche in die Steiermark zu pendeln. Dabei konnte ich auch gleich meine Freunde treffen.

Wunderbar. Wohnung, Arbeit, Beziehung. Was will man mehr?

Bahn frei für eine bewegte Reise in die Zukunft? Nur noch wenige Schritte entfernt vom Happy End? Vielleicht hat es von außen so gewirkt. Vielleicht wollte ich es selbst glauben, lieber noch als alle anderen.

Das Bild, das ich mir zurechtgezimmert hatte, sah so aus:

Ich bin durch die Trauerphasen gegangen. Phase Vier, die Phase der Öffnung und Neuorientierung, habe ich schon vor geraumer Zeit erreicht. Ich habe mich durch eine ganze Wagenladung an Herausforderungen gewühlt, die das Schicksal über mir ausgeleert hat. Habe meine Hausaufgaben erledigt und sehe wieder Licht. Nur noch ein paar Staubkörnchen abputzen, dann kann es unbeschwert weitergehen.

Vielleicht dachten meine Freunde so ähnlich. Vielleicht waren sie außerdem froh, dass es neuerdings einen Menschen an meiner Seite gab, der die Intensivbetreuung übernahm, die sie mir so gern geboten hätten, die ich zuvor aber weitgehend verschmäht hatte.

Das Problem war nur: Zwischen mir und meiner Zukunft stand eine gewaltige Hürde. Ich musste übersiedeln, mit Sack und Pack. In der Theorie hatte ich mir das ganz einfach vorgestellt. Die Praxis sah anders aus. Möbelstücke. Umzugskartons. Drohende Ungeheuer, die mir fauchend im Traum erschienen und mich zu erdrücken drohten.

Es war Advent. Jeder hatte viel zu tun, daheim, im Kreis der Familie. Kekse backen, Strohsterne basteln, Weihnachtsfeiern ohne Ende. Im vergangenen Jahr war es mir noch genau wie meinen Freunden ergangen. Froh über jede freie, besinnliche Minute, die ich daheim mit meinen Kindern verbringen konnte, hatte mich nichts nach draußen gezogen, in die dunkle Kälte der Vorweihnachtszeit.

In diesem Jahr jedoch gestaltete sich mein Advent alles andere als besinnlich. Ich hatte kein altes Heim mehr, und das neue musste ich erst einrichten.

Statt Kerzen zu gießen und Lieder zu singen, wühlte ich mich durch Kisten und stieß dabei auf so manche Erinnerung.

Das Spielzeug, die Bücher meiner Kinder, Helis Werkzeug, Theaterkulissen, Requisiten.

Mir war klar, dass ich nicht alles mitnehmen konnte. Offen gestanden wollte ich es auch gar nicht. Wünschte ich mir doch einen bewussten Neuanfang. Doch wohin sollte ich all die tausend Sachen bringen, die mir immer noch so viel bedeuteten? Ich schaffte es nicht, sie einfach auf die Mülldeponie zu werfen. Das kam mir vor wie Verrat, an meinen Kindern, an meinem Mann, an meiner eigenen Vergangenheit.

Also begab ich mich auf eine Art Herbergssuche, nach einem Heim für die Besitztümer meiner Familie.

»Kannst du nächsten Samstag in mein Haus kommen und mir beim Aussortieren helfen? Ich möchte gern alles verschenken, was ich nicht mehr brauche.«

An wie viele Türen habe ich geklopft? Wie viele Telefonnummern gewählt? Ich weiß es nicht mehr. Eine einzige Freundin versprach zu kommen. Ich werde es ihr nie vergessen.

Ich hatte meine Hilferufe offenbar zu kurzfristig ausgesendet. Doch mir blieb keine Zeit mehr. Das Haus musste übergeben werden, schon in einer Woche. Ich hatte zu lange verdrängt.

Gab es da vielleicht noch einen anderen Grund, warum die Besitztümer meiner drei Engel nicht den reißenden Absatz finden wollten, den ich erhofft hatte?

Mit Schaudern erinnerte ich mich an ein Gespräch, das mir vor gar nicht langer Zeit heftig in die Glieder gefahren war:

»Sandra, wie schön dich zu sehen!«

Ich bin mitten auf dem Zebrastreifen in der Grazer Innenstadt stehen geblieben. Freue mich, meine Freundin zu treffen. Seit sie mir vor ein paar Wochen geholfen hat, meine Eigentumswohnung zu streichen, habe ich sie nicht mehr gesehen. Gemeinsam überqueren wir die Straße und stellen uns in die Sonne.

»Wie geht es dir? Sitzen deine Kinder gut auf dem neuen Sessel?«

Ich habe Sandra als Dank für ihre Hilfe einen wunderschönen Kinderlehnsessel geschenkt. Thimo hatte ihn sich wenige Tage vor seinem Tod bei IKEA erbettelt und ihn nur allzu kurz genießen können. Meine Freundin war sehr gerührt gewesen über das Geschenk und seine Geschichte. Sie war eilig heimgefahren, hatte es kaum erwarten können, ihn ihren Kindern zu zeigen.

Nun, auf der Straße, verfinstert sich ihr Gesicht.

»Gut, dass du fragst. Ich wollte sowieso schon mit dir darüber sprechen.«

Der Ton in Sandras Stimme gefällt mir nicht wirklich. Es scheint, als machte der Sessel Probleme.

»Weißt du, ich habe am Wochenende ein Aufstellungsseminar gemacht, und da ist mir doch so einiges klar geworden.«

Aha.

Ich nicke, schweige. »Einiges«, das lässt sich nach Aufstellungsseminaren meist schwer erklären, so weiß ich aus Erfahrung. »Einiges«, das heißt meistens so etwas wie: *Wenn mir der Aufstellungsleiter nicht davon abgeraten hätte, über die Aufstellung zu sprechen, würde ich dir jetzt liebend gern meine gesamte Familiengeschichte erzählen, angefangen bei der Geburt meiner Urgroßmutter. Dann würdest du verstehen, warum ich so bin, wie ich bin. Warum ich gar nicht anders* kann, *als so zu sein, wie ich bin. Warum ich manchmal launisch bin oder jähzornig. Dann würdest du verstehen, dass ich gar nichts dafür kann, wenn ich etwa zu dir sage:*

»Ich möchte dir den Sessel zurückgeben. Ich will nämlich keine Möbel von *toten Kindern.*«

Wie bitte?! Dieser Satz ist echt. Laut ausgesprochen, klar und unverblümt. Brutal wie man es manchmal lernt, in Aufstellungsseminaren.

Ich ringe um Fassung. Muss irgendetwas sagen.

Spinnst du?, möchte es aus mir herausplatzen. *Ist das jetzt ein Nerventest? Hast du kein Herz, keine Seele, keinen Verstand!?*

»Äh, ja, klar, bring ihn einfach zurück«, winsle ich stattdessen. Versöhnlich. Resignierend.

Feige.

Und verabschiede mich schnell, bevor ich Gefahr laufe, loszubrüllen und irgendjemandem die Zähne einzuschlagen.

Zu Hause möchte ich am liebsten sieben Freundinnen zugleich anrufen. Mich ausheulen. Mitleid ernten. *Die blöde Kuh verpfeifen.*

Ich erreiche niemanden. Vielleicht ist es auch besser so. Was sollen mir tröstende Worte schon bringen? Sandra hat Ungeheuerliches gesagt, das ist richtig. Darüber kann ich mich echauffieren, dafür kann ich ihr böse sein. Doch der Schmerz in mir geht tiefer. Mehr noch als Sandras direkte Wortwahl schmerzt mich, dass sie *fühlt*, was sie fühlt. Sie will Thimos Kindersessel nicht. Doch kann ich sie dafür wirklich verurteilen? Glaube ich ihr vorschreiben zu können, was sie zu empfinden hat? Vielleicht ist Sandra ja nicht die Einzige, die Berührungsängste mit den Besitztümern von Toten hat. Eine andere Freundin fällt mir ein, deren Lächeln etwas säuerlich wirkte, als ich ihr vor einigen Tagen Finis Kleidung überreichte, für ihr ungeborenes Kind. Der Flohmarkt, den ich veranstaltet hatte. Die vielen Kindersachen, die übrig geblieben waren ...

Ist es möglich, dass der Tod meiner Familie sich wie ein ansteckender Film über ihre Habseligkeiten gelegt hat? Sind Kleidungsstücke, Bilderbücher, Bauklötze über Nacht leichenblass und modrig geworden? Die bunten Schachteln, die darauf warten, in gute Hände zu kommen – enthalten sie mehr als nur Spielzeug?

Ja, vermutlich. Sie verbergen Erinnerungen. Sie werden mit jedem Öffnen die Wahrheit preisgeben, dass der Tod allgegenwärtig ist. Dass ein Mensch, der jetzt gerade lacht, schon morgen regungslos im Sarg liegen kann.

Der Ärger über Sandras Worte verblasst langsam.

Ich weiß doch kaum etwas über sie. Vielleicht ist es im Moment wichtig für sie, den Tod zu verdrängen. Wer weiß, vielleicht war ja Thimos Lehnsessel der Auslöser dafür, dass sie zur Aufstellung gefahren ist. Womöglich hat sie dort etwas über sich gelernt, zum Beispiel, was sie momentan alles nicht ertragen kann. Somit hat mein Geschenk seinen Zweck erfüllt, wenn auch anders, als ich es mir gewünscht hatte.

Am selben Abend bekomme ich eine SMS von Sandra. Sie macht sich Vorwürfe, schreibt, dass sie sich nicht unter Kontrolle hatte, und entschuldigt sich mehrmals.
»Es ist alles gut«, schreibe ich ihr zurück.
Auch sie hat mir heute etwas beigebracht: Jeder Mensch hat seine eigene Weise, dem Tod zu begegnen. Oder ihm bewusst *nicht* zu begegnen. Und auch das ist in Ordnung.

Dennoch, ich bin all jenen dankbar, die keine Berührungsängste hatten mit dem Tod.
Amira, die sich Finis Puppe am Tag des Seelenfestes erbettelte und sie heute noch in Ehren hält. Annas Kindern, die täglich auf Thimos Fahrrad herumflitzen und dabei rote Backen bekommen. Ulrich, der Helis Winterpullover überzieht, wann immer ihn fröstelt.
Und all den vielen, vielen anderen.
Die meisten meiner Freunde hatten also vermutlich keine tieferen Hintergedanken, sondern schlicht und einfach keine Zeit. Damals, im Advent. Die Schachteln, die ich während des langen Sommers nicht ausgeräumt hatte, konnten eben nicht an einem einzigen Wochenende geleert werden. Nicht einmal, wenn ich es *Notfall* nannte. *Dringend. Nur noch dieses eine Mal.*
Die Welt hatte sich weitergedreht. Anderes war wieder wichtig. Die Betroffenheit hatte sich irgendwo im Alltagsgeschehen verflüchtigt. Überraschte mich das wirklich?
Ein Teil von mir konnte das alles gut verstehen.
Ein anderer Teil aber fühlte sich maßlos enttäuscht.
»Am Anfang standen alle Schlange, um mir zu helfen. Jetzt, wo ich sie nötig hätte, dringender vielleicht als

je zuvor, ist niemand mehr da. Ich bin so allein«, heulte ich.

Ulrich tat mir leid. Es schien, als müsste er plötzlich all die Unterstützung bieten, die sich noch vor Kurzem eine ganze Gruppe von Nachbarn und Freunden aufgeteilt hatte. Es war uns beiden klar, dass er das nicht leisten konnte.

»Du hast dir ganz schön viel eingehandelt mit mir.«

Ich fühlte mich nur noch als Belastung. Für Ulrich. Für jene, die keine Zeit hatten und darüber selbst nicht glücklich waren. Für meine Freundin, die Stunden opfern würde, um mir zu helfen. Viele Stunden, und doch viel zu wenige, um jemals fertig zu werden.

Ich war ratlos. Hilflos. Planlos.

Ein Zustand, auf den das *große schwarze Loch* wohl nur gewartet hatte.

Boxenstopp

Samstag, 12. Dezember 2008, nachmittags, in Wien

Es wird gerade finster. Dick eingepackt sitze ich auf meinem Fahrrad und bringe die Wochenendeinkäufe nach Hause. Ich bin müde. Erschöpft. Schon seit Tagen.
Gleich darfst du ins Bett. Gleich hast du es geschafft.
Beim Fahren gehe ich die Einkaufsliste im Kopf noch einmal durch. Habe ich alles besorgt?
Mist. Ich habe die Milch vergessen und die Eier.
Noch fünf Minuten bis Geschäftsschluss. Ich bleibe stehen, will mitten auf der Straße umdrehen. Autos bremsen, hupen. Auf einmal erfasst mich das Gefühl, dass ich mich nur noch in Zeitlupe bewegen kann. Ich erlebe das manchmal im Traum, aber jetzt bin ich wach und es ist wahr. Der Bioladen scheint endlos weit weg. Die Schwerkraft hat sich vervielfacht.
Kann ich mich einfach hier auf die Straße legen und schlafen?
Schweiß rinnt mir aus den Poren, ich zittere. Beginne zu weinen, zu schluchzen. Mit letzter Kraft gelingt es mir, mich und mein Fahrrad nach Hause zu bringen.

Es ist aus. Ich gebe auf.
In Ulrichs Wohnung schaffe ich es gerade noch, meine Verzweiflung in Worte zu fassen:
»Ich lege mich jetzt ins Bett und stehe nicht mehr auf, nie mehr!«
Rasch noch mein Handy abhören. Nur ja keine offenen Angelegenheiten liegenlassen, bevor ich auf unbestimmte Zeit verreise, an einen Ort, wo ich nicht zu erreichen bin. Ins Bett.
Sieben neue Nachrichten. Ich liege im Bett und höre die Mailbox ab. Lösche eine Nachricht nach der anderen.
Nichts Wichtiges bisher, Gott sei Dank.
Die letzte Nachricht. Endlich.
Gleich ist Ruhe, gleich ist es vorbei. Wer spricht?
»Bundespolizeidirektion Wien. Wir bitten um dringenden Rückruf. In Ihr Auto wurde eingebrochen!«
»Ulrich!«
Ich schaue starr auf meine Hand, in der das Handy zittert. Fühle mich zu keiner Regung mehr fähig. Sehe mir von außen zu und frage mich, ob das, was ich jetzt habe, ein Nervenzusammenbruch ist.
Ja, ich hätte gern einen. Ich würde gern schreien, mir selbst wehtun, einfach wahnsinnig werden. Wie im Kino. Ich hätte doch alles Recht dazu, keiner würde es mir übel nehmen.
Können nicht ein paar Männer in Weiß kommen und mich abtransportieren, in ein schönes weiches Bett? An einen Platz, wo niemand mehr etwas von mir will?
»Ich will einen Vormund! Ich bin unzurechnungsfähig«, stöhne ich schwach.

Ulrichs sanftes Lächeln irritiert mich.
Ich meine es ernst!
»Komm, wir rufen die Polizei an. Sag mir die Nummer.«
Wie bitte?! Ich habe einen Nervenzusammenbruch, noch nicht kapiert?
»Ich will nicht.«
Ulrich hält den Telefonhörer schon in der Hand.
»Die Nummer.«
Ich gehorche. Warum, weiß ich nicht. Vielleicht, weil Ulrich Stimme so unbestechlich wirkt, so kräftig, fast fröhlich?
Er wählt. Als sich am anderen Ende der Leitung jemand meldet, drückt er mir schnell den Hörer in die Hand. Mein Kopfschütteln, so heftig es auch ist, ignoriert er einfach.
»Polizei 1030, ja bitte?«
Ich will heulen. Ich will ins Bett.
»Hallo, wer spricht denn da?«
Ich muss antworten. Muss ins Parkhaus fahren. Mein Auto an einen sicheren Ort bringen. Eine Scheibe ist zerschlagen, das Navigationsgerät wurde gestohlen.
Der Nervenzusammenbruch muss warten.

Endlich, nach Stunden, sitze ich mit Ulrich bei einer Portion Fleischlaibchen vom Wirt nebenan. Ich habe einen Bärenhunger.
»Wie geht es deinem Nervenzusammenbruch?«
»Der kann warten, bis ich fertig gegessen habe.«
»Vielleicht hat er ja die Lust verloren.«
Will ich das?

Ich fühle mich fast ein wenig enttäuscht. Als hätte ich etwas Wichtiges verpasst.
Als wäre ich krank geworden am Tag meiner eigenen Geburtstagsfeier.
»Wie bist du eigentlich auf die Idee gekommen, mir den Telefonhörer zu geben? Hattest du keinen Respekt vor meinem Zustand?«

Ulrich zögert. Streichelt meine Hand. Sein Blick wird ernst.

»Doch. Großen Respekt. Ich habe geahnt, dass es sehr ernst war. Gerade deshalb habe ich dich zum Telefonieren gezwungen. Weißt du, das habe ich einmal im Bergführerkurs gelernt. Wenn jemand kurz vor dem Zusammenbruch steht, muss man ihm viele kleine Aufgaben stellen, und man darf ja nicht damit aufhören.«

Du hast einen Schock und brauchst Wärme.

Du hast einen Nervenzusammenbruch und brauchst Aufgaben.

So einfach?

Noch heute denke ich manchmal etwas wehmütig an jenen Tag im Dezember zurück.

Was wäre gewesen, wenn ich mich aufgegeben hätte? Wäre mein Leben einfacher geworden, für eine Zeit, zumindest für ein paar Wochen?

Es gibt Tage, an denen ich mich in Selbstmitleid suhle und mich frage, warum ich damals nicht den Notausgang wählte, der sich mir darbot.

Mann und Kinder verloren. Monatelang funktioniert. Körperlich erschöpft und ausgelaugt. Dann auch noch ein Autoeinbruch.

Ich glaube, jeder hätte mich verstanden.
Natürlich, das musste ja irgendwann kommen.
Man wäre um mich besorgt gewesen. Ich hätte eine Schonfrist erhalten, einen Boxenstopp auf dem Weg zurück ins Leben. Motorpflege, Reifenwechsel, frisches Benzin für die, die aus der Kurve geflogen ist.

Ich betrachte es heute als großes Glück, dass ich im entscheidenden Moment einen Menschen an meiner Seite hatte, der an ein letztes Fünkchen Kraft in mir glaubte.

Natürlich, ich hätte mich aufgeben können. Auch heute noch habe ich diese Option.

»Ich kann nicht mehr«, das darf ich jederzeit vor mir selbst zugeben.

Ich könnte mich sogar in eine Klinik einweisen lassen und mich selbst aus dem Verkehr ziehen.

Aber ich *muss* nichts davon tun. Es ist meine Entscheidung. Will ich die Verantwortung für mich und mein Leben abgeben, und sei es nur für ein paar Wochen? Oder will ich sie behalten? Will ich handlungsfähig bleiben oder mich in die Hände von Menschen begeben, die an meiner statt entscheiden?

Letzten Endes habe ich begriffen, dass ich die Verantwortung für mein Leben gar nicht abgeben *kann*. Ich, und nur ich, habe die Konsequenzen für meine Entscheidungen zu tragen.

Ich kann keine Steuererklärung schreiben?
Die Strafe werde ich zu bezahlen haben.
Ich kann mein Haus nicht räumen?
Dann wird mein Besitz eben auf dem Schrottplatz landen.

Ich will einen Vormund?

Ich werde ihn bezahlen müssen. Werde viele Untersuchungen über mich ergehen lassen müssen. Wer weiß, ob ich meinen Beruf weiter ausüben kann, wenn ich einmal als unzurechnungsfähig gegolten habe?

Trotz aller Einsicht scheint es mir immer wieder attraktiv, in die Rolle des Opfers zu schlüpfen.

Sollen doch die anderen sich um mich kümmern. Ich habe bei Gott Schreckliches erlebt, da kann man doch nicht von mir erwarten, dass ich funktioniere.

Gedanken dieser Art sind mir nicht fremd. Wenn ich mich dabei ertappe, wie mein Gehirn mich ins Fahrwasser des Opfertums lenkt, versuche ich ihm jedoch achtsam, aber entschieden Einhalt zu gebieten. Meine innere Stimme, mein geistiger Coach, der stets mit der höchsten Weisheit in Verbindung steht, die mein Kopf zu bieten hat, unterstützt mich dabei nach Leibeskräften:

Willst du dich wirklich auf das Gefühl der Hilflosigkeit einlassen? Willst du so tun, als wärest du ausgeliefert? Ruh dich aus und überstürze nichts. Warte einfach, bis die Kraft zurückkommt.

Und was, wenn ich eines Tages wirklich nicht mehr kann? Burnout, Depression, Krankheit, das kann doch passieren.

Natürlich. Vor allem dann, wenn du nicht genug auf dich aufpasst und über deine Grenzen gehst. In diesem Fall wirst du dein Leben eben eine zeitlang auf Pause stellen. Wirst dich pflegen lassen. Du wirst genesen. Irgendwann jedoch wirst du erneut vor der gleichen Frage stehen: Willst du dein Schicksal wieder selbst in die Hand nehmen? Das Leben wird nicht aufhören, dir diese Frage zu stellen. So lange, bis dein Ja klar und deutlich zu hören ist. Heute, morgen oder in einem Jahr. Die Frage bleibt dieselbe, so lange du lebst.

Ich bemühte mich also, die Signale meines müden Körpers ernst zu nehmen. Die Übersiedelung delegierte ich an eine Speditionsfirma.
Koste es, was es wolle. Gerade dafür habe ich doch all die Spenden bekommen. Nur ja nicht am falschen Ende knausern.
Meine Eltern – diese beiden wunderbaren, verlässlichen, unermüdlich um das Wohl ihrer Tochter besorgten Engel auf Erden – räumten bereitwillig den Dachboden ihres Landhauses leer, um den vielen Erinnerungsstücken Quartier zu geben, von denen ich mich noch nicht endgültig trennen konnte.
Mein voller Terminkalender machte mir noch ein wenig Sorgen. Ich hatte so vieles zu tun. Hatte Freundinnen versprochen, sie zu sehen. Wollte arbeiten gehen. Mich weiterbilden. Für ein Seminar hatte ich im Voraus viel Geld bezahlt.
»Vielleicht schaffe ich es ja, jetzt, wo der Umzug unter Dach und Fach ist?«
Ich triefte vor Verantwortungsgefühl. Ich wünschte mir so sehr, dass man sich wieder auf mich verlassen konnte. Am allermeisten wollte ich vor mir selbst zuverlässig sein. Der Ausnahmezustand, konnte er nicht endlich aufhören?
»Nein. Du brauchst Ruhe. Das sieht doch ein Blinder.«

Ulrichs Stimme klang streng. Besorgt. Wieder einmal drückte er mir einen Telefonhörer in die Hand. Mein Kalender leerte sich mit jedem Anruf, den ich tätigte. Nach fünfzehn Telefonaten hatte ich so viel freie Zeit vor mir wie nie zuvor in meinem Leben.

»Zwei Monate Nichtstun! Darf ich das, selbst wenn ich gar nicht krank bin?«

»Ja. Du darfst. Du sollst. Du musst. Sonst wirst du noch krank, und das könnte mehr als zwei Monate dauern.«

Ich schlief, ging spazieren, kochte und las. Wochenlang. Ich erlaubte mir, nicht daran zu denken, was später kommen sollte. Mein Körper begann sich zu erholen. Meine Wangen wurden wieder rosig, mein Schlafbedürfnis reduzierte sich auf ein vertretbares Maß. Ich nahm zu.

Alles bestens? Nun ja. Noch nicht ganz.

Meine Seele war im Frieden. Mein Körper kam zu Kräften. Nun überraschte mich mein Kopf damit, dass auch er zu streiken begann. Das war schlimm. Ich hatte doch immer daran geglaubt, dass man alles schaffen kann, wenn man nur positiv denkt. Sich Neues zutraut. Sich auf die Kraft der Gedanken verlässt.

Was nun, da mich die letzte Ressource im Stich ließ, auf die ich vertraut hatte – meine Intelligenz?

Eine Mail

Von: Barbara Pachl-Eberhart
Gesendet: Montag, 2. Februar 2009
Betreff: Wie es mir geht

Jetzt.

Meine Gedanken sind langsam und träge. Es denkt sich wie durch Watte, ich denke am Denken vorbei, denke rechts und links an mir selbst vorüber. Nein, das ist keine poetische Metapher, sondern ein ganz reales körperliches Gefühl.

Es gibt solche Tage – heute ist einer davon –, da wache ich auf und spüre sofort, dass meine Gedanken an meinem Hirn vorbeiziehen, wie wenn sie von einem starken Magneten nach hinten abgezogen würden von ihrer eigentlichen Bahn. Ich versuche, klare Gedanken zu fassen oder wenigstens sinnvolle Worte zu finden, bemühe mich, irgendwo im fehlgeleiteten, abgelenkten Strom meines Denkens Halt zu finden, irgendeinen Funken Intelligenz zu spüren, der mir bekannt und als zu mir gehörig erscheint.

Intelligenz. Scharfsinn. Witz.

Eigenschaften, die ich früher selbstverständlich mit mir in Verbindung gebracht habe und auf die immer Verlass war. Sie haben das Feld geräumt für einen Haufen Brei in meinem Kopf. Irgendwo müssen sie doch noch sein, und, komisch, ich glaube, ich kann sie sogar lokalisieren. Ich habe das Gefühl, dass all die Fähigkeiten, die ich vermisse, genau hinter meiner Stirn sitzen, auf einen winzigen Punkt zusammengepresst, im Asyl, in einem Winkel, zu dem der Brei keinen Zutritt hat. Dort ist es wach und hell. Ich kann meine lieben, vertrauten Eigenschaften förmlich aus meiner Stirn leuchten sehen, sie geben mir Signale mit der Taschenlampe: Wir sind hier! Keine Angst! Wir verlassen dich nicht!

Nur: Der Zugang zu diesem ersehnten Ort in meinem Kopf ist mir an Tagen wie heute verwehrt. Je stärker ich mich bemühe, das Schatzkästchen meiner vertrauten geistigen

Ressourcen zu bergen, umso klebriger und beharrlicher verhält sich der Brei, der alles verstopft, umso langsamer komme ich voran, umso stärker zerrt mir der Magnet jeden im Ansatz vernünftigen Gedanken aus dem Kopf.

Wenn ich an einem solchen Tag Menschen treffe, versuche ich, den Schein zu wahren, indem ich interessiert zuhöre – in der Hoffnung, ein Funken Verstand könnte vom anderen auf mich überspringen. Dabei mache ich meine Augen weit auf. Auf das Strahlen meiner Augen kann ich mich immer noch verlassen, und ein wenig vom Taschenlampenlicht meines echten Hirns blitzt durch sie ins Freie. Und wenn ich versuche, nicht zu viel zu sagen, fällt den meisten Leuten gar nicht auf, wie nichtssagend ich heute bin.

Wenn ich allein bin, kapituliere ich vor dem großen Brei, hisse die weiße Flagge und versuche zu verstehen, was er mir mitteilen will. »SCHLAFENSCHLAFENSCHLAFEN-SCHLAFEN«, höre ich da sabbernd und träge aus seinem Mund.

Ja, wenn das so einfach wäre! Zu schlafen, am helllichten Tag, mit einer Gruppe von Asylanten hinter der Stirn, die mit Taschenlampen Morsezeichen an mich funken!

Der Kompromiss: Ruhe geben. Mich abfinden damit, dass ich heute nichts, aber auch gar nichts zu leisten vermag. Dass die Barbara, die ich kenne, heute gar nicht mitspielen wird im geliebten Spiel, das »Leben« heißt. Zumindest nicht unter den Regeln, die sie kennt und so gern mag. Dass sie die ihr verhasste Karte »Einmal aussetzen« gezogen hat, während die anderen ihren Spaß haben. Mehr noch, dass sie für unbestimmte Zeit die Rolle tauschen musste mit einem menschlichen Wesen, das ihr zwar ungemein ähnlich sieht, mit dem sie aber unter keinen Umständen verwechselt werden will!

Wer bin ich, wenn ich nicht mehr »gescheit« bin? Wenn alles, worüber ich mich stets definiert habe, sich meinem Zugriff entzieht? Was habe ich für eine Berechtigung, auf dieser Welt zu sein, wenn ich mich nicht durch Leistung, meinen Beitrag auf der Gedanken-Austausch-Börse mit Freunden oder wenigstens durch grammatikalisch richtige Sätze an der Supermarktkasse legitimiere?

Die Taschenlampe hinter meiner Stirn blinkt heftig und weist mich darauf hin, dass dies sehr grundsätzliche Gedanken sind, über die es sich lohnen würde, näher nachzudenken. »Nichts lieber als das!«, rufe ich zurück, aber ich weiß nicht, ob sie mich überhaupt hören kann, in ihrem winzigen Versteck.

»Wie geht es dir?«

Die meistgefürchtete Frage an solchen Tagen. Es wäre unehrlich, zu behaupten, mir geht es schlecht. Unvollständig. Es würde die anderen allein lassen mit ihren Theorien, mit ihren Ideen vom »Warum«. Es würde sie verlocken, mich zu trösten, weil ich meinen Sohn vermisse, meinen Mann, meine Tochter. Mir zu helfen, wenn ich etwas brauche. Alle sind so lieb! Wollen für mich da sein. Mich treffen. Soll heißen: mit mir reden.

MIT MIR REDEN!

Und wissen nicht, dass sie mir an Tagen wie heute genau damit Unmögliches abverlangen. Sie meinen es so gut!

Ich versuche zu erklären, was mit mir los ist. Erzähle, dass ich Angst habe, zu verblöden, dass ich Worte nicht mehr finde, die ich gern sagen würde, dass es lauter Second-Hand-Worte sind, die da aus meinem Mund kommen, zweite Wahl, schadhaft und billig. Und wieder werde ich getröstet. »Aber geh, mir fällt nichts auf.«

»Ja, das verstehe ich, du hast auch furchtbar viel geleistet in letzter Zeit!«

»Das geht vorbei, wirst sehen, schon ganz bald.«

(Am besten so bald, dass ich in der nächsten Minute schon wieder munter plaudernd Kaffee trinken oder weitertelefonieren kann, und ich tu's, weil mir die Kraft und die Worte fehlen, zu erklären, warum ich jetzt nach zwei Minuten aufstehe und gehe, oder auflege, wo wir uns doch so lange nicht mehr gesehen oder gehört haben. Den anderen fällt nicht auf, dass nur Matsch aus meinem Mund kommt, oder es fällt ihnen auf, und sie trauen sich nicht, es doch noch anzusprechen, ich weiß nicht, was schlimmer ist.)

Es gibt Erklärungen für diesen Zustand. Nachwirkungen des Schocks. Der Körper holt sich, was er braucht. Hormone. Es geht vorbei, irgendwann, das darf ich hoffen. Die Erklärungen beeindrucken meinen Breikopf nicht sehr, man wird nicht gescheiter, nur weil man eine Erklärung für seine Dumpfheit hat. Man nimmt es nur gelassener, vielleicht.

Wenn ich über einen Monat verteilt an zehn Tagen in diesem Zustand aufwache und mich weitere zehn Tage von diesem Zustand erholen muss und an den verbleibenden Fenstertagen, die mir der magnetische Gedanken-Klau gewährt, meinem Beruf nachgehe oder wichtige Erledigungen mache, hole ich am Ende dieses Monats tief Luft und bin nicht verwundert, wenn auch betrübt, dass ich meine Freunde seit langer, langer Zeit nicht mehr gesehen habe.

Wenn ich an einem der magnetfreien Tage einen meiner Freunde treffe, und, überglücklich darüber, dass ich zur

Abwechslung einmal klar denken kann, einen feinen Nachmittag verbringe, voller Witz und Schmäh, voller tiefsinniger Gespräche und netter Blödeleien, wenn dieser Freund dann anderen lieben Freunden erzählt, wie schön es mit mir war und dass es mir gerade richtig gut geht – wie leicht kann es passieren, dass dann jemand denkt:

»Wieso meldet sie sich dann bei mir nicht?«
»Mag sie mich nicht mehr?«
»BRAUCHT sie mich nicht mehr?«

Ich brauche euch alle! Ganz dringend, mehr denn je, aber in ganz anderer Form, als ich es je gekannt habe. Und dass ich euch alle unendlich gern MAG, daran erinnere ich mich sogar, wenn der Brei mir schon zu den Ohren herausquillt!

Wie stark müssen Freunde sein, um die Indizien noch für mich auszulegen und geduldig auf den Tag zu warten, an dem ich mich bei ihnen melden werde, und sei es mit einer Bitte, aus dem Nichts heraus, nach langer Zeit der Absenz? Wie lange schaffen es Freunde, ihre lieben Worte an eine Frau zu richten, die nicht antwortet, obwohl sie sich nach ebendiesen Worten wie nach Nahrung, wie nach Wasser sehnt? Vielleicht ist es nicht allen von euch möglich, und ich würde es verstehen. Allzu ungewohnt ist das, was geschehen ist und geschieht, für uns alle. Ich habe keine Vorbilder, die mir zeigen, wie man sich in so einer Situation »richtig« verhält.

Ich will nur, dass ihr wisst: Ich liebe euch, auch wenn diese Liebe momentan kaum etwas geben kann. Vergesst mich bitte nicht!

Eure Barbara

Neues Ziel: Vorwärts

Ich wollte wissen, was mit mir los war. Ob das, was ich erlebte, immer noch Teil eines ganz normalen Prozesses war oder ob ich irgendwo eine wichtige Abzweigung verpasst hatte.

Ich hatte Angst. Vielleicht würde ich doch noch verrückt werden? Dumm? Ein Zombie mit leerem Kopf?

»Ach was! Du hast nicht zu wenig in deinem Kopf. Sondern zu viel! Entspann dich einfach.«

Das riet mir eine Freundin bei einer Tasse Kaffee an einem jener Tage, an denen ich mich zu einer vernünftigen Unterhaltung fähig fühlte und doch über nichts anderes sprach als über meine Angst, langsam, aber sicher zu verblöden. Ich war baff.

Und begeistert. Auf diese Idee war ich noch überhaupt nicht gekommen!

Zu viel im Kopf.

Einfach entspannen.

Schon wieder ein simples, wirkungsvolles Rezept? War das Leben denn wirklich so unkompliziert? Ich wollte es so gern glauben.

Dennoch, ich hatte viel gelesen: über Retraumatisierung. Posttraumatische Belastungsstörungen. Depressionen. Mein eigener Zustand flößte mir Respekt ein.

Unterschätze mich nicht, das kann böse enden, meinte ich es in meinem Kopf flüstern zu hören.

Sicherheitshalber suchte ich einen Psychiater auf. Er würde mir sagen können, wie es wirklich um mich stand.

Der Arzt stellte mir viele Fragen. Ich versuchte, ehrlich zu antworten. Nicht zu beschönigen, nicht zu übertreiben. Ich vertraute mich dem Urteil des Experten an, egal, wie es lauten würde.

»Schlafbedürfnis?«
Groß.
»Antriebslosigkeit?«
Groß.
»Lebensfreude?«
Noch ausreichend vorhanden, theoretisch.
»Partnerschaft?«
Ja, Gott sei Dank.
»Sexualität?«
Gut.
»Periode?«
Nicht vorhanden.
»Die Arbeit als Clown?«
Unendlich wichtig. Lebensbasis. Kontinuum.
Lachen?
Möglich. Wohltuend. Wichtig.
»Selbstmordgedanken?«
Kaum. Manchmal. Vor allem auf der Autobahn.

Und im Morgengrauen. Fantasien von aufgeschnittenen Pulsadern.

»Ich gebe Ihnen einen Rat: Pulsadern aufschneiden, das funktioniert nicht. Wirklich. So viele haben es schon versucht und sind gescheitert. Zurück bleiben nur hässliche Narben.«

Nicht einmal, wenn man sich dabei in die Badewanne legt?

»Nein, nicht einmal dann.«

Werde ich bald wieder ganz normal sein?

»Die Zeit wird für Sie arbeiten. In ein paar Monaten sollte es Ihnen besser gehen. Retraumatisierung kann ich nicht sicher ausschließen, aber Ihre Verfassung ist, soweit ich es hier und heute beurteilen kann, im grünen Bereich.«

Der Befund, den ich wenige Tage später erhielt, nannte mir den Fachbegriff für meinen Zustand.

Depressio sine Depressione.

Depression ohne Tränen, sozusagen.

Die Bezeichnung schien mir passend. Sie gefiel mir gut, schon allein deshalb, weil sie so wichtig klang. Ich hatte nun also eine Diagnose. Ich hatte *etwas*. Etwas, das sogar einen lateinischen Namen verdiente. Ich *durfte* mir noch ein wenig Zeit lassen mit meiner Rückkehr ins Leben. Ich *musste* mich schonen, musste noch nicht funktionieren. Am liebsten hätte ich mir ein großes Schild um den Hals gehängt, um jedem mitzuteilen, dass ich in einem Ausnahmezustand war. Dass ich einen unsichtbaren Rucksack trug. Dass ich krank und bedürftig war, obwohl ich nach außen hin lachte.

»Können Sie mir nicht einen Ausweis ausstellen, den ich mir an die Brust heften kann?«, fragte ich bald darauf meine Hausärztin.

»Einen Ausweis?«

»Ja. Er könnte die Leute darüber informieren, dass ich eine unsichtbare Krankheit habe.«

In der Luft skizzierte ich, wie er aussehen sollte:

ACHTUNG. TRAUMA.
1. Diese Frau WIRKT nur so, als ob sie normal wäre.
2. Sie macht einen intelligenten Eindruck, scheitert jedoch an den einfachsten Aufgaben: Mails beantworten. Formulare ausfüllen. Smalltalk. Termine einhalten. Eine Meinung äußern.
3. Fragen Sie die Patientin NICHT, ob Sie ihr helfen sollen. Helfen Sie einfach.
4. Fragen Sie die Patientin NICHT, wie es ihr geht!
5. Wundern Sie sich nicht, wenn die Patientin freundlich zu Ihnen ist und sich dann trotzdem wochenlang nicht meldet. Das ist Teil des Krankheitsbildes und kann Monate dauern.
6. Falls Ihnen die Patientin etwas verspricht, nehmen Sie es NICHT ernst! Rechnen Sie mit Enttäuschungen. Versuchen Sie, die Patientin ernst zu nehmen, und nehmen Sie dennoch nichts, was sie sagt, wirklich ernst. Sie kann morgen schon alles anders meinen.

7. Fragen Sie die Patientin NICHT, was sie essen will. Kochen Sie. Irgendetwas. Sie wird es essen.
8. ACHTUNG: Der Satz »Es ist doch nicht so schlimm« kann zu äußerster Verunsicherung und sofortigem depressivem Rückzug führen.
9. Falls die Patientin erklärt, sie stehe kurz vor der Einlieferung in ein psychiatrisches Krankenhaus: Bringen Sie die Geduld auf, Notfallnummern zu recherchieren. Rufen Sie jedoch NICHT an. Wundern Sie sich nicht, wenn die Patientin nach fünf Minuten wieder lacht.

Schon bei den letzten Sätzen hatte ich zu kichern begonnen. Nun, da ich fertig war, lachten wir beide, meine Ärztin und ich. Ihr Rat kam von Herzen:
»Hören Sie nicht auf zu lachen. Schreiben Sie sich selbst einen Ausweis, zur Not auch jeden Tag einen neuen. Wenn Sie wollen, können Sie ihn ja in die Handtasche stecken.«

Kein ärztlicher Ausweis. Kein Umhängeschild. Verzagt war ich trotzdem. In meiner Fantasie saßen all meine Freunde den ganzen Tag lang neben dem Telefon und warteten auf meinen Anruf. Darauf, dass ich mich endlich wieder meldete und mich revanchierte für all das Gute, das sie für mich getan hatten. Darauf, dass ich endlich wieder *normal* wäre. Eine gute Freundin, ein zuverlässiger Mensch.
Meine Einbildungskraft hatte noch andere unangenehme Bilder parat.

Deine Clownkollegen sind frustriert, weil du immer wieder Termine absagst. Außerdem bist du in letzter Zeit nicht mehr wirklich kreativ. Kein lustiger Clown. Wie lange soll das noch so weitergehen? Du meidest alle Sozialkontakte, beantwortest die Mails deiner Freunde nicht … meine Liebe, du bist dabei, den Bogen zu überspannen. Deine Familie ist fast ein Jahr tot. Jeder erwartet, dass es jetzt wieder bergauf geht, langsam, aber sicher.

Ich war niedergeschlagen. Die Szenarien, die sich meine Fantasie ausdachte, schienen mir mehr als plausibel. Doch mein Bedürfnis nach Stille und Rückzug war groß. Immer noch, mehr denn je.

»Wie soll ich den Menschen bloß erklären, dass es mir heute fast schlechter geht als vor fast einem Jahr? Trauer verläuft nicht linear, sie wird nicht ›langsam besser‹. Sie verläuft in Wellen, und wo man gerade noch ein herrliches Hoch erlebte, kann das Tal am nächsten Tag schon tiefer sein als je zuvor.«

Ich sitze bei meinem Therapeuten. Werner. Er betreut mich, seit ich in Wien wohne.

»Du bist ein sehr kluger Mensch«, hat er in einer der ersten Stunden zu mir gesagt. »Manchmal bist du etwas zu klug. Dann verknüpfst du Dinge in deinem Kopf, die nicht unbedingt zusammengehören. Es ist meine Aufgabe, diese Knoten zu entdecken und sie mit dir aufzulösen.«

»*Wer* meint denn, dass Trauer linear verlaufen sollte?«

»Alle! Jeder, der es selbst noch nicht erlebt hat.«

Werner schweigt. Ich kenne den Blick, mit dem er mich ansieht. Ein Blick, der auf mehr wartet.

Auf Präzisierungen, auf Beispiele.
Beispiele ...
Mir fällt kein Beispiel ein. Kein Name. Niemand, der je behauptet hätte, dass meine Trauer nicht »richtig« verläuft. Auch ich schweige. Mein Atem geht laut. Ich schaue in die Luft. Ein sicheres Zeichen dafür, dass ich versuche, mich zu drücken. Das habe ich ebenfalls von Werner gelernt, und es fällt mir mittlerweile sogar selbst auf.

»Also, vielleicht doch nicht alle«, gebe ich zu. »Vielleicht ... habe ich es ja nur selbst so erwartet? Erhofft? Vielleicht bin *ich* diejenige, die einsehen muss, dass mich der Trauerprozess immer wieder aufs Neue fordert und noch lange nicht ganz vorbei sein wird?«

Werner nickt.

Mein Blick möchte schon wieder in Richtung Decke wandern.

Nichts da. Zeit, den Tatsachen ins Gesicht zu sehen.

»Darf ich mich auf die Matratze kuscheln?«

»Regressionsecke«, so nenne ich manchmal scherzhaft die Polsterlandschaft in Werners Praxis, auf die ich nun übersiedele. Inmitten der weichen Kissen, an die gepolsterte Wand gelehnt, die mir Rückhalt gibt, fällt es mir leichter, tiefe Geheimnisse auszusprechen.

»Manchmal bin ich richtig froh, wenn ich wieder einen Zusammenbruch habe. Dann ist wenigstens alles klar. Dann versteht mich jeder, keiner verlangt etwas von mir. Aber, weißt du, langsam habe ich es satt, mich immer wieder auf mein Trauma herauszureden.«

»Du meinst, du benutzt deine Trauer als Ausrede?«

»Ja. Es kommt mir so vor, als wäre Heli mit einem riesigen Blankoscheck in den Händen in den Himmel entschwebt: ›FÜR DIE NÄCHSTEN VIER JAHRE BIN ICH AN ALLEM SCHULD!‹

Ich kann diesen Scheck überall einlösen. Alle respektieren meinen Kummer. Meinen Schmerz. Sogar ich selbst akzeptiere den Scheck, obwohl ich es eigentlich besser wissen müsste.«

Wieder dieser Blick. Geduldig. Ermutigend. Ich fahre fort:

»Mein Leistungsdruck. Mein Problem, Hilfe nicht annehmen zu können. Das Gefühl, mir die Liebe meiner Freunde verdienen zu müssen. Mein Bedürfnis nach Ruhe. Meine Versagensängste. Das alles war doch schon lange vor dem Unfall da. Der Tod meiner Familie hat einfach nur ein Vergrößerungsglas auf die Ängste gelegt, die ich früher auch schon hatte. Ich bin sensibler geworden und verletzlicher. Kann meine Probleme nicht mehr so leicht verdrängen. Aber ich möchte sie nicht mehr Heli in die Schuhe schieben. Oder meinem Trauma. Ich möchte sie *lösen*. Den Blankoscheck, den brauche ich nicht mehr.«

»Vielleicht behältst du ihn noch für eine Weile. Sicherheitshalber?«

Werner kennt mich gut. Er weiß, dass ich gern fünf Schritte auf einmal nehme.

»Ja, du hast Recht. Heli wird sich schon etwas dabei gedacht haben, dass er mir den Scheck hinterlassen hat. Es ist nur fair. Er hat mir ja auch einen dicken, unsichtbaren Rucksack zurückgelassen und jede Menge echten Schmerz.«

»Das will ich wohl meinen. Wenn du auch manchmal den Schmerz als Erklärung heranziehst für komplexere Gefühle – für dein Bedürfnis nach Ruhe, das du dir nicht gestattest, zum Beispiel –, so ist er doch oft genug real. Vergiss das nicht.«
»Sagen wir so: Der Scheck ist teilweise gedeckt.«
»Genau.«
Ich muss lachen. Ein sicheres Zeichen, dass die Stunde fast vorbei ist. Wie schafft Werner es nur, dass meine Mundwinkel immer pünktlich fünf Minuten vor Ende der Sitzung nach oben gehen?
»Und um das, was im Vergrößerungsglas erscheint, kümmern wir uns beim nächsten Mal?«
»Ja. Beim nächsten Mal. Und immer wieder. Du hast alle Zeit der Welt.«

Viele Stunden haben wir schon damit verbracht, durch das Vergrößerungsglas zu blicken, und wir werden vielleicht noch Jahre damit zubringen. Ich lerne langsam, die Situationen zu entlarven, in denen ich mich des Blankoschecks bediene. Ich beginne, Sätze auszutauschen.
Es geht mir zu schlecht, um irgendjemanden zu sehen?
»Ich brauche Ruhe.«
Ich kann momentan nicht als Clown arbeiten?
»Ich sehne mich nach neuen Herausforderungen. Die Trauer ist in mein Leben getreten, und es erscheint mir nicht passend, bei meiner Arbeit immer lachen zu müssen.«
Ich muss unbedingt ein Kind bekommen, schon morgen?

»Ich sehne mich nach Vitalität. Nach einer Rolle, in der meine Lebenskraft ihren Ausdruck findet. Ich werde … mehr Sport machen. Tanzen.«
Ich bin eine Tänzerin.
Ja, das klingt gut.

weitergehen

20. März 2009 – Denken an Heli

*Wenn du heute traurig bist,
weil ein geliebter Freund nicht mehr in deiner Nähe ist,
schau all die an, die du liebst und die dich umgeben.
Sei fröhlich in jedem Augenblick ihrer Gegenwart.
Umarme sie fest, und umarme dabei auch deinen Freund.
Er ging, um uns die Augen und das Herz zu öffnen
für das, was wir haben.
Erfreue dich daran, um ihn zu erfreuen.*

*Wenn du sein Lachen vermisst und seine Worte,
die stets alles Schwere von deinen Schultern genommen haben,
freu dich an all den lustigen Geschichten,
die du im letzten Jahr erlebt hast,*

erzähle sie ihm
und lache laut,
so laut, dass er dich sicher hören kann.

Wenn du den Platz noch suchst,
an dem du deinem Freund begegnen und ihm
nah sein kannst,
rufe ihn zu dir mit fester, froher Stimme,
hol ihn zu dir an den Tisch,
koch ihm ein gutes Essen,
das er stets so liebte,
und iss mit ihm.

Zünd ihm eine Kerze an
und freu dich am Licht.
Sing ein frohes Lied.
Und lass deinem Herzen Engelsflügel wachsen,
die dich tragen
zu deinem geliebten Freund,
der dich nie verlässt.

Womit will ich enden?

Am liebsten damit: Mit der Erkenntnis, dass meine Geschichte noch lange nicht zu Ende ist. Das Buch, an dem ich ein Jahr lang geschrieben habe, wird nun bald geschlossen und ins Regal gestellt. Seine Zeilen werden zur Ruhe finden, im Dunkel zwischen zwei Buchdeckeln. Seinen Inhalt jedoch werde ich weitertragen, mit jedem Schritt meines Lebens. Verpackt im unsichtbaren Rucksack, unter all den anderen Geschenken, die ich unterwegs erhielt.

Meine Geschichte schreibt sich weiter, eigentlich ganz von allein.

Vielleicht so:

Der dicke alte Wollpullover.

Oma hat ihn gestrickt, vor langer Zeit. Ich trage ihn schon seit Jahren, er fühlt sich fast so an wie eine zweite Haut. Um keinen Preis würde ich ihn verschenken. Ich liebe ihn und kann mir keinen besseren vorstellen.

Eines Tages geschieht ein Missgeschick. Ein großes Loch wird in die Wolle gerissen, so groß, dass es vermutlich nicht mehr zu flicken ist. Ich erschrecke. Bin traurig, wütend sogar. Dennoch trage ich den Pullover zunächst weiter.

Woher soll ich so schnell einen neuen nehmen, warm und weich wie der alte? Solche Pullover bekommt man doch gar nicht mehr, heutzutage, und Oma ist schon viel zu alt zum Stricken.

Ich versuche das Loch zu verdrängen. Nicht hinzuschauen. Gut, auf der Straße schauen mich manche Menschen komisch an, und der Wind fühlt sich etwas kalt an in meinem Rücken. Was soll's?

Nach ein paar Tagen allerdings bemerke ich, dass das Loch größer wird. Die Maschen beginnen sich weiter aufzutrennen. Ich muss etwas tun.

Ich nehme eine große Nadel und versuche das Loch zu stopfen.
So schwer kann das doch nicht sein.
Aber die Stopfwolle passt nicht ganz zur Farbe des Pullovers, und das Nähen will auch nicht gelingen. Die Nadel macht nicht, was ich will. Je mehr ich mich bemühe, umso mehr Maschen trennen sich auf. Ich werde zornig. Weine. Schreie. Möchte den Pullover am liebsten in eine Ecke pfeffern und vergessen. Doch dann denke ich an Oma. Wäre sie nicht traurig, wenn ich ihr Geschenk einfach wegwerfen würde?
Früher, da hat man die Dinge repariert, nicht weggeschmissen.
Ich fasse mir ein Herz und tue das Einzige, was mir noch einfällt. Mit einer großen Schere schneide ich den kaputten, löchrigen Teil einfach ab. Der Kragen ist noch intakt, immerhin, die Ärmel auch, bis zur Brust ist alles ganz. Vorsichtig packe ich das, was heil ist, in eine Schachtel, eingewickelt in Seidenpapier. Nur ja nicht anstoßen, sonst geht noch mehr kaputt.

Ich kaufe mir ein Strickbuch und mache mich daran, einen neuen Unterteil zu stricken. Bewusst habe ich eine andere Farbe gewählt, eine hellere.
Das wird chic.
Das Stricken macht Spaß. Schnell geht es nicht, schließlich habe ich nicht so viel Übung wie Oma. Doch der neue Teil wächst, Reihe um Reihe, und eines Tages ist er fertig.

Vorsichtig und mit klopfendem Herzen nehme ich die alten Pulloverteile aus der Schachtel. Im Strickbuch habe ich gelesen, dass ich die alten, offenen Maschen säumen muss, damit sie sich nicht auftrennen beim Zusammennähen. Also verschließe ich sorgsam Masche um Masche des alten Pullovers. Das dauert länger, als ich gedacht habe, und erfordert wirklich viel Fingerspitzengefühl. Als ich es geschafft habe, bin ich erleichtert.

Die beiden Teile liegen vor mir auf dem Tisch. Es gilt nur noch, sie mit Zierstich aneinanderzunähen. Das ist die schwierigste Arbeit. Ein Fehler sollte nicht passieren, sonst sieht es gar nicht schön aus. Außerdem muss ich darauf achten, dass die beiden Teile genau aufeinanderpassen, sonst entstehen hässliche Falten, und ich muss alles noch einmal auftrennen.

Ich schaffe es nicht beim ersten Mal. Auch nicht beim zweiten. Als ich beim dritten Mal immer noch keinen Erfolg habe, dämmert mir etwas. Ich will es am liebsten gar nicht wissen, und doch hole ich ein Maßband, um mich der unangenehmen Wahrheit zu stellen. Kurz darauf habe ich Gewissheit. Der neue Unterteil ist erheblich weiter als der alte Pulli. Die Teile *können* gar nicht aufeinanderpassen.

Ich weine. Heule. Widerstehe dem Drang, mich in die Pulliteile zu schnäuzen. Ich ärgere mich über mich selbst.

Hätte ich doch früher Maß genommen! Hätte ich mich mehr bemüht. Hätte ich …

Viele Tage lang bleiben die beiden Hälften unberührt auf meinem Sofa liegen. Andauernd schleiche ich vorbei, will das Problem ignorieren und denke doch über nichts anderes nach, als darüber, wie ich meinen Pullover retten könnte. Ich friere. Am dritten Tag nehme ich behutsam beide Teile in die Hand. Wenn ich ganz ehrlich bin, ist die neue Wolle hübscher, ja sogar weicher als die alte. Ich ziehe mir den halb fertigen Unterteil über den Bauch und stelle mir vor, wie es aussähe, wenn der neue Pulli fertig und ganz wäre. Mein Spiegelbild strahlt mit mir um die Wette.

Heute trage ich stolz meinen neuen, selbstgestrickten Pullover. An manchen Stellen habe ich Fäden des alten eingestrickt. So entstand ein hübsches Muster. Omas Pulli ist Teil des Neuen, zur Zierde, als Aufputz. Nie hätte ich gedacht, dass ich stricken kann wie Oma, nie hätte ich geglaubt, dass ich etwas so Schönes schaffen kann, ganz allein, ganz für mich. Aus dem Loch wurde etwas Neues. Wunderschönes.

Wer hätte das gedacht?

Dank

Mein Dank gilt allen voran jenen beiden Menschen, ohne deren Unterstützung dieses Buch nie zustande gekommen wäre: Eckhard Graf, meinem Verleger und Mentor, der an mich glaubte, von Anfang an. An mich und an all das, was in mir steckte. Der mir unermüdlich zur Seite stand, als es galt, die Worte, die in mir schlummerten, zum Sprudeln zu bringen.

Und meinem Lebensgefährten Ulrich Reinthaller. Für seine weisen Fragen. Sein hingebungsvolles Zuhören. Für seinen Mut, stets an meiner Seite zu bleiben. Und für seine Liebe.

Viele andere hatten Anteil an der Entstehung meines Erstlings. Unter ihnen Udo Grube von Horizon Film, der im richtigen Moment das Richtige tat. Michaela Obertscheider, die ihren Wortschatz mit mir teilte. Michael und Karin Cencig, Andrea Schramek, Laura Pitzal, Roman Kellner und meine Eltern Christel und Walter Pachl, die meine Entwürfe auch dann noch gut fanden, wenn ich sie gerade verbrennen wollte.

Ihnen danke ich und darüber hinaus dem gesamten Team des Random House Verlages, für seine engagierte

Arbeit an unserem gemeinsamen Projekt. Und nicht zuletzt all jenen, die gemeinsam mit mir die Geschichte meines Lebens weiterschreiben werden.